校园安全事故分析与预防

——教师读本

石连海　徐　珍　编著

天津教育出版社

图书在版编目（CIP）数据

校园安全事故分析与预防——教师读本/石连海，徐珍编著. —天津：天津教育出版社，2009.2

ISBN 978-7-5309-5535-2

Ⅰ. 校…　Ⅱ.①石…②徐…　Ⅲ.①学校—安全管理—事故—分析②学校—安全管理—事故—预防　Ⅳ. G474

中国版本图书馆 CIP 数据核字（2009）第 009224 号

校园安全事故分析与预防教师读本

出 版 人	肖占鹏	
主　　编	石连海　徐　珍	
责任编辑	李勃洋	
出版发行	天津教育出版社	
	天津市和平区西康路 35 号	
	邮政编码 300051	
经　　销	全国新华书店	
印　　刷	河北伟琪印刷有限公司	
版　　次	2012 年 3 月第 2 版	
印　　次	2016 年 9 月第 3 次印刷	
规　　格	16 开（787×1092 毫米）	
字　　数	296 千字	
印　　张	15.5	

定　　价　25.00 元

前　　言

　　"天生万物，惟人为贵。"这是《列子·天瑞》中的一句话，自古以来"民为贵"的思想在中国社会就有所体现，但事实上并没有落实到社会现实生活中，直到2004年3月14日，第十届全国人民代表大会第二次会议通过了宪法修正案，首次将"人权"概念引入宪法，明确规定"国家尊重和保障人权"。这是中国民主宪政和政治文明建设的一件大事，是中国人权发展的重要里程碑。将尊重和保障人权的主体由党和政府提升为"国家"，从而使尊重和保障人权由党和政府的意志上升为人民和国家的意志，由党和政府文件的政策性规定上升为国家根本大法的一项原则。这对保障公民的基本权利有了根本的转变，学生作为公民的组成部分，作为社会的弱势群体，他们的权利更应得到保护。

　　近年来校园安全事故不断发生，学生和教师的权利受到侵害，学校安全工作更被看作学校工作的重中之重，校园安全成为全社会共同关心的热点话题。2006年9月1日起新施行的《中华人民共和国义务教育法》第24条明文规定：学校应当建立、健全安全制度和应急机制，对未成年人进行安全教育，加强管理，及时消除隐患，预防发生事故。但整体而言，我国的校园安全管理、安全教育还处于起步阶段。学校对学生安全知识、生存能力的专项教育，长期处于缺失状态。即使教学中有所涉及，也是支离破碎，不成系统。安全教育作为素质教育的一个重要组成部分，学校对学生自身的安全教育重视不够。学生安全、健康地成长，涉及亿万家庭的幸福。保障未成年人的安全，是教育工作的职责，是全社会的共同责任，是构建社会主义和谐社会的重要基础，是落实科学发展观的必然要求。

　　编者通过校园安全事故的实例，系统地分析了学校安全事故产生的原因及造成的危害，提出了预防的对策和建议，通过案例分析不断增强广大师生的安全意识，提高避险、逃生、自救等能力，维护学校正常的教育教学和生活秩序，切实保障师生人身财产安全，促进安全和谐校园建设。

　　本书编写有以下特点：一是信息量大，内容更加全面与系统；二是结合具体案例透彻分析，采取以案说法的方式对学校安全管理制度建设等内容进行全面、深入的探讨，便于学校管理者理解；三是实效性强，结合新时期校园安全特点，给广大教育者和未成年人提供了最科学、严谨的安全知识指导。

　　由于时间仓促，在编写过程中难免有疏漏和错误之处，恳请各位读者和专家批评指正。

2008 年 12 月

目　　录

第一章　学校安全教育概述

近年来，国内中、小学学生伤亡事故频发，一幕幕触目惊心的场景，暴露出各地区学校在安全管理方面所存在的严重漏洞和薄弱环节，同时也引起了教育部等有关部门的高度重视。公安部、教育部等八部委联合制定下发了《全国中小学幼儿园及少年儿童安全管理专项整治行动实施方案》，要求各地教育行政部门和学校高度重视安全工作，增加教育安全设备专项建设，加强安全教育，提高学生的安全防范意识和自防自救能力，消除安全隐患，确保学校的安全稳定。

学校是社会安全的组成部分，也是安全事故多发的地区。《义务教育法》第九条中，明确规定了引咎辞职这一法律责任。因此在目前，学校如果发生安全事故，那么学校的举办者、管理者同样应当问责。

学校的安全工作受到全社会高度关注，中央领导同志也高度重视并多次做出重要批示。2004 年，国务院办公厅专门印发了《关于切实加强中小学幼儿园及少年儿童安全管理工作和开展专项整治行动的意见》，对学校安全工作进行了全面部署。2004 年 10 ~ 12 月，根据国务院的统一部署，教育部、公安部等八个部门联合在全国范围内组织开展了中小学幼儿园安全管理专项整治行动，取得了显著成效。在整治行动中初步建立了各部门各负其责、齐抓共管工作机制。2006年颁布的《中小学幼儿园安全管理办法》是我国第一个专门关于中小学安全管理的法规性文件，是第一个以十部委部长令的形式发布的有关中小学安全管理工作的文件，是第一个与新修订的《义务教育法》配套的法规性文件。它为校园安全治理提供了法律保障。

学校安全问题已成为当前学校工作的重中之重，是全社会共同关心的热点话题。我国安全事故正处于多发期，学校安全工作也出现了新的特点和情况，学校安全工作形势十分严峻。学校安全事故的数量依然居高不下，特大事故频繁发生，一些事故在社会上造成了恶劣的影响，给国家和未成年人家庭带来了沉重的灾难。如：校园周边网吧、游戏机室等违法违规经营，无照摊贩摆摊设点，治安秩序混乱；交通事故不断，伤害未成年人的恶性刑事治安案件急剧增加，以及校园因踩踏造成的群死群伤事故等。究其原因，主要有相关人员对学校安全的重视依然不够、学校安全工作的硬件基础薄弱、学校的安全工作缺乏理论的支撑等。

据不完全统计，2006 年全国共发生未成年人安全事故、事件110 起，共造成未成年人死亡188 人，受伤1266 人，其中主要的事故有：溺水33 起，死85 人；交通事故19 起，死60 人，伤126 人；房屋倒塌3 起，死亡3 人，伤29 人；涉校涉生伤害9起，死6人，伤61人；斗殴8起，死10人，伤4人；自杀5起，死5人，伤2人；意外6起，死14人；自然灾害5起，死11人，伤49人；食物中毒26起，死3人，伤995人。死亡分别占死亡人数的43.59%和30.26%，居第一、二位。另外，本年度共发生学校传染病流行事件105起，患病人数10431人，死亡8人。

面对一个个鲜活的生命的消失，面对着引起全社会关注的未成年人安全问题，我们教师该做些什么？

第一节　学校开展安全教育工作的重要意义

2006年9月1日起新修订的《中华人民共和国义务教育法》第24条明文规定：学校应当建立、健全安全制度和应急机制，对未成年人进行安全教育，加强管理，及时消除隐患，预防发生事故。这是学校安全教育的法律依据。但整体而言，我国的安全教育还处于起步阶段。学校对技术性、自律性生存能力的专项教育，长期处于缺失状态；即使教学中有所涉及，也是支离破碎，不成系统。安全教育其实是素质教育的一个重要组成部分。但因为各地重视应试教育有余，而对包括安全教育在内的素质教育重视不够，导致未成年人对自身的安全教育重视不足。

未成年人生命安全和健康成长，涉及亿万家庭的幸福和正常教育、教学活动的开展与实施。保障少年儿童的安全，是家庭和教育工作的首要职责，是全社会的共同责任，是构建社会主义和谐社会的重要基础，是落实科学发展观的必然要求，责任重于泰山。

一、有利于未成年人的健康成长

未成年人是祖国的未来建设者，是中国特色社会主义事业的接班人。作为一个特殊的群体，他们的人生观、世界观、价值观、是非观尚未完全形成。一些成年人的价值观扭曲，拜金主义、享乐主义、极端个人主义滋长，给未成年人造成了负面影响。少数未成年人精神空虚，行为失范，违法犯罪案件居高不下，已成为全社会关注的一个突出问题。因此对未成年人积极开展安全教育工作有利于他们健康成长，有利于他们成为有理想、有道德、有文化、有纪律的"四有"新人。

（一）培养未成年人做合格、守法的公民

据有关职能部门统计，未成年人犯罪案件近年来不断上升。某校在校学生犯罪率2001年比上年上升300%，2002年同比上升120%；某县法院，2001年判处未成年人犯罪同比上升4.15倍，2002年同比上升1.89倍。

当前，未成年人犯罪成为社会和舆论关注的焦点，虽然未成年人走上犯罪道路的是极少数，但却日益成为一个严重的社会问题，引起了人们的关注。

因此，培养未成年人自觉遵纪守法，是全社会的共同责任。为此，教育各部门要组织未成年人认真学习法律知识，让未成年人自觉遵守、严格执行各项规章制度，用这些规章制度规范自己的言行，学会自我管理。

（二）教导未成年人学会用法律武器保护自己和他人

一段时间以来，各类安全事故夺走了一个个年轻的生命，这就更要求我们确保未成年人的健康成长。古语云：授之以鱼，不如授之以渔。因此，教导未成年人学会利用法律武器保护自己、保护他人，这也是学校安全教育工作中的一桩大事。

一些未成年人受侵犯的案例中，许多是因为受害人不会运用法律武器保护自己而造成的。因此，只有未成年人善于利用法律武器保护自己，并自觉运用法律武器与犯罪分子进行斗争，才能从根本上保护自己，遏制违法犯罪活动，也才能使我们的社会风气得到净化。

（三）学习更多的安全防范知识，学会自我救助

随着经济的发展和社会的进步，未成年人的活动领域越来越宽，接触的事物越来越多。他们的自身安全问题日益引起人们的重视。在日常生活中，人们从事各种活动：如出行、集会、旅游、参加体育锻炼等，都有可能遇到各种不安全的因素，而未成年人应付各种异常情况的能力是极其有限的。目前，社会治安中仍存在一些问题需要解决，社会上还存在着违法犯罪现象，未成年人遭到不法分子侵害或滋扰的情况时有发生，使他们的身心受到了不同程度的伤害。此外，自然灾害（例如地震、洪水、风暴等）、人为灾害（例如火灾、重大交通事故等）的发生，同样会对未成年人的健康成长构成一定的威胁。

所以，对未成年人进行自护自救的安全教育是非常必要的，有关专家认为，通过教育和预防，80%的未成年人意外伤害事故是可以避免的。安全教育是生命教育，安全教育是公众教育，安全教育是世纪教育。仅仅依靠社会、学校、家长对未成年人进行保护是不够的，更重要的是引导他们面对纷繁复杂的现代社会，树立自护自救观念，形成自护自救意识，掌握自护自救知识，锻炼自护自救能力，使他们能够果断正当地进行自护自救，机智勇敢地处置遇到的各种异常情况或危险。

二、有利于建设和谐校园

首先，在和谐校园的建设中，学生安全教育有利于保持学校的政治和治安稳定，更有利于维护全社会的稳定。学生容易接受新的思想观念和社会思潮，但也容易被错误的思想观念所误导。学生安全教育要致力于解决有关政治稳定、国家安全和涉及学生切身利益的事情，维护校园的政治和治安稳定。

其次，和谐校园的建设有利于培养学生的社会责任意识。学生安全教育首先要调动学生积极参与到学校的建设和发展中来。学校的建设和发展与学生的学习和成材密切相关。

最后，和谐校园的建设有利于培养学生的合作精神、诚信意识。合作精神和诚信意识是学生素质中两个非常重要的内容。合作精神是和谐社会对人才的一项基本要求。学生安全教育要培养学生在平时的学习、工作、生活中积极与他人合作，团结友爱，发挥集体的作用。学生安全教育要培养学生的诚信意识，这是符合和谐社会"诚信友爱"这一特征的。学生安全教育要通过树立榜样、注重宣传、教师以身作则等方法在全校乃至全社会形成讲诚信的良好风气。

三、有利于社会和谐

随着经济社会的发展，校园安全已成为全球瞩目的社会问题，校园安全在所有公共安全中的比例也有逐渐增加的趋势。近年来，随着我国经济的迅猛发展、市场经济的进一步确立以及与之相伴产生的失业、教育产业化、贫富差别悬殊等社会问题，社会矛盾日益加剧，校园安全已经成为我国社会发展过程中的突出矛盾之一，必须引起全社会的关注，必须依靠全社会的共同努力加以解决，否则将严重阻碍我国社会主义社会的发展与进步。

党的十七大报告指出：坚持以人为本。人民群众是构建社会主义和谐社会的根本力量，也是和谐社会的真正主人。社会发展的本质是人的发展。考察人类社会进步，既要用生产力发展的水平去衡量，也要以人民群众根本利益的实现程度去评价，二者是统一的。坚持以人为本，就要促进人与人的和谐，大力提倡诚信友爱、团结互助、宽容谦和，形成促进和谐人人有责、和谐社会人人共享的生动局面；就要促进人与社会的和谐，创新社会管理体制，整合社会管理资源，提高社会管理水平，不断增强社会的亲和力、凝聚力；在学校工作中就要以未成年人为本，保障未成年人的安全是我们教育工作者和全社会的责任，只有保障未成年人安全健康地在校生活，才能促进校园的和谐，进而促进社会的和谐。

第二节　安全教育工作的指导原则与思想

未成年人的安全教育关系到全社会每个家庭的幸福，关系到中国未来的发展，因此，作为教育工作者，必须坚持以邓小平理论和"三个代表"重要思想为指导，树立和落实科学发展观，坚持以人为本，把中小学生公共安全教育贯穿于学校教育的各个环节，使未成年人牢固树立"珍爱生命，安全第一，遵纪守法，和谐共处"的意识，具备自救自护的素养和能力。

一、学校安全工作的基本原则

(一) 安全第一的原则

"安全第一"的原则是指在学校的教育教学工作中,应当将学校的安全工作放在一个首要的位置。当学校的安全工作与其他教育教学工作发生矛盾和冲突时,要以学校的安全工作为重。这主要体现在学校的安全管理部门和人员的安全措施优先于其他部门的决策;学校安全专用基金划拨优先于其他费用支出;安全知识教育优先于其他教育教学;安全检查和考评在学校考核工作中应占有重要的权重。学校安全既是学校一切教育教学活动的一个基本目标,同时也是学校教育教学活动有效开展的一个基本保障。"安全第一"的原则就是要处理好安全工作与学校教学的关系,在保障学校师生人身和财产安全的基础之上开展教育教学活动。

(二) 预防为主的原则

"预防为主"的原则是指在学校的安全工作中,要坚持防患于未然,消除事故隐患,提前采取应对措施。隐患险于明火,防范胜于救灾,责任重于泰山。实现学校安全最关键、最重要的战略,就是要从隐患入手,积极、自觉、主动地实施消除隐患的战略。事实证明,事前的预防及防范方法胜于事后被动型的救灾方法。因此人们应该通过各种合理的对策和方法,从根本上消除事故发生的隐患,把学校事故的发生率降到最小。在学校安全工作的实践中,"预防为主"是保证学校安全最明智、最根本、最重要的指导思想。

(三) 科学性原则

"科学性原则"是指在学校的安全工作当中,一定要根据自身条件,理论与实践相结合,合理、高效地开展安全工作。在学校的安全工作中,不能盲目地认为投入的资金和人力越多越好,因为这样不仅影响了学校的其他工作,也使教职工为此疲惫不堪。有的学校盲目地按照书本要求开展学校安全工作,而没有考虑到自己学校的一些实际情况、特殊情况。有的教育行政部门在开展安全工作时,缺乏必要的调查、研究、论证,缺乏相应的理论基础,从而使自己的工作停留在一种疲于应对的状态。学校的安全工作一定要遵循科学性的原则,学校的安全工作不能仅仅依赖于以往的经验,一定要建立在科学理论的基础之上,以科学的安全管理理论来指导学校的安全工作。

(四) 综合治理原则

"协调治理的原则"是指学校的安全工作不仅需要学校内部各个部门的积极配合,同时也要和社会、家庭密切联系、相互配合,争取教育行政部门之外其他相关政府机关的配合。学校的安全工作需要学校内部各个部门之间的积极配合,相互支持，例如，课堂教学安全需要学校教务部门主抓，学生活动安全需要学生主管部门主抓，食堂饮食安全需要学校后勤部门主抓，但各个部门之间的工作也需要相互配合。另外，学校的安全工作也需要家庭、社会和教育部门以外其他政府部门的大力支持，尤其是公安、交通、消防、防疫、城管、安全监督等多个部门的支持与配合，单单依靠学校是无法圆满完成这项工作的。

二、学校安全工作的指导思想

（一）坚持科学发展观的思想

科学发展观是建设和谐校园的指导思想，树立和落实科学发展观，即"坚持以人为本，树立全面、协调、可持续的发展观，促进经济社会和人的全面发展"。树立科学发展观是贯彻"三个代表"重要思想的本质要求，对新世纪建设社会主义小康社会具有巨大的指导意义，对科教文化事业，对人文社会科学的发展，也同样具有巨大的指导意义。

（1）必须坚持以邓小平理论和"三个代表"重要思想为指导，树立和落实科学发展观，坚持以人为本，把中小学公共安全教育贯穿于学校教育的各个环节，使广大中小学生牢固树立"珍爱生命，安全第一，遵纪守法，和谐共处"的意识，具备自救自护的素养和能力。

（2）通过开展公共安全教育，培养学生的社会安全责任感，使学生逐步形成安全意识，掌握必要的安全行为的知识和技能，了解相关的法律法规常识，养成在日常生活和突发安全事件中正确应对的习惯，最大限度地预防安全事故发生和减少安全事件对中小学生造成的伤害，保障中小学生健康成长。

（3）中小学公共安全教育要遵循学生身心发展规律，把握学生认知特点，注重实践性、实用性和实效性。坚持专门课程与在其他学科教学中的渗透相结合；课堂教育与实践活动相结合；知识教育与强化管理、培养习惯相结合；学校教育与家庭、社会教育相结合；国家统一要求与地方结合实际积极探索相结合；自救自护与力所能及地帮助他人相结合，做到由浅入深、循序渐进，不断强化，养成习惯。

（二）坚持人本思想，强化安全意识

1. 以人为本，强化安全教育

关注人本，确立安全意识是校园安全的前提与保障。学校要定期组织并开展各种以"安全"为专题的活动，在活动中培育中小学生的安全意识；利用中小学生感兴趣的活动，传授给他们各种自救方法，特别是遇到犯罪行为如何处理以及消防知识等，共同提高师生安全防范意识和自护自救能力。只有这样，在活动中，师生的人本意识才能得到激发，才能开始积极主动地关注校园安全，才能让

安全意识自然地深入人心。

此外，学校在安全制度的管理上，也要把人本意识贯彻其中。要以制度促安全习惯的养成，从而把以人为本抓安全的理念施诸于学校生活的每一时段，把以人为本抓安全的理念贯穿于人文校园的每一个角落。

2. 树立安全意识，一切从零开始

安全工作重在防范，学校管理者和全体教职工都必须牢固树立"安全第一，预防为主"的意识。观察我们身边发生的许多安全事故，发现它们往往就是偶然因素和必然因素的巧合所促成的，所以树立安全防范意识必须从"零"开始，从每天开始，"小题大做"，随时提高警惕，在思想深处筑牢安全防线，做好一切可能的防范准备。

工作在未成年人身边的课任教师和班主任，应该积极利用每一个机会，及时培养未成年人的安全意识，让他们牢固树立起安全意识。

3. 强化安全教育，必须从小开始

学生的安全教育应从小开始，对学生进行"珍爱生命"的教育，让他们从小强化安全意识、知晓安全知识、培养生存能力。中小学生的可塑性强，良好的行为习惯培养和安全知识教育会对他们的一生产生积极影响。

（三）坚持预防为主，科学管理

1. 由上至下，抓好安全管理

学校安全教育，要形成从上至下皆重视的思想。上至各级领导，各级教育行政部门的领导，下至学校的干部职工，都要充分认识到做好学校安全工作是我们教育工作者对国家、对社会、对人民、对未成年人应尽的基本责任和义务，要充分认识到安全工作的艰巨性和长期性，时刻把安全工作放在日常工作的首位。在抓好教育教学工作的同时，切实抓好学校安全工作，从人力物力上为安全工作提供保障和支持，建立和完善学校安全工作的长效机制。

2. 注重细节，将安全落到实处

仅有领导的重视和树立起了防范意识，对学校的安全管理工作还远远不够，更重要的是要将安全责任落实到具体的细节工作中。这就要求我们必须防微杜渐，避免小隐患酿成大祸害。同时，还要将具体工作落到实处。而这些细节问题，更多地落实到我们的班主任和课任教师身上，当我们关注到教学和班级管理中的每一个细节的时候，当我们关注到未成年人的每一个细节变化的时候，我们的日常安全管理工作才能落到实处，我们才可能避免管理的脱节和失控。

3. 从严管理，严格检查督促

凡事说起来容易，做起来难。安全管理工作也不例外。学校安全管理工作的一个很重要的环节就是检查督促。可以采用明查与暗访相结合、抽查与普查相结合、平时检查与集中检查相结合、常规检查与专业检查相结合等方式。除各级主管部门要做好检查外，学校师生员工发现安全隐患也应及时报告，把隐患消灭在萌芽状态。

总之，学校安全教育必须坚持有长远的规划，无论是上级领导还是班主任，都要具有前瞻能力和科学的预见能力，从机制、制度上消除安全隐患，从而构筑起校园安全的坚固堡垒。

第三节　未成年人安全教育的主要内容

关于"安全"一词，《现代汉语词典》中解释为"没有危险；不受威胁；不出事故"。联系到生活中，即指人和动物的生命没有受到伤害，身边没有事故的发生。安全伴随着人类历史发展的全过程，是人类生存的基础，是社会发展的前提，是个体在社会上生存的基本保障。美国心理学家马斯洛在他的需要层次论中，将安全放在了第二位，足见安全的重要性。

未成年人安全，牵动万家。而当今生活环境的千变万化，社会诸多的不确定因素，再加上家庭的过度保护，使许多未成年人面对具体问题时往往显得束手无策。无论是教师、父母或者警察，都不可能给任何孩子安全一生的承诺和保护，只有未成年人自身具备了安全意识和能力，方可一生平安。因此，安全教育的落脚点应是培养未成年人的安全意识，形成自救自护能力。

生命是宝贵的，生命对每个人都只有一次。这就告诫我们，未成年人幸福的保障就是安全！学校、家庭和社会必须建立起完善的安全网络，认真落实安全责任制，严格执行有关未成年人安全的规章制度，坚持不懈地进行安全教育，积极推进校园安全文化建设，提高广大师生的安全素质和安全意识，实现从"要我安全"向"我要安全"、"我应安全"、"我能安全"、"我懂安全"的飞跃。

一、安全教育的范畴

（一）心理安全教育

当今儿童存在的种种不健康心理特点，诸如性格懦弱、依赖性和嫉妒心强、自私、逆反、情绪焦虑等，都属于非智力因素所致。未成年人自身安全出问题主要就是由以下几种不健康心理造成的：

（1）逞强心理。有的未成年人明知自己能力已到极限，再坚持下去可能要出危险，可为了逞能，他们却偏要"再向虎山行"。

（2）逆反心理。不少未成年人喜欢与老师、家长对着干，你说开燃气热水器洗澡不能长时间关窗，他偏要试试；你说食品过期不能吃，他偏要尝尝；你说马路上不要单手扶把骑车,他偏要这样。

(3)出风头。有的未成年人喜欢冒险、出风头,如攀上疾驰的拖拉机、爬上危险的城墙、夏天从数十米高的桥上跳下河游泳等。

(4)盲目崇拜英雄,只要牺牲不问后果,于是未成年人去扑烈火、不会游泳的去救溺水者,结果,不但没救出别人,自己也可能受伤甚至失去生命。

良好的心理素质是保障未成年人安全的内在原因,有一个健康的心理,在很大程度上能杜绝心理性安全事故的发生。因此,我们要特别重视未成年人的心理安全教育,培养未成年人健康的心态。未成年人安全事故的发生固然有其客观原因,但未成年人自身对安全问题不重视仍然是主要因素。

(二)交通安全教育

交通安全教育,包括步行、骑车、乘车、乘船等。学校要教育未成年人学习交通法规,熟悉交通信号(信号灯、手势)和标志,掌握交通安全常识,在生活中自觉遵守交通规范,切实保障自身和他人的交通安全。

(三)日常生活安全教育

日常生活安全教育,包括防触电、防煤气中毒、防火、家务劳动安全、饮食卫生安全等教育。

(1)学校要教育未成年人掌握用电、用气、用火安全常识,严禁违章操作,能正确识别并学会使用各类灭火器。

(2)要教育未成年人严格遵守食品卫生,注意饮食卫生习惯和用药卫生,严禁食用过期、变质、有异味的食物,不买容易发生食物中毒的菜,防止食品污染、有效防止细菌性食物中毒及防止其他几种常见的食物中毒,如:发芽的马铃薯、没煮透的四季豆、鲜黄花菜、认不准的蘑菇等。

(3)要利用现代教育技术获取有关信息,学校指定专人每天从网上下载饮食安全工作方面的信息,及时向未成年人通报,特别是各地学校发生的食物中毒事件,要求从中吸取教训,引以为鉴,将会起到了较好的警示作用。

(四)活动安全教育

活动安全教育,包括运动环境和器械的安全、体育课的安全、游泳、滑冰、野外活动、游戏、放鞭炮、人流拥挤的公共场所安全等。

(1)教育未成年人遵守体育锻炼规则,作好运动前准备,掌握正确的动作技巧,游泳要有组织和安全措施,严禁私自下河游泳,杜绝冒险行为。

(2)教育未成年人外出、乘车注意安全,管好钱物,严禁携带易燃易爆有毒物品。

(3)教育未成年人燃放烟花爆竹要选安全地带,不在公共场所及禁燃区燃放烟花爆竹，严禁违章燃放。

（五）自然灾害中的自我保护教育

自然灾害中的自我保护教育，包括水火灾、暴风雨、雷电袭击、地震等。例如，日本处于地震多发地带，他们的学校就经常开展地震模拟训练。

（六）社会治安教育

社会治安，包括防治盗贼、骗子、抢劫、挟持、绑架、黄毒等。要教育未成年人加强自我保护意识，避免被坏人拐骗和伤害，自觉抵制毒品侵害，远离黄色书刊和黄色音像，不迷恋网吧，注意正当的网上交友。树立正确的人生观、世界观，建立良好的人际关系，注意劳逸结合，科学用脑，克服不良情绪，保持心理健康。

（七）意外事故处理教育

要教育未成年人发现安全隐患，及时报告老师，掌握安全应急常识，牢记应急电话：火警119；匪警110；急救电话120；交通事故报警电话122。

总之，教师要通过不同的形式将方方面面的安全知识教给未成年人，让未成年人在头脑中牢牢树立安全第一的思想，服从安全第一的原则。只有未成年人懂得了安全，才会事事安全，人人安全。仅有安全意识、懂得防范方法是不够的，必须将头脑中的意识与方法转化为未成年人自身的应变能力。一方面，这些不安全的因素说不准哪天就会碰上，未成年人要学会自护自救和互助互救；另一方面，形形色色的具体问题没有一个标准的万能应对模式，要因地制宜、因事制宜、机智灵活地处理。

二、当前学校安全工作的重点

（一）健全学校安全管理的组织

目前，学校安全工作的组织还存在空白和脱节之处。在各级教育行政部门中，具体负责学校安全工作的部门有的是基础教育部门，有的是思政体卫部门，有的是基建部门，有的是办公室，还有的是纪委。在管理上的混乱直接导致在学校安全管理工作中职责不清、推诿扯皮、影响效率。所以有必要在教育行政部门中设置专门负责学校安全的管理部门，统一指挥、协调学校安全的管理工作。

在学校中，也有必要设置专门的部门或专人具体负责学校的安全工作。对于未成年人人数较多、规模较大的学校，应当设置学校安全管理处。对于未成年人人数较少、规模较小的学校，也应当设置专人具体负责学校安全工作。

（二）健全学校安全工作的法律、法规、规章制度

针对目前学校安全工作缺乏相应法律规范指导的情况，有必要尽快地起草一

系列的法律、法规，对学校的安全工作加以规范。同时，在各级各类学校当中，也应当尽快地健全校内有关学校安全的各种规章制度，完善应急救援预案体系。

（三）加强学校安全工作的培训

针对目前教育系统内人员缺乏相关安全工作知识的现状，应有计划地对学校管理层和教职工分别进行相关的教育和培训。在培训工作中，应将学校安全工作作为一个整体来进行培训，而不应仅仅只针对法律、消防等某一个方面。同时，加强学校安全培训的教材建设和师资培养工作，也是迫在眉睫的一项紧急任务。

（四）保证学校安全工作的资金投入

学校安全工作中的资金投入绝不是"花冤枉钱、办冤枉事"，足够的安全资金投入，恰恰是教育效益的有力保障。因此，在目前教育资金普遍不足的情况下，应想方设法对学校安全工作的资金予以保障。对影响学校安全的房屋、器材及时加以改造，对学校安全工作的设施、设备应及时加以落实。

第四节　未成年人安全教育的方法

要抓好未成年人的安全教育，重要的是开展好班级安全教育。班级安全教育要从未成年人的日常小事入手，在小事中挖掘安全教育的材料，对未成年人晓之以理，动之以情，导之以行，从而做到润物细无声。

一、从听到的小事提高未成年人的防范意识

我们在日常生活、教育过程中总会听到这样那样的事情，其中不少是进行安全教育的好材料，如果我们善于发现、挖掘，未成年人会很容易接受教育。如：教师组织未成年人平时注意收集广播、电视、生活中听到的安全事故，然后谈谈自己的体会和看法。对未成年人收集的材料和体会，教师进行必要的点评，并在公告栏上张贴宣传，以提高安全警示教育。

二、从看到的小事进行安全防范教育

眼睛是我们接受信息的重要感官，生活中看到的许多小事同样是很好的安全教育材料。安全隐患虽不可根除，也时时在我们身边，但我们可以做到防患于未然。组织未成年人寻找发生在身边的安全事故及藏于身边的安全隐患，把自己的所见所闻编成小报张贴于班级或学校的公告栏，让未成年人得到警示教育，并提高安全防范意识。教育家第斯多惠说过，教育艺术的本质不在于传授，而在于唤醒、激励、鼓舞。我们要通过未成年人身边的小事唤醒未成年人对安全事故的重视与防范。

三、动之以情，在小事中提高未成年人自我保护能力

有研究表明，体验是未成年人发展能力、形成技能的最好途径。教师只是一味地反复叮嘱或是训斥，而没有真正让未成年人去体验、去感受，那么未成年人是无法形成良好的技能的。安全教育的重要内容是提高未成年人的自我保护能力。未成年人自我保护能力的培养，也要从小事入手，在小事中让未成年人体验自我保护的重要性及自我保护的过程，从而形成技能。

（一）在小事中利用各种机会去丰富未成年人的自我保护体验

"有同学在削铅笔时不小心把手割伤，捏着伤口，哭着跑进教师办公室请求教师的帮助；有同学上体育课，不小心脚上擦破了皮，哭着……"各种各样的大小问题全部找老师，未成年人却没有自己处理的意识。针对这一点，可以召开班会，倡议大家自己能解决的小伤、小问题自己解决。同时在班中准备一些伤口消毒药水及一些包扎伤口用的物品，教未成年人尝试包扎一些轻微的小伤口。这样，如果未成年人在校园中发生了一些小意外，就能自行简单地处理，并在处理的过程中体验同学间互相帮助、相互协作，共同体验自救、互救的过程。

（二）在小事中创设各种情境培养未成年人自我保护的能力

教会未成年人自我保护的方法，培养未成年人自我保护的能力，使之有足够的能力和勇气沉着应对突发事件，这是安全教育的目的，也是现代素质教育的一项内容。在创设的各种情境中，通过体验让未成年人学习自我保护的方法，是一种捷径，能取得事半功倍之效。

（三）导之以行，引导未成年人远离安全事故

学校安全工作是一项十分重要的任务，抓好安全教育是做好学校工作的治本之策，也是未成年人素质教育的重要内容。

第二章 学校安全管理的主要内容

学校安全最主要的内容是未成年人的人身安全。未成年人好动、好奇心强，对任何事情都充满兴趣，他们的行为具有很大的随意性，因此，研究未成年人的身心特点，有针对性地做好安全防范工作，确保校园安全是每一个学校都应该重视的课题。因此，学校安全管理的主要内容，应涵盖以下方面。

第一节 社会安全

一、社会安全概述

社会安全又称社会公共安全。什么叫社会公共安全？社会公共安全是指多数人的生命、健康和公私财产的安全。我国法律规定严禁危害公共安全的行为，构成犯罪的，要依据刑法予以惩处。对于那些触犯法律的妨害公共安全的行为，要依照治安管理处罚条例，由公安机关予以制裁。

未成年人是祖国的未来，通过加强公共安全教育，培养未成年人的安全意识、知识和技能，提高他们面临突发安全事件自救自护的应变能力，对于提高我国整体国民的安全意识和自救、救护能力必将产生深远的积极影响。

二、社会安全教育的主要内容

（一）幼儿社会安全教育内容重点

幼儿年龄比较小，自我保护意识和能力都比较差，对于社会安全教育，教师对幼儿的教育主要集中在自我保护意识的培养。安全意识是指幼儿对安全知识的掌握及保证自身安全的基本行为的认识。安全意识是幼儿自我保护能力的一个重要方面。近年来，幼儿意外事故时有发生，而且有相当大的比例是由于幼儿缺乏自我保护能力和安全常识所造成的。因此，加强安全教育，培养幼儿的自我保护能力就尤为重要。

案例 2 - 1 - 1

我该怎么办

活动目标

1. 结合重点，教育幼儿懂得一些基本的自我保护常识，对幼儿加强安全知识教育。

2. 培养幼儿初步的处理突发事件的能力和初步的应变能力。

活动准备

情境表演"小明在家"、独自在家的各种图片。

活动过程

1. 引入"突然遇到事情怎么办"的话题,加强幼儿的安全保护教育。

生活中突然遇到事情的时候,你会怎么办?(不惊慌、不害怕、尽力想办法解决问题)

你们遇到过什么事?当时你是怎样表现的?想过用什么办法解决吗?

让幼儿各自讨论,并把经历与其他幼儿分享。

2. 利用情境表演引导幼儿了解突发事件的处理办法。

让幼儿看情境表演,学会"家里突然来了陌生人"的处理办法,并发问:

"你认为小明这样做对吗?"

"当你一个人在家里,有人敲门,如果这个人你不认识,你该怎么办?如果这个人是爸爸妈妈的朋友又该怎么办?"

教师小结:"小明很机灵,遇到有陌生人来访,没有先打开门,而是先问清来人是谁。现在社会上有坏人,如不问清,很可能会让坏人钻空子,小朋友们要当心。对待爸爸妈妈的客人要礼貌热情。"

3. 让幼儿了解一些基本的发生危险的应变措施和方法。

"发生火警(触电、受伤、溺水等)时你有什么办法?惊慌失措有帮助吗?"在此过程中引导幼儿知道火警、急救、匪警等的电话号码。

4. 教师总结。

教育幼儿遇到突发事件,应沉着、有信心,做任何事情都要先用脑子想一下,相信自己能办好。

(二) 小学 1~3 年级社会安全教育内容重点

1~3 年级的小学生年龄较小,自我保护能力较差,因此对其的教育内容重点为预防和应对社会安全类事故。在《中小学安全教育指导纲要》中,针对本学段未成年人进行"预防和应对社会安全类事故"教育的重点内容为:

(1) 了解社会安全类突发事故的危险和危害。

(2) 了解并遵守各种公共场所活动的安全常识。

(3) 认识与陌生人交往中应当注意的安全问题,逐步形成基本的自我保护意识。

1. 了解社会安全类突发事故的危险和危害

当前,随着社会的发展,人们生活的改善,未成年人的生存环境也在发生变化,安全问题益显突出。社会突发事故给学校和未成年人带来经济损失和人身伤害，严重扰乱校园的教学秩序，对未成年人的成长极为不利。所以有必要让未成年人了解社会安全类突发事故的危害。

2. 了解并遵守各种公共场所活动的安全常识

公共场所即影剧院、医院、展览馆、车站、码头、饭店、院校、托儿所、幼儿园、商场、图书馆、文化宫、青年宫、少年宫、俱乐部、歌舞厅等人员集中、流动量大的场所。公共场所很容易发生安全事故，未成年人，尤其是低年级学生及幼儿一定要遵守公共场所的秩序，了解公共场所活动的安全常识。

案例 2 - 1 - 2

公共场所不守秩序

有一天早上，黄阿姨排队买早点，前面的都是未成年人模样的孩子。刚去买的时候，远远地就看见两个个子高高的未成年人也去买早点，走到跟前发现那两个人已经买完了，而队还很长，也没在意。一会儿，又来了一个未成年人，明显比排在她前面的孩子大，直接就站在窗口前把钱递了进去，窗口前的孩子都不说话，黄阿姨才明白刚才那两个大孩子也是这么买的早点。黄阿姨感觉应该有人指出她这种行为不对，就跟她说："请你排队。"而那个未成年人一脸的不在乎，好像她的行为没什么不对，而其他人好像已经习以为常了，那几个小的孩子更是敢怒不敢言。黄阿姨护着那几个小孩子买了早点，前面的那个小姑娘指着她前面的那个小孩子问黄阿姨："阿姨，您认识他爸爸吧？"黄阿姨说："我谁都不认识，但是应该遵守公共秩序。"最后，黄阿姨让那个小孩子在她前面买了早点，那个孩子非但不感激，还一脸的不耐烦。

黄阿姨走在路上，想起了六一儿童节在朝阳公园听到的两个家长的对话。对于自己的两个小孩无视长长的队伍就到前面买票，一个家长说："你说这种不排队的行为，家长要不要管呢？"另一个家长说："可是，把孩子管得太老实了，将来到社会上会吃亏的。"

3. 认识与陌生人交往中应当注意的安全问题，逐步形成基本的自我保护意识

我们生活的社会是比较复杂的，有好人也有坏人，所以我们与人交往时，一定要有自我保护的意识，要有很高的警惕性，不能随便吃陌生人的东西，不能跟陌生人走，不能给陌生人开门，如果遇到坏人，要想办法保护自己，避免自己受到不必要的损失与伤害。

案例 2 - 1 - 3

可怕的陌生人

吴建廷是平顶山市湛河区北渡镇的农民。2000 年至 2002 年两年间，他连续采用暴力、胁迫手段，奸淫少女 13 名。经法院查明，其每次犯罪得逞，竟都是利用少年儿童乐于助人、天真无邪的特点。

与别的同类案件有所不同，吴建廷实施犯罪都是在白天。他先从市内公园、新华书店、小学附近、街头等公共场所将孩子诱骗到偏僻的地方，之后便凶相毕露对女孩子实施性侵犯。他诱骗少女的方法很简单，却十分奏效。他要么告诉孩子们，他的钥匙丢了，需要帮助寻找；要么告诉孩子们，他有一个和孩子们年龄相仿的女儿，但她生病了，不吃药，需要小朋友去开导安慰她；要么告诉孩子们，他的女儿天真可爱，希望孩子们和她交朋友……

听了吴建廷的谎言，孩子们居然都会轻易地相信，并产生要"助人为乐"的念头，从而轻易地被吴建廷从热闹的公共场所用自行车、摩托车、汽车等带到偏僻处。

在这些案件中，孩子的天真与善良被犯罪分子充分利用，甚至几个孩子在一起也会同时上当。一次，吴建廷用摩托车带着诱骗的两个女孩子到了平顶山九里山山坡上，他将其中一个女孩子奸淫，而另一个女孩子竟被欺骗，为他的"善行"放哨。最多的一次，吴建廷将正在玩耍的 7 个男孩女孩带走，并对其中的一名女孩子实施了性犯罪。

法院的判决书显示，吴建廷的罪行被认定的共 13 起，除 1 名被害人当时已经 15 岁外，其余 12 名遭到摧残的都是幼女，最小的还不到 9 岁。

（三）小学 4～6 年级社会安全教育内容重点

在《中小学安全教育指导纲要》中，针对本学段学生开展"预防和应对社会安全类事故"教育的重点内容为：

（1）认识社会安全类突发事故或事件的危害和范围，不参与影响和危害社会安全的活动。

（2）自觉遵守社会生活中人际交往的基本规则以及公共场所的安全规范。

（3）学会应对可疑陌生人的方法，提高自我防范意识。

（4）了解应对敲诈、恐吓、性侵害的一般方法，提高自我保护能力。

1. 认识社会安全类突发事故或事件的危害和范围，不参与影响和危害社会安全的活动

社会安全类突发事件包括：校园内外涉及师生（含外籍师生）的各种非法集会、游行、示威、请愿以及集体罢餐、罢课、上访、聚众闹事等群体性事件，各种非法传授活动、政治性活动，针对师生的各类恐怖袭击事件，师生非正常死亡、失踪等可能会影响校园和社会稳定的事件等。未成年人不得参与危害社会安全的活动，教师要加强对未成年人的教育，提高他们的警惕。我们要正确认识社会安全类突发事故的危害与范围，坚决不参与任何影响和危害社会安全的活动，共同维护社会安定。

案例 2-1-4

反对邪教，珍惜生命

2007 年 3 月，广州某学校开展以"崇尚科学、反对邪教、珍惜生命、关爱家庭"为主题的反邪教系列警示教育活动。在学生当中，各班主任利用班会课通过讲故事、举真实案例等生动活泼的形式让学生懂得法轮功反社会、反科学的本质，让学生回家后，把从学校了解到的有关法轮功典型案例讲给父母听。另外团队进行了"崇尚科学，反对邪教"的师生签名活动，教导处主任在会上发言，号召全体师生共同行动起来，崇尚科学，抵制邪教，学生代表魏家瑶表达了全体学生反对邪教的决心。师生在横幅上郑重地签上名字。

通过这次反对邪教系列警示教育活动，全体师生再一次认清了邪教的本质及危害，推动形成科学、健康的生活方式。

2. 自觉遵守社会生活中人际交往的基本规则以及公共场所的安全规范

人际交往的基本规则，是人际交往的行为秩序。其具有民族性、地域性和国别性，同时也是人类文明时代性指征。未成年人处于活泼好动的年龄，有些人特别喜欢给别人起外号，尤其是侮辱性外号。其实这是一种非常不礼貌的行为，不符合人际交往的原则。

3. 学会应对可疑陌生人的方法，提高自我防范意识

无论是小学生还是中学生，父母都要反复强调，当他们独自在家的时候，绝不给陌生人开门，无论这个人说他是父母的朋友，还是亲戚委托送东西的快递。最简单的做法可以装作家里没人，把声音压到最低打电话给家长，或给爸爸妈妈发个短信。未成年人应该怎样应对陌生人，需要教师给以正确的指引。

案例 2-1-5

安全小测试

为了测试学生应对陌生人的能力和自身的安全意识，某学校联合当地民警进行了一场别开生面的测试：

情况一

"这位同学，请问去邓府山小区怎么走？"中午 11 点 35 分，眼看着两名男生结伴从学校走出来，某便衣警察驾车靠了上去。

"就在前面，往前走，然后右转！"其中一名男生说。

"往前？还要右转啊？我们是外地人，不太熟悉情况。"这名警察假装没有弄懂。"你们一直往前走，再问问吧！"两名男生边说边准备离去。

"同学，不好意思，我一个朋友在家里受伤了，我们要赶紧过去救人。"警察装出着急的样子。"你看这样好不好？你们到车上来，给我们带个路，找到地点后，我们再安排驾驶员把你们送回来！"

"好吧！"两个同学互相对视一下，钻进了面包车，一直将民警带到了目的地。

情况二

中午11点40分，在某中学大门口南侧20米处，某便衣警察驾驶一辆普桑轿车拦下了一名女同学。

"同学，我们要着急赶往安德门地铁站，你知道怎么走吗？"警察问道。

"好像就在前面。过去转个弯，再下个坡，到那边就能看到。"女同学回答。

"好复杂啊，你能不能到车上给我们带个路？"警察表示。

"这个？"女同学有点犹豫。她往车子这边走了两步，朝车里看了一眼，发现车子后面还坐着一名男子。"不好意思，我们马上要上课了！你自己去问问吧！"犹豫几秒钟后，女同学最终拒绝了。

情况三

"同学，我们要去邓府山小区，麻烦你帮我们带个路吧。"中午11点50分，便衣民警在学校大门北面，拦下了两名女同学。

"你们走错方向了！邓府山在南边，你们掉头，从那边绕过去吧！"一名女同学回答。

"南边？刚才我们就是从南边过来的，没有啊！"警察说，"你看这样好不好，你们到我们车上来，帮我们带个路吧。"说着，警察拉开车门。

女同学说道："车子我们是肯定不会上的！谁知道你们是什么人啊！"其中一个女孩从背包中掏出了纸笔，"这样吧，我给你们画个地图吧！"

4. 了解应对敲诈、恐吓、性侵害的一般方法，提高自我保护能力

小学生年龄小、反抗能力差，因此很容易遭受敲诈、恐吓、性侵害等不法行为，因此要学会应对这些违法行为。教师应该教育小学生做到：放学后，与同学结伴而行，尽早回家；书包里放些零钱以备遭遇不良少年时，用之保护自身安全；一旦被坏人纠缠，要冷静与其周旋，并设法向路人或警察叔叔求助；及时将情况向老师报告，由警方依法惩治这些坏人。

案例 2-1-6

不良少年的敲诈

4名长期在海口市滨海新村一带敲诈小学生钱物的未成年人，日前在作案时有3人被当场抓获。

他们4人都是在校学生，3人读小学，1人读初中一年级，专门敲诈比他们小的小学生的钱物，已持续一年多时间。他们主要是在放学的路上将事先物色好

的小学生拦住，搜身要钱，并威胁他们不许告诉任何人，不然就会遭到毒打。被敲诈的小学生一般也都不敢告诉别人。于是他们胆子越来越大，限定时间、数额、地点，让一些小学生带钱去交给他们。学校放假后，他们居然多次找到被敲诈过的小学生的住处守候，等他们出来后再下手搜身。

这些情况终于被一些家长发觉，近日5名长期被敲诈学生的家长联合起来，与联防队员和民警共同将4名犯罪嫌疑人抓获。

当警方通知这几名作案的未成年人家长到派出所时，他们对自己孩子的所作所为竟丝毫不知，还称他们的孩子在家里平时很听话，是乖孩子，完全想不到他们会做出这种违法的事。由于他们还是未成年人，警方对他们教育一番后，将他们交还给了家长。

（四）初中年级社会安全教育内容重点

在《中小学安全教育指导纲要》中，针对本学段学生开展"预防和应对社会安全类事故"教育的重点内容为：

（1）增强自律意识，自觉不进入未成年人不宜进入的场所。逐步养成自觉遵守与维护公共场所秩序的习惯。

（2）不参加影响和危害社会安全的活动，形成社会责任意识。

（3）理解社会安全的重要意义，树立正确的人生观和价值观。

（4）学会应对敲诈、恐吓、性侵害等突发事件的基本技能。

1. 增强自律意识，自觉不进入未成年人不宜进入的场所。逐步养成自觉遵守与维护公共场所秩序的习惯

未成年人保护法修订草案规定，营业性歌舞娱乐场所、互联网上网服务营业场所等不适宜未成年人进入的场所，经营者应当在显著位置设置未成年人禁入标志，不得允许未成年人进入；对难以判明是否已成年的，应当要求其出示身份证件。此外，未成年人也应当增强自律意识，不进入这些场所。

公共秩序是社会生活正常进行的重要保证。自觉遵守公共秩序是现代人应具有的基本素质。中小学生年龄小，虽然有一些纪律意识，能够遵守学校纪律，但是他们遵守公共秩序的意识还比较单薄。所以应对未成年人进行此方面的教育，使未成年人现在和将来能够顺利地走上社会，并且最终成为一个适应现代社会要求的公民。

2. 不参加影响和危害社会安全的活动，形成社会责任意识

社会责任意识是指社会成员对自己所应承担的社会职责、任务和使命的自觉意识，它要求社会成员除对自身负责外，还必须对他所处的集体及社会负责，正确处理与集体、社会、他人的关系。社会责任意识是在社会实践过程中逐步形成的，是一个人的世界观、人生观、价值观在社会中的具体体现。随着改革开放的深入和社会主义市场经济的发展，大力培养人们的社会责任意识，已成为新形势下加强和改进思想政治工作的一个重要任务。

中学生处于人生观、价值观形成的重要阶段，培养社会责任意识是加强其思想道德教育的一个重要方面，只有培养其社会责任意识，才能帮助其形成遵纪守法、对社会负责的品质。

3. 理解社会安全的重要意义，树立正确的人生观和价值观

安全是生命之本，每个人都应该学会保护自己的生命、健康。让每个人保护他人的生命、健康是一个社会最起码的文明，否则就不是一个真正意义的人，不是一个有基本道德观念的人。社会安全关系着千千万万人的生命，所以中学生应该从小树立社会安全意识，自觉维护社会安全，树立正确的人生观和价值观。

4. 学会应对敲诈、恐吓、性侵害等突发事件的基本技能

这方面对中学生的要求要比小学生高出一个层次，面对敲诈、恐吓和性侵犯，中学生应该学会运用法律武器保护自己的合法权益不受侵犯，一旦发生，就要向父母、老师等人寻求帮助，并通过法律途径解决，决不能忍气吞声，因为这样既危害了自己的权利，也姑息纵容了犯罪行为，会使更多的人受到伤害。

（五）高中年级的社会安全教育内容重点

在《中小学安全教育指导纲要》中，针对本学段学生进行"预防和应对社会安全类事故"教育的重点内容为：

（1）自觉遵守与生活紧密相关的各种行为规范。

（2）了解考试泄密、违规的相关法律常识。养成维护考试纪律和规范的良好行为习惯。

（3）基本理解国际政治、经济、宗教冲突现象，努力维护国家和社会的稳定与团结。

（4）继承和发扬中华民族传统优秀文化，汲取其他国家文化的精华，抵制不良文化习俗的影响。

（5）自觉抵制影响和危害社会公共安全的活动，提高社会责任感和国家意识。

1. 自觉遵守与生活紧密相关的各种行为规范

所谓中小学日常行为规范养成教育，就是为全面贯彻中小学生《守则》和《日常行为规范》而实施的基本伦理道德教育；基础文明行为习惯训练和良好心理素质培养，是中小学德育的"主体工程"。目前，很多学生都是独生子女，由于父母的娇惯，他们很容易养成不好的行为习惯，需要教师给予纠正。

案例 2－1－7

掌上明珠的恶习

陶某，16岁，独生子。爱好打篮球，是体育训练队队员，但懒惰，不按时参加早晨训练；学习不努力，上课找同学聊天，玩自己的，不理会老师的劝导，学习成绩落后；利用吃营养早餐、买运动衣物等各种理由向家长要钱，然后用于进网吧玩游戏，还养成了学大人抽烟的恶习。

分析原因，这孩子是家族的单传长孙，爷爷、奶奶、爸爸、妈妈等一大家子人视其为掌上明珠，从小娇生惯养，家庭条件优越，母亲特别溺爱他，可以容忍他的任何行为，没让他受过一点苦，养成了他懒惰的坏毛病。上初中时他开始迷恋玩电脑游戏，成绩一落千丈，他家人没从孩子身上找原因，一味花钱请老师补课，却始终没有使孩子的成绩有所提高，三年过去，如今上高中了，倒使一身的坏毛病根深蒂固了。

2. **了解考试泄密、违规的相关法律常识，养成维护考试纪律和规范的良好行为习惯**

在错综复杂的国际环境中，中外交流日益频繁，危害国家安全的行为从未停止过。教师要通过铁的事实，对未成年人进行国家安全教育，使未成年人清醒认识到维护国家安全的重要性，树立国家安全意识，自觉维护国家安全，不泄露国家秘密。

纪律观念是指人们对于纪律的认识和觉悟。它的基础内容是人们对于纪律的认知，即人们了解应当遵守什么样的纪律。不同的社会中有不同的纪律内容，因此，人们所要遵守的纪律，应当是被当时社会所推崇的为社会道德所承认的纪律。而加强对未成年人考试纪律的培养，能够培养未成年人的诚实品格和严谨治学的态度，树立良好考试风气，维护考试信誉，这对未成年人终身有用。

3. **自觉抵制影响和危害社会公共安全的活动，提高社会责任感和国家意识**

对高中生社会责任意识的培养需要在中学有关要求的基础上进行深化，在这里不再赘述。

4. **基本理解国际政治、经济、宗教冲突现象，努力维护国家和社会的稳定与团结**

当今世界，和平、发展、合作是时代的主流，但国际政治、经济、安全矛盾以及地缘、民族、宗教冲突错综复杂，传统安全威胁与非传统安全威胁的因素相互交织。我国要走和平发展的道路，实现全面建设小康社会的奋斗目标，既面临着难得的战略机遇，又面临着严峻的挑战。随着年龄的增长，高中生越来越关注国家命运，关注国际社会的问题，所以培养其维护国家稳定与团结的意识尤为重要。

5. **继承和发扬中华民族传统优秀文化，抵制不良文化习俗的影响**

中华民族的优良道德传统，一般来说，是指以古代儒家伦理道德为主要内容并包括墨家、道家、法家等传统道德思想的精华。在2000多年的历史发展过程中，儒、墨、道、法各家伦理思想及佛学中的心性之说，相互影响、相互吸收，形成了中华民族特有的伦理传统。

〖案例 2 - 1 - 8〗

继承中华民族优良传统
——传统美德教育课

一、教育目标

1. 让未成年人通过学习懂得为什么要孝敬父母。

2. 激发未成年人从小要孝敬父母、尊敬长辈的情感。

3. 懂得怎样用实际行动孝敬父母、尊敬长辈。

二、教育重点、难点

让未成年人把知行统一起来，用实际行动孝敬父母。

三、课前准备

采访父母，了解自己在成长中发生的一些感人故事；收集有关孝敬父母的故事、名言等。

四、教育过程

（一）激情

同学们爱自己的爸爸妈妈吗？想当一名孝敬父母的好孩子，得到这座孝敬父母的奖杯吗？这节课让我们一步一步走上领奖台，一起来摘取这座奖杯。

（二）明理

1. （出示图片，播放音乐）同学们，是父母把我们带到这个世界上来。妈妈怀胎十月，在产房中经过剧烈的疼痛，然后我们呱呱坠地。父母都情不自禁地露出了幸福的笑容。

2. 从我们来到世界上的那一刻开始，父母又增添了一项繁重的工作——照顾我们。我们的健康成长离不开父母的悉心照顾。在这个过程中，父母为我们付出了许许多多，当中发生了很多感人的故事。

（收集一些相关的图片，或者请未成年人的父母跟他一块儿讲述，拍摄部分镜头。）

3. 此时此刻，千言万语，你最想对父母说些什么呢？

4. 小结：父母对我们的关爱真是无微不至。孟郊曾经把父母的这种关爱写成了一首流传千古的小诗——《游子吟》，他是怎样写的——背诵《游子吟》过渡：正是由于父母无微不至的呵护，才会有今天聪明、活泼的我们。

（三）导行

1. 谁言寸草心，报得三春晖。我们怎么报答父母呢？（孝敬父母）

2. 我们应该怎么孝敬父母呢？以下这些同学的行为是孝敬父母吗？

片段一：小李在走廊里追逐同学，一不小心滑了一跤，腿受伤了，要上医院。父母从工作的地方跑到医院，非常担心。

你觉得这是孝敬父母吗？（不是，没有照顾好自己，让父母担心。）

讨论：照顾好自己还包括哪些方面呢？（自己的东西收拾好；学习认真，不要让父母过分操心；注意安全，不要让父母担心。）

3. 照顾好自己，让父母少操心，是孝敬父母的表现。

作为家庭的一分子，我们也有自己的责任，承担家务就是履行自己的责任。

从这个学期开始，我们开展了"每天做半小时家务"活动，你都做了哪些家务减轻爸爸妈妈的负担；请你跟四人小组的同学交流一下，你都做了哪些家务？在这些过程中的体会如何？

自从开展"每天做半小时家务"活动以来，以下同学能够天天坚持，我们给他们派发星级卡，他们是……

父母在繁忙的工作中，还要进行家务劳动，照顾我们。我们能够承担部分家务，其实也减轻了父母的负担，是从行动上孝敬父母。

4. 父母虽然是成年人，但是他们有时也会生病，也有不能照顾自己的时候，作为子女，我们应该怎样关心他们呢？请听故事《黄香温席》……

像这样的故事还有很多，如我们学过的《沉香救母》、《陈毅探母》。

《弟子规》告诉我们，作为子女我们应该这样做……

（四）积累

孝敬父母是中华民族的优良传统，自古流传下来很多这方面的格言，让我们一起来背一背。

五、小结

我们做到照顾好自己，承担家务，关心父母，终于登上领奖台，摘取了这座奖杯，祝贺同学们。希望大家把夺奖杯的经验、收获用在生活上，用行动来孝敬父母。

第二节　公共卫生安全

2003 年 SARS 危机之后，公共卫生成了中国家喻户晓的热门话题。公共卫生安全关系着每一个人的健康与生命，因此，加强对未成年人公共安全知识的教育势在必行。

一、公共卫生概述

在现实生活中，每个人对公共卫生概念的理解是不一样的。普通老百姓对"公共卫生"这一术语有各种不同的理解。很多人把公共卫生简单地理解为打扫环境卫生，没有垃圾就算卫生了。也有人认为，公共卫生就是人人都讲卫生。从专业角度来看，公共卫生，是关系到一国或一个地区人民大众健康的公共事业。公共卫生的具体内容包括对重大疾病尤其是传染病（如结核病、艾滋病、SARS等）的预防、监控和医治；对食品、药品、公共环境卫生的监督管制，以及相关的卫生宣传、健康教育、免疫接种等。

突发公共卫生事件是指突然发生，造成或者可能造成社会公众健康严重损害的重大传染病疫情，群体性不明原因疾病，重大食物和职业性中毒以及其他严重影响公众健康的事件。

学校突发公共卫生事件是指发生在各级各类学校内的传染病、寄生虫病和地方病流行、暴发流行或致人死亡的事件；不明原因引起的群体性异常反应，有毒有害因素以及各种方式污染食物、饮用水、空气、物品、场所造成群体中毒、死亡或危害有可能扩散，在社会上造成较大影响的事件。通常是指学校内的食物中毒、传染病流行、预防性接种或预防性服药的异常反应、未成年人集体癔症等事件。

学校突发公共卫生事件具有的特点：

（1）具有突然性，是不可预测的；

（2）事件发生的原因相同，受害未成年人表现的症状相同，短时间内多人发生；

（3）未成年人是传染病高发和易感人群；

（4）学校是传染病的集散地；

（5）学校极易造成传染病暴发和流行；

（6）学校传染病的季节性以及随年龄变化的规律明显。

二、公共卫生安全教育的主要内容

开展公共卫生安全教育，培养未成年人的社会安全责任感，使未成年人逐步形成卫生安全意识，掌握必要的公共卫生的知识和技能，了解相关的法律法规常识，养成在日常生活和突发公共卫生事件中正确应对的习惯，最大限度地预防公共卫生安全事故发生和减少安全事件对未成年人造成的伤害，保障未成年人健康成长，是当前公共卫生安全教育的重要内容和目标。

开展公共卫生安全教育必须因地制宜，分阶段、分模块循序渐进地设置具体教育内容，把不同学段的公共卫生安全教育内容有机地整合起来，统筹安排。

（一）幼儿公共卫生安全教育内容重点

关于公共卫生安全教育，幼儿时期最重要的就是帮助其养成良好的卫生习惯。

幼儿园的卫生习惯养成工作是德育工作的一项内容。培养良好的卫生习惯对于提高人们的文明素质有重要影响，因为卫生状况直接影响人类的生活，所以培养幼儿的良好卫生习惯也是幼儿素质教育的重要内容。卫生习惯教育的主要内容有：幼儿的个人卫生习惯教育、集体生活卫生教育、公共卫生规范教育等。个人卫生教育以养成教育方法为主；集体生活教育以常规教育方法为主；公共卫生教育以制度规范影响方法为主，这三点都是非常重要的。尤其公共卫生方面的教育，是幼儿礼仪培养中极为重要的一个方面。我们不是常见到有的孩子一边吃零食一边把包装纸、果壳之类随手扔在街上吗？我们不是厌恶有的人随地吐痰吗？注意讲究公共卫生，就应该从娃娃抓起。

一个人的良好行为习惯并不是一下子就形成的，需要有一个从陌生到熟练，再由熟练到自觉的过程，要完成这一过程必须反复训练，逐步强化，特别是对记忆能力、控制能力相对较差的幼儿来说，重复训练尤其重要。

（二）小学 1~3 年级公共卫生安全教育内容重点

在《中小学安全教育指导纲要》中，针对本学段学生进行"预防和应对公共卫生安全教育"的重点内容为：

（1）了解基本公共卫生和饮食卫生常识。

（2）了解常见的肠道和呼吸道疾病的预防常识，养成良好的个人卫生和健康行为及饮食习惯。

1. 了解基本公共卫生和饮食卫生常识

在日常生活中，人们常有一些不卫生的饮食习惯和行为，但很多人对此尚未重视起来，这对身体健康十分不利。"病从口入"这句话讲的就是这个道理。我们经常在一些中小学校门前看到，每到中午时，学校门前总是聚集着一些小吃摊，而这些小吃摊的食品卫生根本无法保证。下课后，一些学生都会冲出学校，争抢着购买这些没有任何卫生保证的食品。而这些不卫生的食物直接威胁着学生的饮食安全。因此，基本公共卫生和饮食卫生常识是低年级学生公共卫生安全教育的重要内容之一。

2. 了解常见的肠道和呼吸道等疾病的预防常识，养成良好的个人卫生和健康行为及饮食习惯

尤其在春夏季节，很多学生很容易发生突发肠道疾病和呼吸道疾病，常见肠道寄生虫有蛔虫、蛲虫、钩虫和鞭虫；常见传染病有肝炎和菌痢；而常见呼吸道传染病有流感。这些疾病不但扰乱了正常的教学秩序，而且对学生的成长极为不利。但是怎样帮助学生养成良好的个人卫生饮食习惯，成为了广大教师安全教育中的一个难点。

案例 2 - 2 - 1

安全教育儿歌

"小学生，要记清，从小就要讲卫生。清早起，出房门，对着镜子看全身。

内外衣服理得体，头梳整齐脸洗净。刷牙天天要坚持，口气清新无牙病。平日里，要手勤：勤洗头、勤洗澡、勤剪指甲衣洗净，每月理发显精神。"

"你拍一，我拍一，天天早起练身体。你拍二，我拍二，天天都要带手绢。你拍三，我拍三，洗澡以后换衬衫。你拍四，我拍四，消灭苍蝇和蚊子。你拍五，我拍五，有痰不要随地吐。你拍六，我拍六，瓜皮果核不乱丢。你拍七，我拍七，吃饭细嚼别着急。你拍八，我拍八，勤剪指甲常刷牙。你拍九，我拍九，吃饭以前要洗手。你拍十，我拍十，脏的东西不要吃。"

这是某学校师生自编自唱的两首健康儿歌。近年来，该校发动广大师生，结合学生健康状况和学校工作实际，编写了很多首琅琅上口、教育性强的健康教育儿歌，并采取得力措施督办落实，此举有效提高了全校师生的健康意识，培养了良好的健康行为习惯，值得广大教师借鉴和学习。

（三）小学 4～6 年级公共卫生安全教育内容重点

在《中小学安全教育指导纲要》中，针对本学段学生进行"预防和应对公共卫生安全教育"的重点内容为：

（1）加强卫生和饮食常识学习，形成良好的个人卫生和健康的饮食习惯。

（2）了解常见病和传染病的危害、传播途径和预防措施。

（3）初步了解吸烟、酗酒等不良习惯的危害，知道吸毒是违法行为，逐步形成远离烟酒及毒品的健康生活意识。

（4）初步了解青春期发育基础知识，形成明确的性别意识和自我保护意识。

1. 加强卫生和饮食常识学习，形成良好的个人卫生和健康的饮食习惯

每个人都应该养成良好的个人卫生习惯，但是随着年龄的增长，孩子到了小学中、高年级后，很容易形成偏食、挑食的坏习惯。

有关专家指出，目前一些学生日常生活中存在着十大不良饮食习惯，给健康带来了负面影响，应引起家长和未成年人的重视。这十大不良饮食习惯是：

（1）边看电视边吃饭。

（2）把润喉片当成清凉糖。

（3）只吃蔬菜而不吃肉。

（4）零食当正餐。

（5）用餐时及餐后长时间坐在计算机前。

（6）喜欢吃食色素超标的食品。

（7）常光顾街边小食摊。

（8）饮料代替水。

（9）不爱喝甚至拒绝喝牛奶。

（10）爱吃烧烤。

2. 了解常见病和传染病的危害、传播途径和预防措施

小学 4～6 年级的学生，在以前认识常见呼吸道、肠道疾病的基础上，还要认识其他常见疾病，尤其是传染病的危害、传播途径以及预防措施。

3. 初步了解吸烟、酗酒等不良习惯的危害，知道吸毒是违法行为，逐步形成远离烟酒及毒品的健康生活意识

调查表明：我国未成年男性吸烟率为 30.0%～60.0%。许多资料显示，第一次吸烟的年龄高峰在 13～15 岁，正处于青春期的快速生长发育阶段。如果此时嗜好吸烟，不仅对生长发育极为不利，而且会影响到学习和品德的培养。

2005 年 11 月，商务部颁布了我国《酒类流通管理办法》。在《办法》中，最引人关注的一条就是：首次明确规定了"酒类经营者不得向未成年人出售酒类商品，并应在经营场所明确标识"。未成年人和酒的关系，长久以来在社会上并未引起过强烈的关注。它不像吸毒，甚至吸烟一样，被人们所深恶痛绝。然而，据媒体报道，未成年人酗酒后导致犯罪的事件在国内已经发生过不止一起。

众所周知，毒品的危害更大，未成年人更是碰不得。

4. 初步了解青春期发育基础知识，形成明确的性别意识和自我保护意识

在世界范围内，未成年人性发育的总趋势是逐渐提前，大多数地区女孩子的初潮年龄在 12～14 岁之间，这个年龄基本上处于小学六年级时期。这也要求学校、家庭和社会对未成年人进行青春期性教育应适当提前，因此，最晚要在 12 岁前，便应逐步对未成年人进行青春期发育的卫生知识教育，预先教给未成年人一些性发育的知识，使未成年人有心理上的准备，不至于事到临头茫然失措、担心害怕。

案例 2 - 2 - 2

教师强奸幼女

今年 27 岁的梁宏贤是南宁市人。2000 年 7 月，他大专毕业后来到南宁三塘镇某小学任教。该校每个年级有一个班，从 2002 年 9 月开始，梁宏贤担任一年级的班主任。

2003 年 3 月的一天，他叫班上的小云来办公室修改作业，然后趁机对小云进行猥亵。此后，他的胆子越来越大，从 2003 年 3 月到 2005 年 1 月期间，他以修改作业或检查身体为由，先后对班上的 13 名女生进行强奸，猥亵 1 人。

今年春节期间，一名女生无意间对表姐说，梁老师和她"玩"过那个事，这起教师强奸幼女案才浮出水面。

加强性教育有助于帮助未成年人维护自己的合法权利不受侵犯，即使受到侵犯也可以及早寻求法律援助，避免更多悲剧发生。

（四）初中年级公共卫生安全教育内容重点

在《中小学安全教育指导纲要》中，针对本学段学生进行"预防和应对公共卫生安全教育"的重点内容为：

（1）了解重大传染病和食物中毒、生活水污染的知识及基本的预防、急救、处理常识；了解简单的用药安全知识。

（2）了解青春期常见问题的预防与处理；形成维护生殖健康的责任感。

（3）了解艾滋病的基本常识和预防措施，形成自我保护意识。

（4）学习识别毒品的知识和方法，拒绝毒品和烟酒的诱惑。

（5）了解和分析影响生命与健康的可能因素。

1. 了解重大传染病和食物中毒、生活水污染的知识及基本的预防、急救、处理常识；了解简单的用药安全知识

未成年人意外伤害最常见的原因主要是车祸、跌落、烧伤、溺水、中毒和自杀等，意外伤害已成为当代发达国家威胁未成年人健康及生命的主要问题，是未成年人的第一位死因，也是导致严重疾患和残疾的主要因素之一。为了保障未成年人的健康和保护未成年人的生命，维护社会稳定，未成年人应当了解急救知识，从而在关键时刻保证自己和他人的生命安全。

案例 2 - 2 - 3

暑假里，14 岁的中学生小怡决定学做饭，以减轻父母负担。一天傍晚，当小怡把一盆带水的青菜倒入油锅时，右手臂被溅起来的热油烫伤，手臂皮肤顿时变得通红。小怡立即用冷水冲洗，然后立即上医院治疗。

案例 2 - 2 - 4

某天中午，9 岁的小宇在家独自吃饭时，被鱼刺卡住了喉咙。他接连吞了好几口米饭都不管用，喉咙像针扎一样疼，然后用手抠，结果造成血管出血，还引起了感染。

这两个案例一正一反，说明了未成年人掌握基本自救知识的重要性，也迫切地提出加强对未成年人自救知识培训的要求。

2. 了解青春期常见问题的预防与处理，形成维护生殖健康的责任感

青春期常见的问题有性自慰行为、早恋、痤疮、贫血、神经衰弱、龋齿等，其中女生常见的还有"夹腿综合症"、月经不调、痛经等，这些都需要教师，尤其是心理教师给予正确的引导，帮助青春期未成年人正确地认识自己身体和心理的变化，健康地成长。而未成年人一些不正确的态度和行为可能会对自己的发育成长造成极为不利的影响。

案例 2 - 2 - 5

青春期过于时尚引发不良反应

雪儿嫌自己乳房偏小，为此买回丰乳霜涂擦。不久，乳房果真大了些，然而月经不是提前就是延长，且量增多。

小王想要骨感身材，于是减了早餐，只喝一大杯白开水，中、晚餐主食限制在 100 克之内，以蔬菜、水果为主。3 个月后，体形变瘦了，而月经却"千呼万唤不出来"。

小芬每逢周末，不是去"蹦迪"，就是去卡拉 OK，还常吸烟。不久，她感到听力有些下降，经期有时提前有时推迟。

珍珍在初春别人都穿长衣长裤时，她便穿起了低腰小皮裙。结果，以往正常的月经突然"变了脸"，小肚子开始疼痛，痛得腰、背也跟着发难，甚至伴有恶心、呕吐。

3. 了解艾滋病的基本常识和预防措施，形成自我保护意识

在与艾滋病的斗争中，未成年人是一个被忽略的群体。不仅国际国内的艾滋病政策讨论中没有给予这个群体足够的重视，未成年人甚至不能得到最基本的治疗和预防服务。

4. 学习识别毒品的知识和方法，拒绝毒品和烟酒的诱惑

关于烟酒，前面已经提到，在这里我们主要来谈一谈毒品对未成年人成长的影响。毒品对个人、对家庭、对社会乃至对民族都有十分严重的危害。吸食毒品能够毁掉一个人的健康和生命，还要耗费大量的资金。此外，吸毒直接诱发违法犯罪，严重危害社会治安；吸毒还是产生严重危害人类健康的传染性疾病的祸根。

未成年人对毒品的危害认识不足，在好奇心的驱动下很可能就会吸食毒品。面对"诱惑"，教师的安全教育是保护未成年人安全的有力武器。

案例 2 - 2 - 6

部分未成年人愿尝试毒品

在长春市，某机构对未成年人进行了一项关于毒品的调查，部分结果如下：

"如果有机会，你愿意尝试一下吸毒吗？"面对这个问题，10% 的未成年人竟回答愿意，理由是："听说一两次上不了瘾，可以试试。"

让未成年人选择听说过（或见过）哪些毒品时，近 10% 的人表示只听说过鸦片，海洛因、摇头丸、咖啡因是未成年人们认知比较多的毒品。但有 95% 的未成年人不知麻谷、K 粉是毒品。

"当最好的朋友邀请你尝尝毒品时，你会怎么办？"面对这个问题时，竟有4人选择"朋友不会害我，可以吸"。

面对"有没有人曾让你尝试吸毒？"这个问题时，有5人回答"有"，其中有1人回答"我的确试了"。

"你身边有没有人向你宣传过毒品的坏处？"87%的未成年人回答"没有"。

"是否经常去迪厅等娱乐场所？"95%以上的未成年人回答"从不去"。

"在舞厅里见到呈现疯狂状态的舞者你会如何看待？"2%的人回答"觉得他们跳得很过瘾"，10%的未成年人回答"太疯狂了，很可怕"。

5. 了解和分析影响生命与健康的可能因素

现在普遍认为，影响人类健康的因素中较为重要的有生活方式因素、环境因素、生物因素和卫生保健服务因素四大类。其中对于未成年人来讲，影响最大的是生活方式因素。

生活方式因素又称为健康行为因素。系指因自身的不良行为和生活方式，直接或间接地对健康带来不利的影响。它包括嗜好（如吸烟、酗酒、吸毒）、饮食习惯、风俗、运动、精神紧张、劳动与交通行为等。

在当今社会中，由于不健康的生活方式可以导致多种疾病。癌症、脑血管病的发生，与吸烟、酗酒、膳食结构不均衡、缺少运动及精神紧张等有关；意外死亡，特别是交通意外与工伤意外等也与行为不良有关。

（五）高中年级公共卫生安全教育内容重点

在《中小学安全教育指导纲要》中，针对本学段学生进行"预防和应对公共卫生安全教育"的重点内容为：

（1）基本掌握和简单运用突发公共卫生事件卫生应急的相关技能，进行自救、自护。有报告事件的意识和了解报告的途径和方法。

（2）掌握亚健康的基本知识和预防措施，了解应对心理危机的方法和救助渠道，促进个体身心健康发展。

（3）掌握预防艾滋病的基本知识和措施，正确对待艾滋病毒感染者和患者。

（4）自觉抵制不良生活习惯和行为，具备洁身自好的意识和良好的卫生公德。

（5）了解有关禁毒的法律常识，拒绝毒品诱惑。

（6）学习健康的异性交往方式，学会用恰当的方法保护自己，预防性侵害。当遭到性骚扰时，要用法律保护自己。

1. 基本掌握和简单运用突发公共卫生事件卫生应急的相关技能，进行自救、自护；有报告事件的意识，了解报告的途径和方法

目前小学生、中学生乃至大学生自救自护意识薄弱，遇到危险不知道如何帮助自己脱离危险，这也是造成伤害事故后果严重的一个重要原因。教师要通过激发高中生较强的主体性作用，发动和组织他们积极参与自护自救教育活动，不断提高自我保护、自我救护意识和能力，从而促使他们健康成长。

案例 2 - 2 - 7

未成年人危险中如何自救

某校学生宿舍突然发生火灾，同在一幢楼内的学生，有的凭借自己的安全救助知识脱险，而有的则由于缺乏安全救助知识，仅仅是一次小的火灾就造成多处受伤，尤其以呼吸道受伤者居多。

据事后学生们讲述，当火灾发生时，有些学生惊醒后发现变形的门锁已无法打开，惊惶之中便不断地狂呼乱叫。而有些寝室的学生则沉着自救，他们首先将床单等物品撕成条，彼此帮助救生，同时将毛巾弄湿捂住口鼻，因而除一些皮外伤外，没有较大的伤情。

2. 掌握亚健康的基本知识和预防措施，了解应对心理危机的方法和救助渠道，促进个体身心健康发展

南京医科大学对南京市 5 所中学 1452 名初、高中学生进行亚健康现状问卷调查，得出的结果显示同时出现易疲劳、注意力不集中、头昏、烦躁、头疼、乏力感、易激动、皮肤干燥、食欲不振、失眠等 21 种症状中的 3 种亚健康症状的初中生高达 49.7%％，而高中生亚健康发生率明显高于初中生，达到 60.8%。这与高中生学习负担重、压力大、精神紧张等因素密切相关。专家指出，要预防中学生亚健康症状的发生，必须加强学校健康教育，减轻中学生学习负担；中学生自身要加强体育锻炼，保证充足的睡眠和休息，合理调整膳食结构。

3. 掌握预防艾滋病的基本知识和措施，正确对待艾滋病毒感染者和患者

艾滋病是一种病死率极高的严重传染病，目前还没有治愈的药物和方法，但可以预防。艾滋病主要通过性接触、血液和母婴三种途径传播。艾滋病感染者是一个非常特殊的群体，内心非常脆弱，非常希望有一个宽松的生活环境，因此我们应该尽量减少对艾滋病患者的歧视。学校预防艾滋病的教育内容和形式要根据学生的年龄不同有所侧重。有研究者对北京中学生所在年级希望掌握的知识进行了调查，结果表明，高中学生最关心的内容也是艾滋病的基本知识和预防艾滋病的方法及措施，这说明高中生希望获得艾滋病的基本知识和预防艾滋病的方法，同时这对控制艾滋病的传播也有极大帮助。

案例 2 - 2 - 8

让艾滋病远离我们

某中学高一年级举行"寒假里，让艾滋病远离我们"的主题班会。

"大家看，安全套取下时要用手握紧套口，然后轻轻拔出……"讲台上，一

位 16 岁女孩一边演示一边解说，台下的同学有的聚精会神地听着，有的羞红了脸——这"稀奇"的一幕，就发生在某中学高一年级 5 班。16 日上午，该班师生和该校高一年级 1 班的"防艾"志愿者一起，在寒假前开展了一堂名为"寒假里，让艾滋病远离我们"的主题班会。

在这场生动的"防艾"班会上，16 岁女生、该校学生会主席张梅（化名）等 4 名同学，与"防艾"志愿者一起对安全套的正确使用进行了现场演示。"虽然婚姻离我们还很遥远，但是从现在开始了解有关安全性行为的知识却是十分必要的。"张梅和另外 3 位志愿者拿起一盒安全套，开始向讲台下的"学生"讲解有关正确使用安全套的知识。"我们拿到安全套的外包装时，应该首先查看生产日期，看看是否过期。然后在打开外包装时，不要使用太大的力气，以免撕破安全套，同时还要分清楚正反面……"由于张梅是第一次面对众多同学、老师、家长演示安全套的使用，所以声音有些发抖，脸上也泛起微微红晕。台下的男同学们偷偷地笑着，女同学则几乎完全噤声，有的更不好意思地把头侧向了一边。

"下面，我们请几位同学和我一道来重复演示一下。"一位姓蒋的女同学红着脸举起了手，她笨拙地按照志愿者的提示一步一步操作着。另一名参加演示的男同学说："以前和同学讨论，以为它只有避孕的作用，谁知道还能防止性病和艾滋病的传播呢。"

4. 自觉抵制不良生活习惯和行为，具备洁身自好的意识和良好的卫生公德

日常生活中，生活习惯与健康长寿有着密切的关系。保持良好的生活习惯，极为重要。保持良好的生活习惯应该是：每日三餐要吃好吃饱，定时定量，不轻视早餐，晚餐不过饱，不暴饮暴食，不吃油腻食品，不挑食偏食，做到饭菜多样化，适量吃些蔬菜、水果、肉、蛋等，合理调配膳食。每星期作 2~3 次适度运动。搞些有益于健身的娱乐文体活动，使自己精神爽快，心情舒畅。不吸烟、不喝酒或喝少量的酒。保持充足的睡眠，使精力和体力得到恢复，保持适度的体重。

教师可以组织同学围绕食品卫生进行讨论，对身边缺乏食品卫生安全意识和行为进行自查和指正，这将有效强化学生的食品卫生安全意识，增强健康素质。

5. 了解有关禁毒的法律常识，拒绝毒品诱惑

毒品是指鸦片、海洛因、甲基苯丙胺（冰毒）、吗啡、大麻、可卡因以及国家规定管制的其他能够使人形成瘾癖的麻醉药品和精神药品。毒品的危害，可以概括为"毁灭自己、祸及家庭、危害社会"12 个字。毒品问题是当今世界面临的严重社会问题，未成年人已成为毒品侵害的高危人群。教师应当加强教育，帮助未成年人认清毒品的危害，帮助未成年人远离毒品，拒绝毒品的诱惑。

6. 学习健康的异性交往方式，学会用恰当的方法保护自己，预防性侵害。当遭到性骚扰时，要用法律保护自己

男女生的交往不仅是正常的，而且是必要的。男女生之间的正常交往不仅有利于学习进步，也有利于个性发展，更有益于未成年人身心健康成长。但是，男女生的交往在中学校园里，这仍是一个敏感话题，处理不当，不仅会影响学习，也会影响身心健康。男女生之间拘谨、畏缩，妨碍未成年人男女之间的交往；而过分热情、随便，又显得轻浮、不庄重，同样是不可取的。

高中学生的年龄和心态均已接近成年人，加上社会环境的影响和生活水平的提高，普遍出现性早熟现象，生理和心理上很容易产生欲与异性交往的需求，绝大多数中学生谈恋爱是出于很单纯的情感动机，用"道德审判"的眼光给这类行为打上"品质不好"的烙印，这其实是"教育的错位"。中学生谈恋爱，一般都处于情感冲动期，采取禁、堵的做法往往适得其反，会引起更严重的后果，还不如采取宽容的姿态，同时加强教育引导。让老师和同学之间进行平等的交流，让未成年人认识到倾慕异性是一种正常心理，但摘取恋爱这枚"青果"很可能是得不偿失，从而帮助未成年人形成健康的交往观念和方式。

同时，高中阶段女生的成长发育较快，性特征比较明显，但是性安全意识薄弱，很容易受到侵害。教师应该教育未成年人一旦受到侵害，要寻求法律保护，维护自己的合法权益。

第三节　意外伤害事故的预防和应对

一、意外伤害概述

根据调查，全球每年约有 75 万未成年人死于意外伤害，意外伤害已成为未成年人的第一位死因，也是儿童致残的首要因素。

随着我国经济的快速发展，人民生活和公共卫生条件得到了很大改善，未成年人健康水平明显提高，婴幼儿死亡率大幅下降。但随着城市化、工业化的发展，道路、交通和市政设施的改变，未成年人生活环境中面临的危险因素增加，未成年人死于意外伤害的问题日显突出。据有关抽样调查表明，我国因意外伤害造成的未成年人死亡占未成年人死亡总量的 26.1%，即每 100 名死亡未成年人中就有 26 人死于意外伤害。目前每年约有 16 万 0~14 岁未成年人死于意外伤害，约有 64 万未成年人因伤致残。最常见的意外伤害有：跌落、烧伤、溺水和车祸。未成年人意外伤害已经超过 4 种常见未成年人疾病（肺炎、恶性肿瘤、先天畸形和心脏病）死亡的总和，不仅导致未成年人伤亡、残疾，而且严重影响到了未成年人的身心健康、正常发育和学习。

未成年人的意外伤害给社会、儿童家庭造成了巨大的经济损失，给儿童本人造成了不可弥补的身体和心理伤害。但其他国家的经验证明，大部分的意外伤害是可以预防的。预防和控制儿童意外伤害，是我国儿童保护面临的新挑战，我们必须从控制疾病和意外伤害两个方面着手，才能实现降低儿童死亡率的目标。

二、预防意外伤害安全教育的主要内容

（一）幼儿预防意外伤害安全教育内容重点

不管是家庭还是幼儿园，孩子的安全问题都放在了首要的位置，安全保障工作是开展各种活动的基础。但由于幼儿年幼好奇、好动，凡事都想触摸尝试，再加上身心发展幼稚，缺乏自我保护能力，常常会有一些意外伤害现象发生。因此教师要做好各项工作，预防意外事故的发生。

1. 形成系列安全检查制度及安全操作规程

如：要定期检查电插座安装高度是否安全，线路有无漏电，桌子、椅子、玩具橱等摆放是否合理，幼儿活动场地、活动器械、各种玩具等是否有安全隐患，如果发现安全隐患，应及时地进行维修。

2. 培养幼儿的自我保护意识及在意外情况下的应变能力、自我保护能力，以避开危险，避免自身伤害

（1）不管是在幼儿园里还是家里，要利用各种方法训练幼儿认识家庭住址，父母姓名，不至于在走失时束手无策。要教育幼儿学会观察和认识社会，懂得利用集体环境来保护自己。指导幼儿讨论一些遇到困难和危险时，如何寻求帮助和自救的问题，提高幼儿的自救技能。如父母不在家，家里去了陌生人你该怎么办？你与妈妈到商店买东西，如果突然找不到妈妈了怎么办？爸爸不在家，妈妈突然肚子疼得很厉害，这时候你应怎么办？除这些知识的传授与训练外，还应包括交通法规、公共秩序、各种社会机构的技能、求助方式、求救电话等，让幼儿掌握各种危险情况下的逃生方法。

（2）教会幼儿认识一些家中小药盒中的常用药品。让幼儿粗略地知道外用药、内服药等，消除幼儿好奇心和神秘感，增长孩子的知识，减少误食药品等危险的发生。

（3）教会幼儿正确使用常用的工具。如手工制作用的剪子、小刀子、小锤子等。要教会他们正确的操作方法，让他们懂得这些器械是不能随便拿着玩的，避免器械造成伤害。

（4）教育幼儿在复杂的社会中要学会识别坏人，避免自身伤害。如不要随便接受陌生人的礼物和食品；不要轻易听信陌生人的话；不要让居心不良的人随便接触自己的身体。当遇到危险和困难时，应寻求帮助或勇敢沉着地应对自救。

3. 开展逃生演练活动，通过逃生演练活动提高幼儿的自我保护意识和逃生技能

在每次活动结束后要组织幼儿总结活动，让幼儿自己找出活动时表现出的好

的地方和不好的地方，说出不好的地方的危险性。这样，不仅让幼儿提高了自我保护能力，还培养了幼儿的勇敢精神以及动作的灵活性和关心他人的品德。

（二）小学 1～3 年级防止意外伤害安全教育内容重点

在《中小学安全教育指导纲要》中，针对本学段未成年人进行"预防和应对意外伤害事故"教育的重点内容为：

（1）学习道路交通法的相关内容，了解出行时道路交通安全常识。

（2）初步识别各种危险标志；学习家用电器、煤气（柴火）、刀具等日常用品的安全使用方法。

（3）初步具备使用电梯、索道、游乐设施等特种设备的安全意识。

（4）初步学会在事故灾害事件中自我保护和求助、求生的简单技能。学会正确使用和拨打 110、119、120 电话。

1. 学习道路交通法的相关内容，了解出行时道路交通安全常识

随着社会的飞速发展，生活、工作节奏也愈来愈快，汽车成了人们的主要交通工具，它给我们带来了前所未有的方便，在大家慨叹社会进步、享受社会进步的同时，它也给我们带来了灾难，一个个鲜活的生命消失在车轮下，一个个幸福美满的家庭转眼破碎不堪。特别是那些还没有踏上社会的未成年人，也遇到了这样的灾难。我们能做些什么呢？普及交通安全教育，把交通事故降到最低。因此教师要加强交通安全教育，使未成年人学习道路交通法的相关内容，了解出行时道路交通安全常识。

2. 初步识别各种危险标志；学习家用电器、煤气（柴火）、刀具等日常用品的安全使用方法

目前，很多未成年人因为不当地使用了电器、煤气、刀具等日常用品而发生了意外，使自己或朋友受伤，因此，帮助未成年人掌握日常用品的安全使用方法也是教师的重要任务。

3. 初步具备使用电梯、索道、游乐设施等特种设备的安全意识

特种设备是指在生产和生活中广泛使用的涉及人身财产安全，危险性较大的设备设施，包括锅炉、压力容器、压力管道、电梯、起重机械、客运索道、大型游乐设施等。这些未成年人并不陌生，如上下楼要乘坐电梯，许多家里使用液化石油气瓶，旅游时要乘坐客运索道和游乐设施。特种设备一旦使用不当就会发生事故，给人们造成伤害，严重的会夺去人的性命。所以，这些设备的安全特别重要，要给予特别关注，加以特别管理，要掌握正确使用的安全知识。

4. 初步学会在事故灾害事件中自我保护和求助、求生的简单技能。学会正确使用和拨打 110、119、120 电话

110 是原"110、119、122"三台合一后的报警电话，也是广大人民群众遇有危、难、急、险之时，向公安机关紧急求助的特殊电话。正确拨打 110 电话，对公安机关快速出警，实施有效救助，依法打击违法犯罪，保护人民群众的生命财产安全，维护社会治安秩序至关重要。拨打110的基本方法：一般应使用普遍话，简要说明时间、地点（或参照物）、简要警情和联系方法"四要素"。

（三）小学4～6年级防止意外伤害安全教育内容重点

在《中小学安全教育指导纲要》中，针对本学段学生进行"预防和应对意外伤害事故"教育的重点内容为：

（1）培养遵守交通规则的良好习惯，形成主动避让车辆的意识。

（2）提高自我保护意识，了解私自到野外游泳、滑冰等活动的危害；学习预防和处理溺水、烫烧伤、动物咬伤、异物进气管等意外伤害的基本常识和方法。

（3）形成对存在危险隐患的设施与区域的防范意识，了解与学习和生活密切相关的特种设备安全知识。

（4）学会有效躲避事故灾害的常用方法和在事故灾害发生时的自我保护和求助及逃生的基本技能。

（5）使未成年人初步了解与未成年人意外伤害有关的基本保险知识，提高未成年人的保险意识。

1. 培养遵守交通规则的良好习惯，形成主动避让车辆的意识

未成年人横过道路时，要尽量选择有人行横道的地方。人行横道是行人享有"先行权"的安全地带。在这个地带，机动车的行驶速度一般都要减慢，驾驶员也比较注意行人的动态。在没划有人行横道的地方横过道路，要特别提醒未成年人注意避让来往的车辆。避让车辆最简单的方法是：先看左边是否有来车，没有来车才走入车行道；再看右边是否有来车，没有来车时就可以安全横过道路了。

2. 提高自我保护意识，了解私自到野外游泳、滑冰等活动的危害；学习预防和处理溺水、烫烧伤、动物咬伤、异物进气管等意外伤害的基本常识和方法

人的生命是十分脆弱的，个人与社会的力量相比犹如螳臂挡车。尤其是当今中国社会的未成年人在两代人的宠爱下，个人的自立能力不是很强，更不用说是对待险境和处理危险的能力了。因此提高自我保护意识，了解私自到野外游泳、滑冰等活动的危害，学习预防和处理溺水、烫烧伤、动物咬伤、异物进气管等意外伤害的基本常识和方法，是安全教育的重要内容。

案例 2－3－1

学生私自外出游泳溺水身亡

某县一中学是县里的一所重点中学，近年来由于学校管理不严而造成许多学生人身伤害事故，所以该校在学生管理问题上下了很大的功夫。为了加强对在校学生的管理，该校实行出入校查证制度，即食宿在校外的学生放学后，必须凭借学校发的出入证方可离校回家；食宿在校的学生如果有事要外出，必须向班主任老师请假，持有班主任签字的请假条方可离校。此外，学校明确规定，禁止学生私自外出洗澡或者游泳。15岁的刘某是该校初二年级的一名学生，其食宿均在学校。2006年9月22日，刘某吃过午饭后见其他同学都在午休，而自己又不习惯午睡，所以想外出，但又没有班主任签字的请假条。于是偷偷带一根绳子来到校园墙边，爬上一棵靠近围墙的树，将绳子系在树上，沿着绳子滑到校园外。刘某离开校园来到了小河旁，便脱了衣服游泳，结果不幸溺水身亡。

刘某的父母将学校告上法庭，原因是自己的儿子是食宿在校内的学生，因为学校管理不善，致使其外出溺水身亡，并要求学校赔偿丧葬费、精神抚慰金共计28000元。

法院判决如下：

被告赔偿原告死亡补偿费、丧葬费等经济损失5400元，支付精神抚慰金3000元。驳回原告的其他诉讼请求。

3. 形成对存在危险隐患的设施与区域的防范意识，了解与学习和生活密切相关的特种设备安全知识

特种设备在生活中的使用有很多地方，需要未成年人了解其使用方法等内容，因为前面已经讲述过，故这里不再赘述。

4. 学会有效躲避事故灾害的常用方法和在事故灾害发生时的自我保护和求助及逃生的基本技能

教师可以开展"逃生自救"的安全知识培训，模拟一些常见的突发灾害和不同险情的处置办法，未成年人通过亲身体验高楼逃生、烟热训练、防踩踏练习、灭火与自救等实践活动，学习在不同危险情况下的正确处置方法，掌握一些必要的逃生自救技能。这些活动既可以加强未成年人的安全意识，又可以提高未成年人自我保护的能力，深受未成年人的欢迎和喜爱。

案例2-3-2

学会急救，保护自己

2008年10月，某校组织学生到本市公园秋游。某班学生离校前，班主任林老师对学生进行了秋游安全注意事项的教育。要求学生服从统一指挥安排，绝不能擅自单独行动。不要到危险的地方玩耍，特别是地势高及偏僻的地方。秋游中，林老师对学生开展的各项活动进行了严格管理。休息期间，学生蔡某借口上厕所脱离老师的管理，溜到附近的假山上玩耍。假山陡峭，攀爬过程中蔡某不慎失手，从假山上坠地，不能动弹，直喊腿疼。班主任林老师得知消息后，首先，立刻向共同管理班级的另外一名老师说明情况，让其上报领队。接着，自己一边拨打120急救电话，并与家长取得联系，一边以最快的速度赶到第一现场。林老师根据情况初步判断，蔡某小腿有骨折的可能性。林老师联想到以前在书本中看过的关于骨折的急救方法——局部固定，但手头上一时没有木板可以用来固定，附近也没找到合适的树枝。林老师灵机一动，干脆把伤腿与对侧没受伤的腿一起绑起来固定。此时，医生赶到。老师和医生将蔡某水平移至担架上，紧急送往医院。果然，经检查蔡某是小腿骨折。由于林老师处理方法得当，送医院及时，后来，蔡某的小腿康复得很快。家长也一再感谢林老师，夸他应急措施得当。

5. 初步了解与未成年人意外伤害有关的基本保险知识，提高未成年人的保险意识

未成年人参加健康保险，对学校、对家庭、对社会都有着重要的意义，是一件利国、利民、利教、利己的大好事。未成年人参加健康保险，提高在校未成年人的医疗保障水平，有利于突发性、群体性事件的解决和处理，从而稳定学校正常的教学秩序，有利于未成年人重大疾病的治疗，从而减轻家长和社会的负担。未成年人要了解基本的保险知识，一旦发生事故，未成年人和学校都可以通过保险减轻自己的经济损失。

（四）初中年级防止意外伤害安全教育内容重点

在《中小学安全教育指导纲要》中，针对本学段学生进行"预防和应对意外伤害事故"教育的重点内容为：

（1）增强自觉遵守交通法规的意识；主动分析出行时存在的安全隐患，寻求解决方法；防止因违章而导致交通事故的发生。

（2）正确使用各种设施，具备防火、防盗、防触电及防煤气中毒的知识和技能。

（3）了解和积极预防在校园活动中可能发生的公共安全事故，提高自我保护和求助及逃生的基本技能。

1. 增强自觉遵守交通法规的意识；主动分析出行时存在的安全隐患，寻求解决方法；防止因违章而导致交通事故的发生

违反交通规则是造成交通事故的一个重要原因，未成年人交通安全意识差，不遵守交通规则，是导致自己发生事故的一个重要方面。培养未成年人自觉遵守交通法规的意识是安全教育活动的重要一课。

案例 2 - 3 - 3

加强交通意识

2007年5月23日课外活动时间，某职业中专03计算机（3）班全体同学对目前所在县城学生违反交通规则的情况进行了实地监测。通过这次活动，使学生对遵守交通规则的必要性有了更为具体的感受。同时，也提高了同学们的交通安全意识。本次活动设置了4个监测点：三中门口、女子岗亭、家乐福门口、下南门桥头。具体情况如下：

1. 调查时间：16：50～17：20。
2. 调查对象：县城中小学生。
3. 违反交通规则情况：

三中门口：177人，过马路不走人行道、骑车横冲直撞。

女子岗亭：闯红灯6人、搭肩闯红灯2人。

家乐福路口：57人，闯红灯。

下南门桥头：32人，并排骑车横冲直撞。

4. 由上述情况可看出，学生的交通安全意识仍亟待加强。

2. 正确使用各种设施，具备防火、防盗、防触电及防煤气中毒的知识和技能

中学生应当在小学生的基础上掌握防火、防盗、防触电及防煤气中毒的知识技能，并能够在发生事故后安全逃生。

3. 积极预防在校园活动中可能发生的公共安全事故，提高自我保护及逃生的基本技能

学生，尤其是中学生，不仅仅是能够在安全事故中平安逃生，更要尽自己最大的努力减少事故发生的可能性，提高自己应对安全事故的能力。一旦发生事故，要学会求助，尤其是通过法律途径求助。

案例 2 – 3 – 4

发生在学校中的悲剧

晓丽出生在某县活水乡一个普通的农村家庭，由于共有四个姊妹，父母难以一一照顾。然而，人生中真正的悲剧就发生在小女孩所就读的学校活水乡中学。"大概是2006年4月底的一天，晓丽回家来。深夜，我听见她在哭，起床过去问怎么回事，她怎么都不肯说，只是一直哭。没过多久，我又注意到她走路的姿势都有点不正常，大腿总是撇着，脸色看上去也不对劲，很痛苦的样子……"杨芳回忆说，直到7月20日偶然看到女儿的作文，才明白了发生在女儿身上的厄运。

这篇名为《真使我后悔》的作文写道——"世界上这么多约（药），可偏偏缺少后悔约（药）。我和同学王玲睡在床上有说有笑，非常开心……我们都睡着了，就来了两个戴着不该戴的东西（的人），他们进来了，我一吓（下）子从睡梦中苏醒过来。他们用刀指着我说，'不要说话！'我害怕死了，就不敢叫。他们又问要钱，我没有钱，他们说'没有钱就跟我走'，又说'把跟你睡着这个叫醒'。我还没叫王玲就醒了，我们就跟他们下去了。他们问什么，我们就老老实实说什么，然后……我们回到宿舍里，快要起床（的时间）了。我们想和老师说又不敢说，有点害怕，最后还是说了，和老师一件件地都说了。我们很害怕……老师叫我们不要和同学说，但这样我就更难过了，因为已经和我的朋友（指同学）说了，我想我真笨，现在也许班上好多人都知道了许多……一个人有很长的岁月，人的心也会改变，他们如果说出去了，我就将回（会）不存在了……这件事使我后悔了几十次，甚至到千次的后悔。"

在这篇作文末尾，一名老师用红笔批注了这样一句，"把它当作一次恶梦，永远忘记吧。"时间是当年5月20日。

经过警方的不懈努力，罪犯李某、王某终于落入法网。李某、王某皆为某县农民，其中，李某第一次作案时年仅18岁。司法机关查明的他们的罪行可谓令人发指：除了活水中学那两起强奸外，在2006年4月和5月期间，及2002年4月，他们还先后3次窜到活水乡鲁依小学、麒麟区东山三中、罗平县阿岗二中，实施了3次强奸，总共受害的女学生达8名之多，其中最大的17岁，最小的仅11岁。在总共5次犯罪中，两人所采用的手段都是深夜潜入学校，持刀将女学生威胁到校外，然后进行强奸，同时还不忘抢劫，但每次都只能抢到几元钱而已。

曲靖市中级人民法院审理后，以强奸罪和抢劫罪分别判处李某死刑，判处王某无期徒刑。

（五）高中生防止意外伤害安全教育内容重点

高年级学生虽然年龄较大，已经掌握基本的逃生技能，能够比较镇定地面对安全意外事故，但是仍需加强对高中学生的安全教育，巩固其安全技能和逃生能力。因此，高中学生的安全教育要在初中的基础上进行进一步的深化。

第四节　未成年人网瘾的预防和应对

一、网络、信息安全概述

进入21世纪，互联网已经成为未成年人学习知识、获取信息、交流情感、开发潜能和休闲娱乐的强大手段，面对扑面而来的网络时代，未成年人触网率迅速上升，根据统计数据显示，目前我国网民中8~35岁的已经占到85.8%。其中24岁以下占56%，18岁以下未成年人占到24%。这个数字说明，目前我国已经形成了一个未成年人的网民群体，这个群体是网络用户中的重要群体。

互联网在给未成年人的生活、学习和娱乐带来极大便利的同时，也给他们的成长带来许多负面影响。主要表现在：国内外不法分子利用互联网大量传播反动、色情、暴力和低级庸俗的内容，严重危害未成年人的身心健康；各类犯罪分子针对未成年人辨别力较弱和自我保护意识差的特点，通过上网聊天、交友等机会寻找目标实施诈骗、抢劫等犯罪活动；另外，由于未成年人缺乏自控力，一些人沉迷于网上聊天、玩游戏等，导致"网络成瘾综合征"，出现心理扭曲、疏远家人朋友、荒废学业、健康状况下降等一系列不良现象。

这些负面作用在现实生活中已经造成大量恶果。因此，如何加强未成年人的网络安全与道德教育成为日益突出的社会问题。

二、网络、信息安全教育的主要内容

（一）小学1～3年级网络、信息安全教育内容重点

小学生上网的机会比较少，故在这个阶段，信息网络安全并不是安全教育的重点。但是小学生在上网的时候，教师应当教育其与父母一起操作，保证其网络与信息安全。

（二）小学4～6年级网络、信息安全教育内容重点

根据《中小学公共安全教育指导纲要》要求，在对小学4～6年级学生进行"预防和应对网络、信息安全事故"教育中，重点内容为：

（1）初步认识网络资源的积极意义和了解网络不良信息的危害。

（2）初步学会合理使用网络资源，努力增强对各种信息的辨别能力。

（3）学会控制自己的行为，防止沉迷于网络游戏和其他电子游戏。

1. 初步认识网络资源的积极意义和了解网络不良信息的危害

所谓不良信息，就是对人的身体造成损害，给人的精神带来污染，使人的思想产生混乱，让人的心理变得异常的垃圾信息。它们包括色情信息、暴力信息、反动信息、迷信信息、嗜赌信息、厌世信息、追星信息，等等，多半带有粗鲁的、庸俗的、无用的、虚假的、怪异的、矫情的性质，对于学生的身心发育和健康成长十分有害。

小学生正处于世界观、人生观、价值观的形成阶段，他们的生理和心理发育还不成熟，缺乏对网上虚假的、落后的、反动的信息进行识别和抵制的能力。互联网上的垃圾信息极易对学生形成信息污染，造成他们思想的混乱、精神的迷惘和行为的变异。

2. 初步学会合理使用网络资源，努力增强对各种信息的辨别能力

教师不要视网络为洪水猛兽，而是要引导孩子合理使用网络，并和孩子一起享受网络给生活带来的方便。亲自体会网络，有利于教师以一颗宽容的心去引导帮助孩子。小学生每天上网一般不应超过1小时，中学生不应超过两小时；要学会选择并欣赏健康网站。合理地利用网络资源能够帮助学生学习，能够大大提高学生运用信息、提炼信息、辨别信息的各项能力。

案例2-4-1

正确认识网络

放暑假了，妈妈要我把一学期的作业本给她看，其中她最爱看的是我的作文本，但是今年却没有作文本。

我笑着对妈妈说："想看作文可以，但要允许我上网！"

"你又想玩《石器时代》吧？还跟我讨价还价！"妈妈有点不高兴了。

"不上网你就看不到我的作文本！"我故作认真。

"这孩子，一放假就迷游戏！"妈妈一下子严肃起来，扭过身去不理我了。

我抱住妈妈的胳膊，笑得更厉害了："我的作文本就在网上，我们班这学期做的是网上作文！"

"作文本在网上？"妈妈半信半疑。

我打开电脑，把妈妈拉到电脑前坐下，然后登录我们学校的网站，进入"网上作文课堂"，找到我班的"网上作文本"，点了一下我的名字，精美的作文目录出现在妈妈面前。我把鼠标塞进妈妈手里，妈妈惊喜地点开了《我爱我家》这篇作文，一下子被吸引住了：页面设计跟原来的作文本一样，绿色的方格，黑色的正文，老师的圈圈点点是红色的，还有老师的眉批和尾批；不同的是有了漂亮的插图、卡通化的装饰，还配上了我最喜爱的古筝乐曲。妈妈看了一篇又一篇，还看了其他同学的作文，都有点"爱不释鼠"了。

我告诉妈妈，"网上作文本"永远归我们拥有，可以把从小到大写的文章都放在一起，今后就是一部内容丰富的个人电子作文集了。网上的作文可以和全世界懂中文的小朋友们交流，他们要是有什么评论，点一下网页上的"发表意见"按钮就可以了，同班同学更是经常这样互批互改。网上写作文比原来有趣多了！"太好了！真是太好了！"妈妈赞不绝口。

3. 学会控制自己的行为，防止沉迷于网络游戏

现在的小学生上网，寻找相关的学习资料已成为一种附带做的事，更多的时候，孩子上网的目的是为了玩网络游戏或者聊天，尤其是现在的QQ聊天，早已成为学生中的一股流行风。而在网络游戏方面，大部分的学生都有着极度的热情。网络游戏对学生有着极大的影响。

现在网络游戏中的语言很多都以寻求刺激、令人发笑为目的，因而在语言的使用上非常不规范。而对于接触这类游戏的小学生来说，他们根本还无法理解这类语言的真正含义，之所以会去运用往往是出于好奇与好玩的心理。他们在正常的学习生活中也会不自觉地使用这类语言。网络游戏往往有一个共同点，就是极具诱惑性。小学生的是非观不强，对于自己的行为还很难控制。一旦沉迷于网络

游戏中往往很难自拔。现在的网络游戏就连成人都很容易沉迷其中。一旦形成网瘾，学生的学习时间与学习质量就无法保证，无论是在正常的休息还是在学习上，都产生了极为消极的影响。

当然，有一些网络游戏也会对学生产生一定积极的影响。比如一些益智类的游戏，有助于训练学生的思维能力与观察力。包括上面提到的那些在学生中影响较大的游戏，在培养学生的集体意识与竞争意识方面也起到了一定的作用。因此学生要学会正确对待网络游戏。

（三）初中年级网络、信息安全教育内容重点

根据《中小学公共安全教育指导纲要》要求，对该学段学生进行"预防和应对网络、信息安全事故"教育中，重点内容为：

（1）自觉遵守与信息活动相关的各种法律法规，抵制网络上各种不良信息的诱惑，提高自我保护和预防违法犯罪的意识。

（2）合理利用网络，学会判断和有效拒绝的技能，避免迷恋网络带来的危害。

1. 自觉遵守各种法律法规，抵制网络上各种不良信息的诱惑，提高自我保护和预防违法犯罪的意识

网络，在短短十几年之内全方位地冲击着我们的生活。网络带给人们现代高速生活的同时，其阴暗的一面也逐渐显现；网络犯罪已经成为一个不可忽略的现象，以学生为犯罪主体的苗头引起了警方的高度关注。

案例2-4-2

盗窃网络账号犯罪

某市一职高学校中，一名非常喜欢摆弄电脑的学生利用软件破解网上一用户的上网账号和密码，之后他兴奋地将这"威风史"告诉几位要好的同学，并把破解得到的账号和密码告诉其他同学让他们上网使用。正当他们欣喜地享受着这免费的"午餐"时，网络警察出现在他们面前。直至被请到公安局审讯，这十几名使用他人账号上网的学生才知道自己的行为是在犯罪。在办案过程中警方发现，很多中学生在逞能和耍威风的心理作用下，利用所学的计算机知识破解他人上网账号和密码，但他们还不知道这已经构成了盗窃罪，只要他们使用盗用的账号金额达到一定数量是可以被判刑的。

2. 合理利用网络，避免迷恋网络带来的危害

中学时代正处于一个人身心成长的关键时期，养成良好的学习、生活习惯至关重要。迷恋网络世界，挤占大量课余时间，甚至挤占正常的学习时间，不利于养成健康的体魄，更不利于学习。另一方面，长时间地上网，也易导致眼睛疲劳

和神经衰弱，造成视力下降、情绪不振等后果，影响身体健康。此外，迷恋网络也影响现实人际交往和思想道德观念趋向。

（四）高中年级网络、信息安全教育内容重点

根据《中小学公共安全教育指导纲要》要求，对该学段学生进行"预防和应对网络、信息安全事故"教育中，重点内容为：

（1）树立网络交流中的安全意识，养成良好的利用网络的习惯，提高网络道德素养。

（2）树立不利用网络发送有害信息或进行反动、色情、迷信等宣传活动以及窃取国家、教育行政部门和学校保密信息的牢固意识。

1. 树立网络交流中的安全意识，养成良好的利用网络习惯，提高网络道德素养

网络社会已经悄然而至，我们既不能因为其强大的生命力和对中学生发展的巨大正面作用，而忽视它所带来的种种问题，也不能因为它的负面作用而敬而远之。我们应该加强对中学生上互联网的研究，探索新情况，创造新方法，解决新问题，增强中学生上网的成效。

我们要将引导和规范相结合，使中学生养成良好的用"脑"和上网习惯。通过各种途径告诉中学生网络的虚幻性、信息的庞杂性，对其上网继续指导和适当规范，使其有防范意识，学会区分现实生活和网络世界的区别，培养他们的网络道德意识。对中学生进行网络知识的普及教育，增强他们的网络信息意识，同时给予适当的关心和爱护。

案例 2-4-3

网瘾少年的生活

家住武汉的彭女士，45 岁，两鬓却生出不少白发，现在已成了专职妈妈，只为一心照顾休学在家的儿子威威。

威威 17 岁，在武汉洪山区一高中就读。2006 年 10 月中下旬，读高二的威威多次逃课，老师要求请家长，但孩子回家只字不提。一次偶然的机会，彭女士与班主任联系，才得知威威经常逃课，回家后狠狠训斥了他一顿。此后，威威就再也没去过学校。"我好话歹话都说遍了，他就是不去上学。问他原因，他从不理我。"

从 2006 年 11 月开始，威威休学在家 10 个月，每日的生活就重复着吃饭、睡觉、上网。除买上网卡，威威几乎不出门；除为买上网卡要钱外，从不主动跟妈妈说话。

彭女士多次与儿子沟通，还想带他到医院或心理中心咨询，均遭拒绝。无奈

之下，彭女士去医院开回药物，骗威威是维生素。一次，威威看到药瓶，网上查询得知是治疗精神病方面的药后，再也不信妈妈的话，母子关系冷淡。

2. 树立不利用网络发送有害信息或进行反动、色情、迷信等宣传活动以及窃取国家保密信息的牢固意识

未成年人很容易在网络上接触到资本主义的宣传论调、文化思想等，思想处于极度矛盾、混乱中，其人生观、价值观极易发生倾斜，从而滋生全盘西化、享乐主义、拜金主义、崇洋媚外等不良思想。

此外，据有关专家调查，网上信息47%与色情有关，60%左右的未成年人在网上无意中接触到黄色信息。还有一些非法组织或个人也在网上发布扰乱政治经济的黑色信息，蛊惑未成年人。这种信息垃圾将弱化未成年人思想道德意识，污染未成年人心灵，误导未成年人行为。

因此，加强对未成年人的网络安全教育已经迫在眉睫。教师应当帮助未成年人树立不利用网络发送有害信息或进行反动、色情、迷信等宣传活动以及窃取国家、教育行政部门和学校保密信息的牢固意识。

第五节　自然灾害的预防和应对

一、自然安全概述

凡是危害人类生命财产和生存条件的各类事件统称之为灾害。纵观人类的历史可以看出，灾害的发生原因主要有两种情况，一是自然变异，二是人为影响。因此，通常把以自然变异为主要原因产生的灾害称为自然灾害，如地震、台风、海啸、洪水等。若以自然灾害发生的原因划分（不包括人为原因），自然灾害大致可分为气象灾害、地质灾害、生物灾害和天文灾害。

避免自然灾害，减少损失，是人们所希望的，主要应从以下方面做起：

一是学。要学习有关各种灾害的知识及避险知识。

二是备。做好个人、家庭物资准备，必备十项防灾器材，包括清洁水、食品、常用医药、雨伞、手电筒、御寒用品和生活必需品、收音机、手机、绳索、适量现金。尤其要增强防灾心理素质，面对灾害，不必过于紧张、惊慌、恐惧，要乐观，尽量放松自己，更不要对外来救援失去信心。还有就是在灾前要选好避灾的安全场所。

三是听。通过多种渠道，如电视、广播、报纸、12121电话、公交车天气警报显示、手机短信等，及时收听（收看）各级气象部门发布的灾害信息，不可听信谣传。

四是察。密切注意观察周围环境的变化情况，一旦发现某种异常现象，要尽快向有关部门报告，请专业部门判断并提供对策措施。

五是断。在救灾行动中，首先要切断可能导致次生灾害的电、煤气、水等灾源。

六是抗。灾害一旦发生，要有大无畏精神，号召大家进行避险抗灾。

七是救。利用已经学过的一些救助知识，组织自救和互救，比如在大水、大火中逃生的自救和互救；利用准备的药品，对受伤生病者进行及时抢救；还要注意做好卫生防疫工作。

八是保。除了个人保护外，还应利用社会防灾保险，以减少个人经济损失。

二、自然安全教育的主要内容

（一）幼儿自然安全教育内容重点

气象每天伴随着我们，台风、洪水、沙尘暴等气象状况与我们的生活息息相关。关心气象，就是关注我们自己的生活。教师应该开展有关自然灾害专题的安全教育活动，帮助幼儿了解有关海啸、暴雪等"天灾"对人类的危害，丰富孩子们预防灾害的常识，提高自护自救的能力。许多形象生动的图片可以让孩子直观地了解旋风、暴雨、雷电、大海中的漩涡等自然现象及其对人类的危害。观看天气预报不仅可以使孩子了解常用的气象知识，学会选择观看有意义的电视节目，还能使他们准确地运用气象术语复述天气预报，提高幼儿在集体中大胆表达的能力。

（二）小学1~3年级自然安全教育内容重点

根据《中小学公共安全教育指导纲要》要求，对该学段学生进行"自然灾害的预防与应对"教育中，重点内容为：

（1）了解学校所在地区和生活环境中可能发生的自然灾害及其危险性。

（2）学习躲避自然灾害引发危险的简单方法，初步学会在自然灾害发生时的自我保护和求助及逃生的简单技能。

1. 了解学校所在地区和生活环境中可能发生的自然灾害及其危险性

因自然灾害引起的突发重大事件包括破坏性地震、突发的大风、暴雨、冰雹、高温、寒潮、沙尘暴、暴雪、洪水、泥石流、山体滑坡等灾害，这些灾害都可能造成房屋倒塌或人员伤亡，引起交通阻断，严重影响正常生产生活。教师应当结合自己学校所在地区的地理特征，向未成年人讲述当地比较常见的自然灾害的种类，帮助未成年人认识该种自然灾害，同时又要教授一些应对自然灾害的技能与方法，帮助未成年人维护自己的安全。

2. 学习躲避自然灾害引发危险的简单方法，初步学会在自然灾害发生时的自我保护和求助及逃生的简单技能

"自然灾害"是人类依赖的自然界中所发生的异常现象，自然灾害对人类社会所造成的危害往往是触目惊心的。它们之中既有地震、火山爆发、泥石流、海啸、台风、洪水等突发性灾害；也有地面沉降、土地沙漠化、干旱、海岸线变化等在较长时间中才能逐渐显现的渐变性灾害；还有臭氧层变化、水体污染、水土流失、酸雨等人类活动导致的环境灾害。未成年人学会应对自然灾害不仅能够对自身的安全起到保护作用，而且能够对家长等其他社会成员起到一定的救助作用。

案例 2 − 5 − 1

如何应对台风

下面是某位教师在讲述应对自然灾害时的教案的一部分，我们一起来看一看他是怎样讲述的：

热带风暴经常发生在沿海地区，热带风暴引起狂风、暴雨、巨浪，对沿海城市设施、出海船只和沿海地区的农业生产具有强大的破坏力。

怎样减轻热带风暴的危害？

1. 注意收听有关天气预报，做好预防准备工作。

2. 房屋需要加固的部位及时加固，关好门窗。

3. 准备好食品、饮用水、照明灯具、雨具及必需的药品，预防不测。

4. 疏通泄水、排水设施，保持通畅。

5. 热带风暴到来时，要尽可能待在室内，减少外出。

6. 遇有大风雷电时，要谨慎使用电器，严防触电。

7. 密切注意周围环境，在出现洪水泛滥、山体滑坡等危及安全的情况时，要及时转移。

8. 风暴过后，要注意卫生防疫，减少疾病传播。

（三）小学 4～6 年级自然安全教育内容重点

根据《中小学公共安全教育指导纲要》要求，对该学段学生进行"自然灾害的预防与应对"教育中，重点内容为：

（1）了解影响家乡生态环境的常见问题，形成保护自然环境和躲避自然灾害的意识。

（2）学会躲避自然灾害引发危险的基本方法。

（3）掌握突发自然灾害预警信号级别含义及相应采取的防范措施。

1. 了解影响家乡生态环境的常见问题，形成保护自然环境和躲避自然灾害的意识

在小学低年级也提到这方面的教育，但是高年级学生应当在低年级的基础之上有所深入，不仅要了解当地常见的自然灾害，形成躲避灾难的意识，还要了解常见的生态问题，形成保护环境的意识。

2. 学会躲避自然灾害引发危险的基本方法

同上面一样，高年级学生应在低年级的基础上对躲避灾害的方法更好地掌握和运用。

3. 掌握突发自然灾害预警信号级别含义及相应采取的防范措施

起风、落雨、落雪，这些看起来平常的自然现象，实际上都和我们的生活息息相关，当这些天气现象超过一定的强度时，就有可能对我们的生活和生产造成破坏和损失。一般来讲，对于各种突发的气象灾害，气象部门都会发布预警信号。预警信号一共有 11 种，分别是：台风、暴雨、高温、寒潮、大雾、沙尘暴、雷雨大风、大风、冰雹、雪灾和道路结冰。每种预警信号又分为四级，按照灾害的严重性和紧急程度，分成四种颜色，蓝色代表一般，黄色代表较重，橙色代表严重，红色代表特别严重，这些信号一目了然，简单易懂。大家可以根据气象部门发布的各种预警信号，事先采取相应的防范措施。

（四）初中年级自然安全教育内容重点

根据《中小学公共安全教育指导纲要》要求，对该学段学生进行"自然灾害的预防与应对"教育中，重点内容为：

（1）学会冷静应对自然灾害事件，提高在自然灾害事件中自我保护和求助及逃生的基本技能。

（2）了解曾经发生在我国的重大自然灾害，认识人类活动与自然灾害之间的关系，增强环境保护意识和生态意识。

1. 学会冷静应对自然灾害事件，提高在自然灾害事件中自我保护和求助及逃生的基本技能

2006 年全国各地上报的各类安全事故中，10% 是因自然灾害（洪水、龙卷风、地震、冰雹、暴雨、塌方）等客观原因导致事故发生，造成的学生死亡人数占全年学生死亡总数的 10.84%。因此学会冷静应对自然灾害事件是对中学生的基本要求，在认识的基础上，学生还要掌握自我保护和求助及逃生的基本技能。

2. 了解曾经发生在我国的重大自然灾害，认识人类活动与自然灾害之间的关系，增强环境保护意识和生态意识

地球上的自然变异，包括人类活动诱发的自然变异，无时无刻不在发生，当这种变异给人类社会带来危害时，即构成自然灾害。但自然灾害的形成并不都是先天性的，有很大一部分是人为的原因造成的。人类过度的采伐开采等活动使地质被破坏，导致水土流失；围湖造田使湖泊蓄水功能下降，致使洪水泛滥；二氧化碳的大量排放使温度上升，导致海平面上升，淹没低洼陆地和岛屿；石油泄漏使海洋被污染，造成鸟类死亡、海水富营养化、鱼虾死亡等。未成年人应该养成保护环境的意识，自觉维护生态平衡。

（五）高中年级自然安全教育内容重点

根据《中小学公共安全教育指导纲要》要求，对该学段学生进行"自然灾害的预防与应对"教育中，重点内容为：

（1）基本掌握在自然灾害中自救的各种技能，学习紧急救护他人的基本技能。

（2）了解有关环境保护的法律法规；能结合当地实际情况，为保护和改善自然环境做贡献。

1. 基本掌握在自然灾害中自救的各种技能，学习紧急救护他人的基本技能

生活中的急救技能包括人工呼吸、呼吸测量法、心力衰竭急救、包扎伤口等。目前我国公众急救意识欠缺，对急救知识和技能培训（特别是基础技能）的认识不足。我国公众对现场急救的认识水平与发达国家相比有很大的差距。很少有人认为急救与自己有关，遇到伤者最积极的行为不过是给120、110打电话。教师应当在安全教育活动中，渗透自救技能的培训，在发生自然灾害的时候不仅能够进行自救，还能救助他人，尽力保障他人的生命安全。

2. 了解有关环境保护的法律法规；能结合当地实际情况，为保护和改善自然环境做贡献

我国在保护环境方面颁发的有关法律和法规，比如：中华人民共和国环境保护法、中华人民共和国水法、中华人民共和国森林法、中华人民共和国野生植物保护法、中华人民共和国野生动物保护法等，未成年人要知道各有关法律的主要内容，面对违法行为，未成年人要拿起法律武器，保护当地的环境，还要自觉参加一些环保活动，为改善环境做出自己的贡献。

第六节　影响未成年人安全的其他事故

一、其他影响未成年人安全事故的类型

除了上前面所讲到的几种事故或事件类型外，还存在一些影响未成年人安全的事件和事故，在这里，我们一起来了解一下。

（一）校园暴力

校园暴力各国都有发生，已成为世界各国共同关注的话题。所谓校园暴力是指发生在校园或校园周边地区的以口头、物体或身体任何部位而发出的侵犯他人人身权利和财产的攻击性行为。校园暴力应包括以下几个要素：（1）暴力行为是发生在校园或紧邻校园的周边地区；（2）暴力侵害的对象为校园里的人、事、物，包括教师、未成年人及其财产等，但以未成年人为主要目标；（3）校园暴力的结果是侵犯了他人人身权利、公私财产以及心理的伤害，并由此而引起的自杀、跳楼等；（4）校园暴力的发生往往极具突发性，虽然有些事件有预兆，但

容易被有关部门和人员忽视。

未成年人犯罪研究会近期的一份统计资料表明：近年内，未成年人犯罪总数已经占到了全国刑事犯罪总数的 70% 以上，其中十五六岁少年犯罪案件又占到了未成年人犯罪案件总数的 70% 以上。校园暴力案件不断发生，在校未成年人的犯罪率呈上升趋势。

（二）未成年人打架

对于大多数青春期的未成年人来说，每个人都会在这个充满梦想的年龄有对未来的美好的憧憬。然而，有些未成年人也有一大半产生叛逆心理，很多事都不能冷静处理。他们有时会用打架来解决事情，可是打架对未成年人的影响很大。打架不仅会造成自己身心的伤害，有时还可能造成对其他人的伤害。

除了以上内容，还有一些问题需要教师在教学工作中中加以注意，这就要求教师能够根据自身的实际，调整安全教育的内容，因地制宜，因时制宜，根据未成年人的实际情况开展安全教育。

二、其他安全教育的主要内容

（一）幼儿其他安全教育内容重点

幼儿年龄小，自觉性和自制力都比较差，而习惯的养成又不是一两次教育就能奏效的。因此，教师除了提出要求和教给幼儿方法外，还应注意督促和检查，经常提醒，使幼儿良好的习惯不断得到强化，逐步形成自觉的行动。另外，对于运动规则、生活制度、集体纪律等，幼儿园都应利用适当的机会加以引导教育，使幼儿从中学会正确分析情况，避免伤害，遇到紧急情况时会躲闪、让开，或喊叫求援，以保护自己的安全。

（二）小学 1~3 年级其他安全教育内容重点

根据《中小学公共安全教育指导纲要》要求，对该学段学生进行"影响未成年人安全的其他事件或事故"教育中，重点内容为：

（1）与同学、老师友好相处，不打架；初步形成避免在活动、游戏中造成误伤的意识。

（2）学习当发生突发事件时听从成人安排或者利用现有条件有效地保护自己的方法。

1. 与同学、老师友好相处，不打架；初步形成避免在活动、游戏中造成误伤的意识

小学生天生活泼好动，在游戏和活动中很容易发生误伤的事情。现在的小学生多为独生子女，性格比较蛮横，多以自我为中心，如果与同学发生矛盾，一般都会采取打架等暴力方式解决，教师应当加强这方面的教育。

案例 2 - 6 - 1

课间嬉戏学生受伤

2006 年某天下午的一个课间，某校五年级 11 岁的王某和李某趁课间 10 分钟跑到学校的操场上玩耍。在玩耍的过程中，两人相互拥抱着进行打闹、嬉戏，不小心双双跌倒在地上。王某压在李某身上，将李某的左手小指压伤，并导致骨折。学校老师发现这起事故后立即将受伤的李某送往医院治疗，同时学校垫付了李某 1000 多元的医药费并通知双方家长。王某的父母得知消息后赶赴医院看望李某，又向李某父母支付了医药费 3000 元。最后统计，李某实际用去医药费共计 7000 元。王某的父母提出，该起事件学校存在管理上的过错，拒绝支付剩余的医药费，并将学校告上法庭。在双方的诉讼过程中，法院发现，该校平时不太重视对学生的安全教育。

法院最后认定，王某和王某所在的学校分别根据其行为过错程度的比例及其与损害后果之间的因果关系承担相应的责任，王某的行为是损害后果发生的主要原因，应当承担主要责任，王某的父母支付医药费 5000 元；学校的行为是损害后果发生的非主要原因，承担相应责任，支付医药费 2000 元。

2. 学习当发生突发事件时听从成人安排或者利用现有条件有效地保护自己的方法

学生在学校发生突发事故时，教师一般都会在其身边，教师应当加强对学生保护自己的安全教育。遇到突发事故时，学生要沉着冷静，听从指挥，接受施教和撤离。

（三）小学 4～6 年级其他安全教育内容重点

根据《中小学公共安全教育指导纲要》要求，对该学段学生进行"影响学生安全的其他事件或事故"教育中，重点内容为：

（1）形成化解同学之间纠纷的意识。

（2）形成在遇到危及自身安全时及时向教师、家长、警察求助的意识。

1. 形成化解同学之间纠纷的意识

同学之间产生矛盾、纠纷是难免的，学生一定要学会沟通，相互谅解，严以律己，宽以待人。万一遇上难以处理的纠纷，可以请老师、班干部帮助处理，把大事化小，小事化了，切忌"火上浇油"，反目为仇。教师应当在日常教学活动中，或在班队会活动中加强该方面的教育。遇到同学发生纠纷时，教师既不应该主观臆断，也不应该粗暴训斥，而应当把发生争执的双方，各自喊到一边，陈述事件经过，辨别是非，引导他们各自认识自己的错处，使双方达成共识，再由班委会出面作调解，当面握手言和，以此来建立和谐的同学人际关系。

2. 形成在遇到危及自身安全时及时向教师、家长、警察求助的意识

学会求助，即在遇到危及自身安全的问题时，有主动求助意识，及时向外界或专业的老师或警察求助，以尽快解决问题，保障自己安全。其中打求助电话是这项安全教育内容中的一个重要组成部分。

（四）初中年级其他安全教育内容重点

根据《中小学公共安全教育指导纲要》要求，对该学段学生进行"影响学生安全的其他事件或事故"教育中，重点内容为：

（1）了解校园暴力造成的危害，学习应对的方法。

（2）学会克服青春期的烦恼，逐步学会调节和控制自己的情绪，抑制自己的冲动行为。

（3）学会在与人交往中有效保护自己的方法，构筑起坚固的自我心理防线。

1. 了解校园暴力造成的危害，学习应对的方法

暴力侵害，涉及到我们最为宝贵的生命，其严重性是其他任何一种损害都不能比拟的。应对校园暴力的最佳方式，就是拿起法律的武器，而不是幻想学会武功绝技，以暴制暴。学生法律意识淡薄，不懂得依法治暴，教师要加以引导，带领学生学习相关法律知识，发生校园暴力后帮助学生通过法律寻求帮助。

2. 学会克服青春期的烦恼，逐步学会调节和控制自己的情绪，抑制自己的冲动行为

情绪是指人对客观事物的态度体验及相应的行为反应，情绪不是一种单一的心理活动，它涉及人的内部态度体验、外部行为表现和机体的生理活动等多种身心过程。较常用的情绪分类方法是把情绪分为积极（正向）情绪和消极（负向）情绪两大类，把对人的行为起促进和增力作用的情绪如高兴、快乐等统称为积极情绪；把对人的行为起削弱和减力作用的情绪如紧张、悲哀等统称为消极情绪。情绪本身并无好坏之分，但应学会适时适度地表达情绪，防止长久陷入某种情绪而损伤身心健康。

学生应当学会控制自己的情绪，防止冲动起来犯错误，伤及同学或自己。尤其是中学生，受一些不良信息的影响，可能会产生某种心理疾病，这个时候更应当学会控制自己，千万不能作出违法犯罪的事情。教师平时也应当加强这方面的教育。

案例 2－6－2

强奸犯的悔恨

在某未成年犯管教所的一监区监舍，生活着一名 17 岁中学生，他叫黄明。他脸上那份胆怯、稚气的表情很难让人将他与一名多次强奸幼女的强奸犯联系在一起。黄明的堕落是从看黄色光碟开始的。第一次是在五年级下学期的一个晚上，他去找几个伙伴玩。一进门，才发现他们在聚精会神地观看从书摊上租来的黄碟，屏幕上的淫秽画面不堪入目。当时的黄明还懵懵懂懂，甚至有点不好意思。但是那天晚上，他们看了一整夜。从那以后，黄明就像丢了魂似的，整天满脑子"黄色"画面，一有空就看。时间一长，觉得光看不过瘾，就想亲自试一试。2007 年 9 月的一天，刚上初一的他第一次将本村一名 7 岁的女孩奸淫。直到 2008 年 8 月事发前，他先后强奸该女孩七八次，强奸本村另一名 8 岁女孩 3 次。而直到被送进未成年犯管教所，他终于感到悔恨莫及。正如他自己所说：要不是走上歪路，今年他会和其他同龄人一样参加中考，考一所重点中学再上大学。

3. 学会在与人交往中有效保护自己的方法，构筑起坚固的自我心理防线

随着年龄的增长，学生要逐渐学会与人交往，与家人交往、与同学交往，甚至包括与陌生人交往，但是在与人交往的过程中，自我保护尤其重要，既不能卑躬屈膝，也不能危及自己的生命安全。面对与同学的争执，教师要教会学生懂谦让、讲礼节。同时，教师要重视学生的心理安全意识，不能让他们因为受挫就产生封闭的心理，甚至自杀。

（五）高中年级其他安全教育内容重点

根据《中小学公共安全教育指导纲要》要求，对该学段学生进行"影响学生安全的其他事件或事故"教育中，重点内容为：

（1）自觉抵制校园暴力，维护自己和同学的生命安全。

（2）树立正确的安全道德观念，在关注自身安全的同时，去关注他人的安全，并提供力所能及的援助。

1. 自觉抵制校园暴力，维护自己和同学的生命安全

校园暴力是一种普遍存在的世界性现象，在一些国家或地区，如南非、巴勒斯坦等，校园暴力事件非常频繁，给教育的发展带来极大危害。而"校园欺负"成为校园暴力最为经常的表现形式。目前校园欺负现象和校内暴力事件已经成为严重的问题，治理整顿时必须制定量化指标，下大力气解决。因此教师在平时的教育工作中，应当培养未成年人抵制校园暴力的意识，不仅自己不能参加暴力活动，更要抵制校园暴力，受到暴力伤害时要及时求助，维护自身权利。

2. 树立正确的安全道德观念，在关注自身安全的同时，去关注他人的安全，并提供力所能及的援助

教师要帮助未成年人建立正确的安全道德观，决不能使未成年人形成为了自己的安全而不顾他人安全的想法，同时还应当使未成年人养成助人为乐的品质。助人为乐是一个人从小就应养成的习惯，尤其是在受教育阶段，教师更应该注重培养他们助人为乐的行为，要让未成年人认识到还有人需要自己的帮助和关爱。同时，助人为乐可以使未成年人在日常生活中获得成功的体验，获得成就感的体验。

第三章 学校安全事故的预防与处理

第一节 学校安全事故的预防

在东汉时期，著名的政治家荀况就曾经指出："先其未然谓之防，发而止之谓之救，行而责之谓之戒，但是防为上，救次之，戒为下。"其不仅明确地指出了安全工作包括预防、应对、处理的三个方面，还强调一定要以预防为主。"明者远见于未萌，知者避危于无形"，所以学校日常安全工作的重点应当放在事故发生之前的预防上。

学校安全的预防工作主要包括以下几个方面。

一、学校安全组织与安全责任制

（一）学校安全组织

学校安全管理必须有组织上的保障，否则学校安全管理工作就无从谈起。其组织上的保障主要包括学校安全管理机构的保障和学校安全管理人员的保障。

学校安全管理机构是指学校中专门负责学校安全管理的内设机构。学校安全管理人员是指在学校中从事安全管理工作的专职人员或兼职人员。学校安全管理机构和安全管理人员的作用是落实有关部门对学校安全的各种规定，组织学校内部的各种安全检查活动，负责日常安全检查，及时整改各种事故隐患，组织学校师生的安全教育、监督学校安全责任制的落实等。

参照《生产安全法》第 19 条关于安全管理机构和安全管理人员的有关规定，学校师生在 300 人以上的，应当配备学校安全管理机构或者配备专职的学校安全管理人员。学校师生在 300 人以下的，应当配备专职或者兼职的学校安全管理人员。

根据《教育部关于做好 2005 年中小学幼儿园安全工作的意见》的有关规定，地方各级教育行政部门应按照属地化管理的原则，结合"地方负责、分级管理、以县为主"的管理体制，切实履行好安全管理的责任，进一步落实安全管理工作机构，配备专门人员负责中小学幼儿园的安全工作，加强对中小学幼儿园安全工作的管理和指导。教育部等十部委 2006 年颁布的《中小学幼儿园安全管理办法》第十六条规定："学校应当建立校内安全工作领导机构，实行校长负责制；应当设立保卫机构，配备专职或者兼职安全保卫人员，明确其安全保卫职责。"

（二）学校安全责任制

学校安全责任制是将学校各级负责人员、各职能部门及其工作人员和各个岗位的教职工在学校安全方面应做的事情和应负的责任加以明确规定的一种制度。建立学校安全责任制的目的，一方面是增强学校各级负责人员、各职能部门及其工作人员和各个岗位的教职工对学校安全的责任感；另一方面明确学校中各级负责人员、各职能部门及其工作人员和各个岗位的教职工在安全工作中应履行的职责和应承担的责任，以充分调动各级人员和各部门在安全生产方面的积极性和主观能动性，确保学校安全。

学校应当将"校园安全，人人有责"从制度上固定下来，将学校安全的责任落实到每个环节、每个岗位、每个人，从而增强各级管理人员的责任心，使学校安全工作落实到每个环节、每个岗位、每个教职工，从而增强各级管理人员的责任心，使学校安全管理工作既做到责任明确，又相互协调配合，将学校安全工作真正落到实处。

建立一个完善的学校安全责任制的总要求是：横向到边、纵向到底。即学校的安全责任在范围上应落实到每一个工作环节，同时也要明确从校长到每一名教职工的具体职责。其内容要做到既明确具体，又具有可操作性，防止形式主义。同时也要建立配套的监督、检查等制度，以保障学校安全责任制真正落实。

二、学校安全制度及应急预案

建立健全校内各项安全管理制度，落实各项安全管理要求，是预防事故、确保师生安全的基本保障。《中小学幼儿园安全管理办法》第十五条规定："学校应当遵守有关安全工作的法律、法规和规章，建立健全校内各项安全管理制度和安全应急机制，及时消除隐患，预防发生事故。"

（一）学校安全制度

按照有关规定，学校应当建立以下安全制度：

（1）门卫制度：学校应当健全门卫制度，建立校外人员入校的登记或者验证制度，禁止无关人员和校外机动车入内，禁止将非教学用易燃易爆物品、有毒物品、动物和管制器具等危险物品带入校园。学校门卫应当由专职保安或者其他能够切实履行职责的人员担任。

（2）校内安全定期检查制度：学校应当建立校内安全定期检查制度和危房报告制度，按照国家有关规定安排对学校建筑物、构筑物、设备、设施进行安全检查、检验；发现存在安全隐患的，应当停止使用，及时维修或者更换；维修、更换前应当采取必要的防护措施或者设置警示标志。学校无力解决或者无法排除的重大安全隐患，应当及时书面报告主管部门和其他相关部门。学校应当在校内楼顶、水池、楼梯等易发生危险的地方设置警示标志或者采取防护设施。

（3）消防安全制度：学校应当落实消防安全制度和消防工作责任制，对于政府保障配备的消防设施和器材加强日常维护，保证其能够有效使用，并设置消防安全标志，保证疏散通道、安全出口和消防车通道畅通。

（4）水电气安全管理制度：学校应当建立用水、用电、用气等相关设施设备的安全管理制度，定期进行检查或者按照规定接受有关主管部门的定期检查，发现老化或者损毁的，及时进行维修或者更换。

（5）食堂卫生制度：学校应当严格执行《学校食堂与学生集体用餐卫生管理规定》、《餐饮业和学生集体用餐配送单位卫生规范》，严格遵守卫生操作规范。建立食堂物资定点采购和索证、登记制度与饭菜留验和记录制度，检查饮用水的卫生安全状况，保障师生饮食卫生安全。

（6）实验室管理制度：学校应当建立实验室安全管理制度，并将安全管理制度和操作规程置于实验室显著位置。学校应当建立严格的危险化学品、放射性物质的购买、保管、使用、登记、注销等制度，保证将危险化学品、放射性物质存放在安全地点。

（7）卫生保健制度：学校应当按照国家有关规定配备具有从业资格的专职医务（保健）人员或者兼职卫生保健教师，购置必需的急救器材和药品，保障对学生常见病的治疗，并负责学校传染病疫情及其他突发公共卫生事件的报告。有条件的学校，应当设立卫生（保健）室。新生入学应当提交体检证明。托幼机构与小学在办理入托、入学手续时应当查验预防接种证。学校应当建立学生健康档案，组织学生定期体检。

（8）学生安全信息通报制度：学校应当建立学生安全信息通报制度，将学校规定的学生到校和放学时间、学生非正常缺席或者擅自离校情况，以及学生身体和心理的异常状况等关系学生安全的信息，及时告知其监护人。对有特异体质、特定疾病或者其他生理、心理状况异常以及有吸毒行为的学生，学校应当做好安全信息记录，妥善保管学生的健康与安全信息资料，依法保护学生的个人隐私。

（9）住宿学生安全管理制度：有寄宿生的学校应当建立住宿学生安全管理制度，配备专人负责住宿学生的生活管理和安全保卫工作。学校应当对学生宿舍实行夜间巡查、值班制度，并针对女生宿舍安全工作的特点，加强对女生宿舍的安全管理。学校应当采取有效措施，保证学生宿舍的消防安全。

（10）校车管理制度：学校购买或者租用机动车专门用于接送学生的，应当建立车辆管理制度，并及时到公安机关交通管理部门备案。接送学生的车辆必须检验合格，并定期维护和检测。接送学生专用校车应当粘贴统一标志。标志样式由省级公安机关交通管理部门和教育行政部门制定。学校不得租用拼装车、报废车和个人机动车接送学生。接送学生的机动车驾驶员应当身体健康，具备相应准驾车型 3 年以上安全驾驶经历，最近 3 年内任一记分周期没有记满 12 分记录，无致人伤亡的交通责任事故。

（11）安全工作档案制度：学校应当建立安全工作档案，记录日常安全工作、安全责任落实、安全检查、安全隐患消除等情况。安全档案作为实施安全工作目标考核、责任追究和事故处理的重要依据。

（12）教学安全制度：学校在日常的教育教学活动中应当遵循教学规范，落实安全管理要求，合理预见、积极防范可能发生的风险。学校组织学生参加的集体劳动、教学实习或者社会实践活动，应当符合学生的心理、生理特点和身体健康状况。学校以及接受学生参加教育教学活动的单位必须采取有效措施，为学生活动提供安全保障。

（13）大型集体活动安全制度：学校组织学生参加大型集体活动，应当采取下列安全措施：成立临时的安全管理组织机构；有针对性地对学生进行安全教育；安排必要的管理人员，明确所负担的安全职责；制定安全应急预案，配备相应设施。

（14）体育活动安全制度：学校应当按照《学校体育工作条例》和教学计划组织体育教学和体育活动，并根据教学要求采取必要的保护和帮助措施。学校组织学生开展体育活动，应当避开主要街道和交通要道；开展大型体育活动以及其他大型学生活动，必须经过主要街道和交通要道的，应当事先与公安机关交通管理部门共同研究并落实安全措施。

（15）上下学与家长的交接制度：小学、幼儿园应当建立低年级学生、幼儿上下学时接送的交接制度，不得将晚离学校的低年级学生、幼儿交与无关人员。

（16）其他制度：例如学校应当建立教学楼疏散的相关规定，以防止发生拥挤踩踏事故；安排负责人和教师值班制度等制度，以保证在校学生的安全。

（二）学校安全应急预案

学校安全应急预案是指学校为降低紧急事件后果的严重程度，以对危险源的评价和事故预测为依据而预先制定的紧急事件控制和抢险救灾方案，是紧急事件应急救援的行动指南。尽管人们对事故采取了种种预防措施，但事故的发生依然是难以避免的，而且学校事故往往都是突发性的，制定应急预案的目的就是为了在发生紧急事件时，能以最快的速度发挥最大的效能，有序地实施救援，从而达到尽快控制事态的发展，降低紧急事件造成的危害，将事故的损失降低到最小。

随着社会对学校安全工作关注度的逐步提高，作为控制事故扩大的最有效方法之一的事故应急救援工作已经受到教育行政部门和有关学校的高度重视。2006年新春伊始，国务院就公开发布实施了《国家突发公共事件总体应急预案》，加强应急管理，提高预防和处置突发公共事件的能力。在贯彻执行《国家突发公共事件总体应急预案》的同时，学校安全应急预案编制工作也成了工作的重中之重。

安全应急预案的编制是一个比较庞大的系统工程，需要投入大量的时间和精力。预案从编制、维护到实施都应该有学校各个部门的广泛参与和支持。编制学校安全应急救援预案的步骤包括建立预案编制小组、预案编制资料的收集、学校内部风险分析、预案的撰写、预案的修改与维护等主要环节。

根据可能发生的各种学校事故，保证各种类型预案之间的整体协调以及实现共性与个性的结合，可将学校应急预案分为四个层次，即综合预案、专项预案、现场预案和临时活动预案。

1. 综合预案

综合预案是从整体上规定应急救援的原则，应急救援的组织机构及相应的职责，应急行动的思路等等，通过综合预案应当可以很清晰地了解学校的整个应急体系，并可作为整个应急救援工作的基础和"底线"，即对那些没有预料的紧急事件也能起到一般的应急指导作用。

2. 专项预案

专项预案是针对某种具体的、特定的紧急事件类型而制定的应急救援预案。专项应急救援预案是在综合预案的基础上充分考虑了某种特定危险的特点，对应急救援的组织机构、程序做了更具体的阐述，具有较强的针对性。例如学校的火灾应急救援预案、外来人员侵入应急预案等。

3. 现场预案

现场预案是在针对特定的具体场所的应急需要编制的应急预案，它通常是为事故风险较大的场所或重要防护区域所编制的预案。它是针对某一具体现场的特定情况和周遍环境，在详细分析的基础上，对应急救援中的各个方面所做出的具体而细致的安排，具有比前两者更强的针对性和对现场救援活动的指导性。例如学生宿舍安全应急救援预案、化学实验室安全应急救援预案、学校图书馆安全应急预案等。

4. 临时预案

临时预案是针对学校组织的某一项具体活动所编制的预案，具有特定性和临时性的特点。它通常是学校在开展某一学生活动前临时根据活动的环境、特点所编制的安全应急救援预案。如2006年学生春游安全应急预案。

三、学校安全检查

学校安全检查是指对学校教育教学及安全管理中可能存在的隐患、有害与危险因素、缺陷等进行查证，以确定隐患或有害或危险因素、缺陷存在状态，以及它们转化为事故的条件，以便制定整改措施，消除隐患和危险有害因素，确保学校的安全。

学校安全检查通常可以分为以下七种类型。

（一）定期安全检查

是指列入计划，每隔一段时间进行一次的检查，例如每周一次教室安全隐患排查，每学期一次管制刀具排查。这种检查可以是全校性的，也可以是以班级为单位进行的。定期检查面广，有深度，能及时发现安全隐患并加以解决。

（二）日常安全检查

是采取个别的日常巡视方式来进行的检查。在教育教学中进行经常性的安全检查，能及时发现隐患，并及时消除。例如日常教学秩序巡查。

（三）季节性安全检查

学校可以根据事故在不同季节的发生规律，进行重点突出的安全检查；例如夏季进行防水灾、防雷电、防食物中毒检查；冬季进行防火灾、防煤气中毒检查。

（四）节假日前后安全检查

由于节假日前后，师生的思想容易麻痹大意，故易于发生安全事故；同时，由于寒暑假和国庆、五一等假期时间比较长，故放假前一定要进行办公室和教室的安全检查。

（五）专项安全检查

是针对某个专项的安全问题进行的检查。例如食堂卫生检查、消防检查等。专项检查具有较强的针对性和专业要求，用于检查难度较大的安全项目。通过检查，发现潜在问题，研究整改对策，及时消除隐患，进行技术改造。

（六）综合安全检查

综合安全检查一般是由地方政府或教育行政主管部门对下属的学校进行的全面综合性的检查，必要时可进行系统的安全性评价。

（七）家长安全检查

家长安全检查是指学校邀请学生家长到学校进行安全检查，给学校提供安全建议。我国台湾的一些学校，经常性地邀请家长来学校进行安全检查。因为学校的教职工和学生长时间在学校学习、生活，容易产生"习惯性错觉"，即不正常的事物因为看的时间长了，也感觉不出它的异常了。邀请家长进行检查，恰好能克服"习惯性错觉"，而且还能集思广益。

四、安全事故预防的具体措施

车尔尼雪夫斯基曾说过："生命是美丽的，对人来说，美丽不可能与人体正常发育和人体的健康分开。"也有人说："人的生命都没有了，哪来的学校教学。"随着科学技术的不断发展、人类生活状况的改善，安全事故造成的伤害成为威胁人们健康的重要问题，学校少年儿童的安全事故已引起了全世界的关注，学校的安全工作已摆在了各项工作的首位。

在许多国家，新生入学的第一天，就要接受有关安全与生存方面的教育。在我国学校的新生入学教育中，安全知识的教育也被放在很重要的位置上。同学们对于安全教育不能不重视，学习和掌握一些安全知识将会使同学们终生受益。

学生安全事故的急剧增加不仅给家庭造成了无法弥补的损失，也给学校工作带来了不可回避的难题。据宁波市教育局一位负责人介绍，学校安全事故已成为困扰教育行政部门和学校集中精力加快教育改革的突出问题。

（一）目前学生安全的隐患

据统计，目前学生面临的安全隐患主要有：

1. 人身安全事故

我国有 2 亿多在校学生，其中大多数是未成年人。由于种种原因，未成年学生在学校受到意外伤害的事时有发生。尽最大可能保障广大学生的人身安全、保护他们的合法权益，是教育行政部门和学校的重要职责。同时，由于缺少相应的法律法规，学生发生伤害事故后，经常会造成家长与学校在责任、赔偿等问题上的纠纷，一些学校为了避免发生这类事，干脆连课外活动也不开展了，有的学校甚至取消了体育课。而学校这种因噎废食的做法，不利于素质教育的开展、不利于学生的成长。

2. 物品安全事故

从调查分析中能够看出，学生物品安全也是造成学生安全受到伤害的情况之一。

据统计，在每 100 起犯罪中，侵财案件占 75 起；侵人事件占 25 起。侵财案件占 3/4 这样的被害率，在中小学生中是非常高的比例。这里的"自己的东西被偷"，可能只是一些小偷小摸，真正构成犯罪的不多。由于我国对盗窃案有立案标准：农村 500 元，城市 1000 元，所以，中小学内的盗窃多数并不立案，以至于学校内盗窃行为的严重性长期被人们所忽视。

3. 校园设施安全事故

教育安全，责任重于泰山。因为，一个小小的疏忽便会酿成无法挽回的损失，甚至令花季中的孩子过早凋谢，而在这背后，更是家长、亲人们锥心泣血的悲痛。保护学生的安全，是促进学生生长发育和增进健康的重要条件。世界上许多国家（其中也包括我国）都对学校的建筑和设备制定了符合本国国情的卫生标准及安全要求，以确保学校的建筑和设备等外环境有益于学生的身心健康和安全。目前，威胁学生安全的校园设施主要有：危、旧房舍；通道、楼道狭窄；体育器材故障；门、窗玻璃不牢固；没有围墙或围墙太低；实验室不符合标准。

4. 校园暴力事故

另一个值得关注的现象是校园暴力。校园暴力，原是欧美各国校园内普遍存在的现象。其含义为：发生于少年儿童与同龄人之间的暴力行为，或发生于学校内部，或发生于学校外部。其形式有两种，一种为非犯罪的，如威胁、辱骂，以大欺小，以强凌弱；另一种为犯罪的，如抢劫、绑架、强迫卖淫、强迫吸毒，甚至故意伤害与故意杀人。

（二）安全事故存在的范围

1. 学校设施安全

（1）消防安全

"隐患险于明火，防范胜于救灾，责任重于泰山。"当前，我国部分学校仍存在对消防安全重视不够，日常消防管理工作不足的问题，学校消防安全专项治理工作刻不容缓。2000年以来，全国学校（含幼儿园）共发生火灾3700余起，全国学校平均每天发生火灾2.3起，共造成44人死亡，79人受伤，直接经济损失2200余万元。

火灾是无形的，我们应对的措施就应该以不变应万变，尽量做到防患于未然。从印度南部小学火灾、俄罗斯人民友谊大学火灾来看，前者据调查是由开放式炉灶起火或电线短路引起，后者据证实也是因电线短路而引发大火，这都说明这些学校的安全防护意识薄弱。要加强学校的防患意识，光靠学校单方面是不行的，必须靠广大师生的共同努力。在具体工作中又应该注意把消防教育的普及与消防设备的完善结合起来，必须在思想上与行动上统一起来。那么学校发生的火灾的主要类型有哪些呢？

①生活火灾

生活用火一般是指人们的炊事用火、取暖用火、照明用火、吸烟、烧荒、燃放烟花爆竹等，由生活用火造成的火灾称为生活火灾。随着社会的全面进步，炊事、取暖用火的能源选择日益广泛，有燃气、燃煤、燃油、烧柴、用电等多种形式。学生生活用火造成火灾的现象屡见不鲜，原因也多种多样，主要有：在宿舍内违章乱设燃气、燃油、电器等火源设置；火源位置接近可燃物；乱拉电源线路，电线穿梭于可燃物中间；违反规定存放易燃易爆物品；使用大功率照明设备，用纸张、可燃布料做灯罩；乱扔烟头，躺在床上吸烟；在室内燃放烟花爆竹；玩火等。

②电气火灾

目前学校师生拥有大量的电器设备，大到电视机、计算机、录音机，小到台灯、充电器、电吹风机，还有违章购置的电热炉等电热器具。由于师生宿舍所设电源插座较少，违章乱拉电源线路现象严重，不合规范程序的安装操作致使电源短路、断路、接点接触电阻过大、负荷增大等引起电器火灾的隐患因素过多。个别学生购置的电器设备如果是不合格产品，也是致灾因素。尤其是电热器的大量使用，引发火灾的危险性最大。

③自然现象火灾

自然现象火灾不常见，这类火灾基本有两种：一种是雷电，一种是物质的自燃。雷电是常见的自然现象，它是大气层运动产生高压静电再行放电，放电电压有时达到几万伏，释放能量巨大。当它作用于地球表面时，具有相当大的破坏性。它产生的电弧可成为引起火灾的直接火源，摧毁建筑物或窜入其他设备可引起多种形式的火灾。预防雷电火灾就必须合理安装避雷设施。自燃是物质自行燃烧的现象。如学校实验用的黄磷、锌粉、铝粉等燃点低的一类物质在自然环境下就可燃烧；钾、钠等碱金属遇水即剧烈燃烧；不干的柴草、煤泥、沾油的化纤、棉纱等大量堆积，经生物作用或氧化作用积聚大量热量，使物质达到自燃点而自行燃烧发生火灾。对于自燃物品一定要以科学的态度和手段加强日常管理。

④人为纵火

纵火都带有目的性，一般多发生在晚间夜深人静之时，有较大的危害性。有旨在毁灭证据、逃避罪责或破坏经济建设等多种形式的刑事犯罪分子纵火，还有旨在烧毁他人财产或危害他人生命的私仇纵火等。这类纵火都是国家严厉打击的犯罪行为。

（2）建筑设备安全

学校的建筑安全一般包括校舍安全，基建安全，围墙、堡坎等设施安全和锅炉安全四个方面。校园建筑安全防范和安全事故隐患的消除，一般花钱比较多，有的学校舍不得在这方面投入或无力投入。

2. 学校食品卫生安全

越来越多的令人心惊的案例让我们不得不正视由学校食品卫生引发的学生安全事故这一现象。目前，我国贯彻的是坚决执行"三不"政策，即学校食堂一律不准承包或变相承包，校内食品小卖部一律取消（学校管理的规范超市除外），课间餐、豆奶、饮用奶一律停止，如有哪所学校顶风违犯，将严肃查处，决不姑息。同时，要求搞好疾病预防工作。

3. 学校集体活动安全

学校集体活动安全是指由学校或教育行政部门有计划地组织部分或全体师生

参加的、在校内外所进行的各种教育教学活动。大型的集体活动应实行申报及审批制度，举办单位（责任单位）应将活动的类型、范围、时间、地点、安全措施等形成规范的书面材料向相关审批单位及责任人审批，经审批同意后方可举办。

4. 学校治安方面的管理

近年来，由于一些学校没有校园内部保卫的专门机构和管理人员，或者学校保卫机构不健全，保卫工作权力、责任都不明确，加之校园周边环境日益复杂，学校保卫人员无权处理一些事宜，以至于在各级各类学校的敲诈、盗窃、殴打、施暴、故意伤害等侵害中小学未成年人学生案件时有发生，学校合法权益、学生合法权益不同程度地受到侵害，给学校正常教育教学秩序带来了影响，给学校、学生家庭造成了一定的经济损失。

五、安全事故的预防和应急措施

（一）消防事故的预防与应急措施

1. 预防火灾

（1）在学校如何注意防火

①不带火柴、打火机等火种进入校园，也不带汽油、爆竹等易燃易爆的物品进入校园。

②实验课需要使用酒精灯和一些易燃的化学药品时，要在老师的指导下进行，并且严格按照操作要求去做，时刻小心谨慎，严防发生用火危险。

③采用火炉取暖的教室，要选派专人负责，管理好炉火。

④不随意焚烧废纸等。

⑤打扫卫生时，要将枯枝落叶等垃圾作深埋处理或送往垃圾站场，不要采取点火烧掉的办法。

（2）外出活动如何注意防火

外出活动时，所处的环境比较复杂，教师应教育学生在防火方面做到：

①要自觉遵守公共场所的防火安全规定。

②一般不要组织野炊活动，确实需要组织的，要选择安全的地点和时间，并在老师的指导下用火，用火完毕，应确实熄灭火种。

③不携带火柴、打火机等火种和易燃易爆品进入林区、草原、自然保护区、风景名胜区。

④自觉保护公共场所的消防设施、设备。

⑤自觉按照防火的要求去做，同时还要监督、劝阻他人可能造成火灾隐患的行为。

⑥发现异常情况，要及时向老师或有关管理人员报告。

教导学生在发生火灾时一定要保持镇静，量力而行。火灾初起阶段，一般是很小的一个火点，燃烧面积不大，产生的热量不多。这时只要随手用沙土、干土、浸湿的毛巾、棉被、麻袋等去覆盖，就能使初起的火灾熄灭。如果火势较大，正在燃烧或可能蔓延，切勿试图扑救，应该立刻逃离火场，打 119 火警电话，通知消防队救火。

2. 怎样报火警

（1）牢记火警电话 119。没有电话或没有消防队的地方，如农村和边远地区，可以打锣敲钟、吹哨、喊话，向四周报警，动员乡邻一齐来灭火。

（2）报警时要讲清着火单位、所在区（县）、街道、胡同、门牌或乡村地区。

（3）说明什么东西着火，火势怎样。

（4）讲清报警人姓名、电话号码和住址。

（5）报警后要安排人到路口等候消防车，指引消防车去火场的道路。

（6）遇有火灾，不要围观。有的同学出于好奇，喜欢围观消防车，这既有碍于消防人员工作，也不利于同学们的安全。

（7）不能乱打火警电话。假报火警是扰乱公共秩序、妨碍公共安全的违法行为。如发现有人假报火警，要加以制止。

3. 如何正确使用灭火器

常用的灭火器有二氧化碳灭火器和泡沫灭火器两种。二氧化碳灭火器有开关式和闸刀式两种。使用时，先拔去保险销子，然后一手掌握喷射喇叭上的木柄，一手撬动鸭舌开关或旋转开关，最后握住器身。需要注意的是：闸刀式灭火器一旦打开后，就再也不能关闭了。因此，在使用前要做好准备。

在使用灭火器时需要注意自我防护。使用泡沫灭火器时，人要站在上风处，尽量靠近火源，因为它的喷射距离只有 2～3 米，要从火势蔓延最危险的一边喷起，然后逐渐移动，不留火星。手要握住喷嘴木柄，以免冻伤。因为二氧化碳在空气中的含量过多，对人体也是不利的，因此，在空气不畅通的场合，喷射后应立即通风。

4. 火灾现场逃生法则

（1）要镇静，保持清醒的头脑，不能盲目追随。

当人的生命突然面对危难状态时，极易因惊慌失措而失去正常的思维判断能力，当听到或者看到有什么人在前面跑动时，第一反应就是盲目追随其后，如：跳窗、跳楼、逃（躲）进厕所、浴室、门角。突遇火灾时，首先应当强令自己保持镇静，迅速判断危险地点和安全地点，利用自己平时掌握的消防自救与逃生知识，决定逃生的办法，尽快撤离险地。撤离时要注意，不可搭乘电梯，因为火灾时往往电源会中断，会被困于电梯中，应从安全楼梯进行逃生，最好能沿着墙面，当走到安全门时，即可进入，避免发生走过头的现象；尽量朝明亮处或外面空旷地方跑，若通道已被烟火封阻，则应当背向烟火方向离开，通过阳台、气窗、天台等往室外逃生。

（2）留得青山在，不怕没柴烧，不要因为贪财而延误逃生时机。

在火场中，人的生命是最重要的。身处险境，应尽快撤离，不要因害羞或顾及自己的贵重物品，而把宝贵的逃生时间浪费在穿衣或寻找搬离贵重物品上，已经逃离险境的人员，切忌重回险地，自投罗网。

（3）做好简易防护，匍匐前进，不要直立迎风而逃。

逃生时经过充满烟雾的路线，要防止烟雾中毒，防止窒息。为了防止浓烟呛入，可采用毛巾、口罩用水打湿蒙鼻、匍匐撤离的办法。烟气较空气轻而飘于上部，贴近地面撤离是避免烟气毒气吸入的最佳方法。

（4）找好避难场所，固守待援，不要向光朝亮处奔。

如各种逃生路线被切断，应退居室内，关闭门窗，有条件的话可向门窗上浇水，以延续火势蔓延。同时，可向室外扔出小东西，以引起别人注意，在夜晚可向外打手电，发出求救信号。切忌向光朝亮，这是在紧急危险情况下，由于人的本能、生理心理所决定，人们总是向着有光、明亮的方向逃生，光和亮就意味着生存的希望，它能为逃生者指明方向道路，避免瞎撞乱撞更易逃生，但这时可能电源已被切断或已造成短路、跳闸等，光和亮之地正是最危险之处。

（5）缓降逃生，滑绳自救，绝对不要冒险跳楼。

高层、多层公共建筑内一般都设有高空缓降器或救生绳，人员可以通过这些设施安全地离开危险的楼层。如果设有这些专门设施，而安全通道又已被堵，救援人员不能及时赶到的情况下，绝对不要放弃求生的意愿，此时当力求镇静，利用现场之物品或地形地物，自求多福，设法逃生。你可以利用身边的绳索或床单、窗帘、衣服等自制简易救生绳，一端紧拴在牢固的门窗格或其他重物上，再顺着绳子或布条滑下，或者利用屋外排水管攀爬往下至安全楼层或地面逃生。在火灾中，常会发生逃生无门，被迫跳楼的状况，非到万不得已，万万不可盲目采取冒险行为，因为跳楼非死即重伤，最好能静静待在房间内，设法防止火及烟的侵袭，等待消防人员的救援。

总而言之，中小学生应怎样防止火灾发生呢？小学应突出消防安全基本知识和防范常识，中学要突出实践活动和实际演练。通过消防宣传进学校，使学生消防安全意识真正得到增强，防范知识和自救自护能力真正得到提高。

（二）交通事故的预防与应急措施

1. 如何预防交通事故

发生交通事故的原因大致有走路精神不集中，戴着音乐听筒过马路；有的学生为了赶时间；有的学生缺乏耐性、贪图方便；还有的学生认识不到交通规则的重要性，认为不遵守交通规则并不是什么大过错，等等。为了预防交通事故的发生，教师必须教育学生做到以下几点：

（1）必须在人行道内行走。

（2）在横穿马路时，必须遵守交通规则，不要乱闯乱碰。

（3）在没有人行横道的路段，更应遵守交通规则，必须直行通过，不要斜穿猛跑。

（4）不要在车辆临近时突然横穿，要注意避让车辆。

（5）过马路时要耐心等待绿灯，不要急着乱闯，更不能翻越护栏或坐在马路上。

（6）绝对不准在道路上扒车、追车、强行拦车和抛物击车。

2. 行走时怎样注意交通安全

上学和放学的时候，正是一天中道路交通最拥挤的时候，人多车辆多，必须十分注意交通安全，教师应教育学生。

（1）在道路上行走，要走人行道；没有人行道的道路，要靠路边行走。

（2）集体外出时，最好有组织、有秩序地列队行走；结伴外出时，不要相互追逐、打闹、嬉戏；行走时要专心，注意周围情况，不要东张西望、边走边看书报或做其他事情。

（3）在没有交通民警指挥的路段，要学会避让机动车辆，不与机动车辆争道强行。

（4）在雾、雨、雪天，最好穿着色彩鲜艳的衣服，以便于机动车司机尽早发现目标，提前采取安全措施。

（5）横穿马路，可能遇到的危险因素会大大增加，应特别注意安全。

①穿越马路，要听从交通民警的指挥；要遵守交通规则，做到"绿灯行、红灯停"。

②穿越马路，要走人行横道线；在有过街天桥和过街地道的路段，应自觉走过街天桥和地下通道。

③穿越马路时，要走直线，不可迂回穿行；在没有人行横道的路段，应先看左边，再看右边，在确认没有机动车通过时才可以穿越马路。

④不要翻越道路中央的安全护栏和隔离墩。

⑤不要突然横穿马路，特别是马路对面有熟人、朋友呼唤；或者自己要乘坐的公共汽车已经进站，千万不能贸然行事，以免发生意外。

3. 骑自行车要注意哪些安全事项

骑自行车外出比起走路不安全的因素增加了。需要注意的安全事项包括如下方面：

（1）要经常检修自行车，保持车况完好。车闸、车铃是否灵敏、正常，尤其重要。

（2）自行车的车型大小要合适，不要骑儿童玩具车上街，也不要人小骑大车。

（3）不要在马路上学骑自行车；未满12岁儿童，不要骑自行车上街。

（4）骑自行车要在非机动车道上靠右边行驶，不逆行；转弯时不抢行猛拐，要提前减速，看清四周情况，以明确的手势示意以后再转弯。

（5）经过交叉路口时，要减速慢行，注意来往的行人、车辆；不闯红灯，遇到红灯要停车等候，待绿灯亮了再继续前行。

（6）骑自行车时不要双手撒把，不多人并骑，不互相攀扶，不相互追逐、打闹。

（7）骑车时不攀扶机动车辆，不载过重的东西，不骑车带人，不在骑车时戴耳机听广播、音乐。

（8）要学习、掌握基本的交通规则知识。

4. 乘坐各类交通工具应该注意什么

（1）乘坐短途机动车的注意事项

汽车、电车等机动车，是人们最常用的交通工具，为保证乘坐安全，应注意以下各点：

①乘坐公共汽（电）车，要排队候车，按先后顺序上车，不要拥挤。上下车均应等车停稳以后，先下后上，不要争抢。

②不要把汽油、爆竹等易燃易爆的危险品带入车内。

③乘车时不要把头、手、胳膊伸出车窗外，以免被对面来车或路边树木等刮伤；也不要向车窗外乱扔杂物，以免伤及他人。

④乘车时要坐稳、扶好，没有座位时，要双脚自然分开，侧向站立，手应握紧扶手，以免车辆紧急刹车时摔倒受伤。

⑤乘坐小轿车、微型客车时，在前排乘坐时应系好安全带。

⑥尽量避免乘坐卡车、拖拉机；必须乘坐时，千万不要站立在后车厢里或坐在车厢板上。

⑦不要在机动车道上招呼出租汽车。

（2）乘坐火车时怎样保证安全

长途旅行需要乘坐火车，乘坐火车时应注意下列几点：

①按照车次的规定时间进站候车，以免误车。

②在站台上候车，要站在站台一侧白色安全线以内，以免被列车卷下站台，发生危险。

③列车行进中，不要把头、手、胳膊伸出车窗外，以免被沿线的信号设备等

刮伤。

④不要在车门和车厢连接处逗留，那里容易发生夹伤、扭伤、卡伤等事故。

⑤不带易燃易爆的危险品（如汽油、鞭炮等）上车。

⑥不向车窗外扔废弃物，以免砸伤铁路边行人和铁路工人，同时也避免造成环境污染。

⑦乘坐卧铺列车时，睡上、中铺要挂好安全带，防止掉下摔伤。

⑧保管好自己的行李物品，注意防范盗窃分子。

（3）怎样预防铁路交通伤害

列车运行速度快，铁路交通线上情况复杂，因此要掌握安全基本常识，防止铁路交通事故的发生。

①不在铁路线和铁路道口玩耍、逗留。

②不钻车、扒车、跳车。

③需要通过铁路道口时，要听从管理人员的指挥。遇到道口栏杆（栏门）关闭，红灯亮时，表示有列车即将通过，不可强行或者钻越栏杆通过道口。

④通过无信号灯也无人看守的铁路道口时，必须停下来仔细观察，在确认没有列车开来时再通过。如果发现有列车开来，要退到距道口 5 米以外等候，等列车通过后再通过道口。

⑤不要攀登电气化铁路上的接触网支柱、铁塔等设备，以防触电。

（4）乘船时要注意哪些安全事项

我国水域辽阔，人们外出旅行，会有很多机会乘船，船在水中航行，本身就存在遇到风浪等危险，所以乘船旅行的安全十分重要。

①为了保证航运安全，凡符合安全要求的船只，有关管理部门都发有安全合格证书。外出旅行，不要乘坐无证船只。

②不乘坐超载的船只，因为这样的船安全没有保证。

③上下船要排队按次序进行，不得拥挤、争抢，以免造成挤伤、落水等事故。

④天气恶劣时，如遇大风、大浪、浓雾等，应尽量避免乘船。

⑤不在船头、甲板等地打闹、追逐，以防落水。不拥挤在船的一侧，以防船体倾斜，发生事故。

⑥船上的许多设备都与保证安全有关，不要乱动，以免影响正常航行。

⑦夜间航行，不要用手电筒向水面、岸边乱照，以免引起误会或使驾驶员产生错觉而发生危险。

⑧一旦发生意外，要保持镇静，听从有关人员指挥。

5. 发生车祸怎么办

学生在户外活动的过程中，最容易发生各种不同程度的交通事故。教师应当教会学生学会自我防护措施和自我救护知识，一旦发生车祸，学生也可以按照以下方法进行处理：

（1）如果是被车撞倒，可以将车牌号记住，然后立即通知警察叔叔。

（2）一旦同伴头部受了重伤，首先给急救中心打电话，再将同伴头部稍微垫高；如果胸部出现创伤，应让伤者半躺着靠在某处，以减轻肺内充血。假如事故发生时有危险液体漏出，或有毒气排放时，要立即远离事故现场。

（3）发生车祸后，受伤者不能活动，应静待救护人员的到来。

在发生车祸后，最常见的就是出现四肢骨折、脊椎骨折和骨盆骨折等现象。四肢骨折症状显著，不易忽略；但脊椎骨折不易被发现，现场处理不好往往会形成截瘫，造成终生不幸。因此，凡遇到可能是脊椎骨折的情况时，应保持伤者安静，绝对不能让受伤者做任何活动。

（三）课堂事故的预防与应急措施

1. 化学实验课上伤害的预防及应对

学生在进行实验前，教师应当给学生强调一下规则：

（1）学生进入实验室后必须遵守实验室条例和老师提出的各项要求，进行实验时仍要遵守课堂规则和各项要求，不得大声说话和任意走动，应保持安静和良好的秩序。尤其不得拿仪器、药品玩耍，以免发生意外。

（2）学生实验必须按照实验手续顺序进行，不得进行本项实验内容以外的其他实验，要更改实验内容和步骤，必须事前提出报告，经老师允许后，方可按规定实验方案进行。

（3）实验前要先检查仪器、药品是否齐全，若有缺损，待补齐后再进行实验。实验时如有仪器损坏要及时报告，听候处理。

（4）实验时要严格遵守操作步骤，仔细观察实验现象，如实进行记录。若有实验现象不清或有疑问，可申请重做一次。

（5）学生实验时，应爱护仪器，节约药品，要保持实验桌和实验室的整齐清洁。废纸、火柴梗不得随地乱丢，应放入废物箱内，废液要倒入废液缸内，严禁倒入水槽中。实验完毕要刷洗仪器，清扫实验室，清除易燃、易爆、有毒的实验残渣。

（6）要注意安全，严格遵守安全守则，如发生意外事故着火、伤害等，不要慌张，应立即报告老师，冷静地予以处理。

（7）实验室内的一切物品，未经老师同意，不得带出实验室，值日生负责打扫实验室。

但是化学实验课上可能由于种种原因，还是不可避免地发生以下事故，发生事故后，教师应帮助学生做好应对，及时安全地处理好事故。

（1）浓硫酸不慎沾到了皮肤上，先要用干布擦去硫酸，再用大量水清洗，最后涂抹5%碳酸氢钠溶液。

（2）碱液溅入到皮肤或眼里，先用大量的水冲洗，再用2%的硼酸溶液清洗。

（3）酒精灯或可燃有机物着火，要用砂子或湿布覆盖，以隔绝空气，如果是其他情况失火，一定注意合理选择灭火剂（器）。

（4）出现割伤，要防止通过伤口引起中毒，一般先用过氧化氢水溶液洗过，再涂上碘酒等消毒药水，并用创可贴包扎好。

（5）眼睛的化学灼伤。凡是溶于水的化学药品进入眼睛，最好立刻用水流洗涤，之后，如是碱灼伤，则再用20%硼酸溶液淋洗；若是酸灼伤，则用3% $NaHCO_3$ 溶液淋洗。

（6）如果出现触电等事故，切记要在切断电源后再进行急救；化学物质中毒、实验室中毒主要通过吸入、食入或伤口侵入三种方式，发生中毒后要及时将伤者送往医院进行抢救等。

2. 物理实验课上伤害的预防

物理实验课上，学生会很容易使用收音机等带电的器具。如果正好是假冒伪劣产品或年久失修的器具，则很容易发生爆炸或触电事故，炸伤或电伤学生。在此提醒大家注意。

（1）实验前要仔细检查所用实验仪器是否齐全完好，如果有缺损，要及时报告教师处理，不得随意挪动别组仪器。

（2）做实验时要严格遵守所用仪器的操作规程和注意事项，不得擅自拆卸仪器，以防发生仪器损坏或人身事故。对违反操作规程而损坏仪器的学生，教师有权按学校有关规定处理。

（3）做电学实验时，在按原理要求接好线路，自己检查确认无误后，请教师检查，经教师检查认可无误后，方可接通电源进行实验。

（4）在做光学实验时，一定要按光学仪器或器件的操作要求进行实验。

（5）学生做完实验后，要将实验记录的原始数据交教师审阅，教师审阅无较大错误并签字后，学生才能将仪器恢复到实验前的状态，安放整齐后离开实验室。

3. 实验中的其他注意事项

除了化学实验和物理实验中常见的注意事项外，一些其他实验也需要教师认真对学生进行指导和提醒，确保学生安全。

（1）护目镜：在使用化学药品、燃烧或加热，或在一些有可能打碎玻璃器皿的实验中应该带好护目镜。

（2）实验服：应该穿好实验服，以避免皮肤和衣物受到损伤。

（3）易碎：要用到某些易碎的物品时，比如玻璃容器、试管、温度计或漏斗等等，要格外小心，不要碰玻璃碎片。

（4）锐器：像尖头剪刀、解剖刀、小刀、针、别针，以及大头针，都属于尖锐物体，容易割破或刺伤皮肤，不要把它们的尖端或刀刃朝向自己和他人。严格按照实验要求来使用锐器。

（5）电击：不要在水旁使用电器，也不要在电器或手潮湿时使用，确定电线已经正确连接并且不会碰到别人。电器不用时，要断开它的电源。

（6）腐蚀性化学药品：当用到硫酸或其他腐蚀性的化学药品时，尽量避免让它溅到皮肤、衣服上，或者眼睛里。不要吸入挥发出的气体，实验完毕后要洗手。

（7）有毒物品：不要让任何有毒的化学品接触到皮肤，也不要吸入它所挥发出的气体，实验完毕后要洗手。

（8）动物安全：在对活动物进行操作时，要尽量当心，避免伤害到动物或学生自己，处理动物标本或动物内脏器官时也要小心。实验结束后要洗手。

（9）植物安全：在实验室或野外处理植物时，要遵从老师的指导。如果对某种植物过敏，在做相应的实验之前要告诉老师，避免接触那些有害的植物，如毒常春藤、毒橡树、毒漆树以及带棘刺的植物。实验结束后要洗手。

（10）燃烧：当通过煤气灯、蜡烛、酒精灯或火柴使用火时，要把头发束紧，整理好衣服，避免被烧到。要听从老师的指导来点燃或熄灭火。

（11）禁火：当周围可能存在易燃物品或气体时，注意不要有任何明火以及敞开的加热源。

（12）气体：当实验中有可能产生有毒或不良气体时，一定要在通风的环境下操作。避免直接吸入气体。只有当老师要求学生闻某种气体时，才用招气入鼻法（用手把气体朝鼻子的方向扇）去闻。

（13）废弃物处理：实验中用到的化学品和其他实验材料在废弃前要经过安全处理。根据老师的要求把它们放到指定位置。

（14）洗手：结束实验后，要用抗菌肥皂彻底洗手，包括手背和手指间，最后用温水冲洗干净。

（15）隔热手套：要使用隔热手套或其他护手用具来拿取很烫的物体，热电炉、热玻璃器皿或者热水会导致烫伤，切勿用手触摸烫的物体。烫的玻璃器皿看上去和冷的一样，千万不要在没有试过温度之前贸然用手去拿。

（16）实验前准备：不能未经老师分配任务或许可就开始进行实验，做自己设计的实验也要经过同意，在没有获得允许之前，不准随意使用仪器，不准在实验室里吃东西或喧闹，在开始实验以前，把步骤反复阅读几遍，注意遵守所有的书面和和口头的提示，如果对实验的任何部分还有疑问，要向老师寻求帮助。

（17）实验结束规定：所有的加热器和电炉不用时都应关上，拔掉电炉等电器的插头；如果使用煤气灯，要检查煤气管道的开关是否关闭，按老师的要求处理废物，实验完成后，把工作台整理干净，所有仪器归还到指定位置，每一次实验结束后都要洗手。

以上就是我们所想到的关于实验室安全的有关注意事项。只有切实加强实验室安全问题的教育，才能最大程度地减少实验室事故。

4. 体育课事故的预防与应对

体育课也是事故多发"地带"，所以体育课对学生的着装、准备等有一些特殊要求，需要教师对学生及时提醒：

（1）穿着应朴素大方，宽松合体，但也不要过于肥大。

（2）衣服上不要有过多饰物，如链子、珠子等。

（3）如果可能，尽量穿校服或者运动服，这样的衣服更适合运动。

（4）穿球鞋或者运动鞋、布鞋等。女生要摘掉发卡，或者把发卡换成皮筋、头绳等软的饰物。

（5）上体育课前，要把衣兜里的东西掏出来，尤其是胸针、校徽、别针、小刀等坚硬的东西，免得摔倒时扎伤自己。

（6）运动前，要先检查自己的服饰，看有没有不安全的因素，如飘带、长围巾等，如果有，要想办法把它们放在衣服内，或者解下来。

（7）做垫上运动时，带眼镜的同学要摘下眼镜。

（8）根据老师的要求做好准备活动，避免肌肉拉伤、扭伤。

（9）运动时要听从老师的安排，尤其是在进行器械运动时，要仔细听老师的讲解，掌握好要领再开始运动。投掷运动要听口令，不能乱扔乱投。

（10）做垫上运动要认真，不能嘻嘻哈哈。动作不认真很有可能会扭伤颈部、伤害脊柱或者大脑。

（11）一旦受伤，不要急着起来，也不要乱搬乱动乱揉，否则会加重伤势。可以请校医来帮助处理伤势。等伤情好了以后再运动。

体育课上的训练内容是多种多样的，既有跑步、跳远等简单的运动，也有篮球、足球等激烈的对抗性运动，因此安全上要注意的事项也因训练的内容、使用的器械不同而有所区别。下面是根据器械的不同而应注意的不同事项：

（1）短跑等项目要按照规定的跑道进行，不能串跑道。

（2）跳远时，必须严格按老师的指导助跑、起跳。起跳前前脚要踏中木制的起跳板，起跳后要落入沙坑之中。

（3）在进行投掷训练时，如投手榴弹、铅球、铁饼、标枪等，一定要按老师的口令进行，令行禁止，不能有丝毫的马虎。

（4）在进行单、双杠和跳高训练时，器械下面必须准备好厚度符合要求的垫子，如果直接跳到坚硬的地面上，会伤及腿部关节或后脑。做单、双杠动作时，要采取各种有效的方法，使双手握杠时不打滑，避免从杠上摔下来，使身体受伤。

（5）在做跳马、跳箱等跨跃训练时，器械前要有跳板，器械后要有保护垫，同时要有老师和同学在器械旁站立保护。

（6）前后滚翻、俯卧撑、仰卧起坐等垫上运动的项目，做动作时要严肃认真，不能打闹，以免发生扭伤。

（7）参加篮球、足球等项目的训练时，要学会保护自己，也不要在争抢中蛮干而伤及他人。

（四）饮食卫生事故的预防与应急措施

1. 常见疾病的预防方法

（1）了解呼吸道、消化道传染病的一般传播途径，以及怎样预防这些传染病。

（2）充分认识计划免疫的意义，以及小学阶段应该完成的预防注射。

（3）积极预防小学阶段常见病：沙眼、近视、龋齿、脊柱异常弯曲、营养性缺铁性贫血、肥胖。

（4）积极预防常见肠道寄生虫病：蛔虫、蛲虫、钩虫、鞭虫。

（5）积极预防常见肠道传染病：肝炎、菌痢。

（6）积极预防常见呼吸道传染病：流感。

（7）根据各地的具体情况，确定对某些常见地方病的预防。如血吸虫病、地方性甲状腺肿、氟中毒、克山病、流行性出血热等以及疥疮、头虱、冻疮的预防，中暑的预防。

2. 怎样预防食物中毒

（1）如何防治食物中毒

一日三餐是每个人每天都必不可少的，但是如果不注意饮食卫生，误食了过期变质的食品就会引起食物中毒。

出现中毒症状时首先应立即停止食用中毒食物，马上向急救中心120呼救，送中毒者去医院进行洗胃、导泻、灌肠。特别要注意保存导致中毒的食物，提供给医院检疫。如果身边没有食物样本，也可保留患者的呕吐物和排泄物。确定中毒物质对治疗来说是非常重要的，越早去医院越有利于抢救。如果超过两个小时，毒物被吸收到血液里就比较危险了。重症中毒者要禁食半天左右，可静脉输液，待病情好转后，再进些米汤、稀粥、面条等易消化食物。

（2）日常生活注意各方面问题，防止食物中毒

①个人要养成良好的卫生习惯，养成饭前、便后洗手的卫生习惯。外出不便

洗手时一定要用酒精棉或消毒餐巾擦手。

②餐具要卫生，每个人要有自己的专用餐具，饭后将餐具洗干净存放在一个干净的塑料袋内或纱布袋内。

③饮食要卫生，生吃的蔬菜、瓜果梨桃之类的食物一定要洗净皮。不要吃隔夜变味的饭菜。不要食用腐烂变质的食物和病死的禽、畜肉。剩饭菜食用前一定要热透。

④生、熟食品要分开，切过生食的刀和案板一定不能再切熟食，摸过生肉的手一定要洗净再去拿熟肉，避免生熟食品交叉污染。

⑤对不熟悉的野生动物不要随意采捕食用。海蜇等产品宜用饱和食盐水浸泡保存，食用前应冲洗干净。扁豆一定要焖熟后食用。

⑥服用药品时一定要遵照医嘱服用，千万注意不要超剂量服用，以免造成药物中毒。药物同时服用要遵医嘱，避免混合产生副作用。敌敌畏杀虫剂和灭鼠药等不能与食物放在一起。

3. 各类食物中毒后的解决办法

（1）扁豆中毒：中毒轻者经过休息可自行恢复，用甘草、绿豆适量煎汤当茶饮，有一定的解毒作用。

（2）蘑菇中毒：一旦误食中毒，要立即催吐、洗胃、导泻。对中毒不久而无明显呕吐者，可先用手指、筷子等刺激其舌根部催吐，然后用 1:2000 至 1:5000 的高锰酸钾溶液或浓茶水、0.5% 活性炭混悬液等反复洗胃，让中毒者大量饮用温开水或稀盐水，以减少毒素的吸收。

（3）细菌性中毒：中毒催吐后如胃内容物已呕吐完但是仍然恶心呕吐不止，可用生姜汁 1 匙加糖冲服，以止呕吐。生大蒜 4~5 瓣，每天生吃 2~3 次。几天内尽量少吃油腻食物。

（4）亚硝酸盐中毒：应立即抢救，迅速灌肠、洗胃、导泻，让中毒者大量饮水。切记患者一定要卧床休息，注意保暖。应将患者置于空气新鲜、通风良好的环境中。

（5）服安眠药过量：服药早期，可先喝几口淡盐水，然后再催吐；若服药已超过 6 小时，应口服导泻药，促使药物排出；有条件的可给予吸氧，还可刺激其人中、涌泉、合谷、百合等穴。

4. 食物中毒后如何自救

食物中毒后，中毒人应当立即自救，减轻毒素在自己身体内的影响，对此，教师应当提醒学生以下几点：

（1）就餐时如有异味要马上停止，不能不当回事。

（2）一旦吃过东西后胃里有不舒服的感觉，马上用手指或筷子等帮助催吐，并及时到医疗机构寻求救治。

（3）自己制作的食物要做到生熟分开，尤其是案板、刀具等直接接触食物的用具；做好烹饪用具的消毒；食物要密闭存放，减少被外界污染的机会。

（4）在外就餐要吃经过长时间高温蒸煮后的食物。

5. 如何有效开展营养教育

如何保护孩子的饮食安全，首先要教给孩子辨别劣质食品的能力。教师应当辅助学生认识到以下几点：

（1）初步认识和了解人体需要的七大营养素。

（2）了解合理营养的基本要求，良好饮食习惯的重要性。

（3）不要随便在外面就餐。

（4）不吃有异味、状态不好的食品，教育孩子们要仔细辨别食品是否过期。

（5）不吃陌生人提供的食品和饮料。

（6）理性对待营养品。

（7）预防食物中毒，不吃变质腐烂的食品。生吃瓜果要洗净，不吃不洁食品，防止病从口入。注意饮水卫生，不喝生水。

（五）中小学生容易发生的事故

1. 昏厥

（1）立即扶病人平卧，取头低脚高位，解开其领口、腰带，女性患者同时解开其乳罩。救治者可用双手由病人下肢向其心脏部位加压按摩，驱使其血液流向脑部。

（2）立即用针刺病人人中穴、少冲穴（在小手指甲根下面），或手指用力掐上述穴位，以促使病人苏醒。同时配合针刺百会、合谷、内关、十宣等穴位。

（3）如条件许可，可给病人饮热茶或咖啡；对低血糖性昏厥可静脉注射10%葡萄糖50毫升。病人稍醒或仍然迷糊时，可服用白果龙眼汤1碗（白果5只，龙眼10只，水煮汤）可促速醒。

（4）如因剧烈咳嗽引起昏厥，可给病人甘草复方片（将3片研碎，用温水送下），川贝止咳糖浆（10毫升，1次服下）、可待因30毫克浸水1次灌服。待咳止、苏醒后再送医院救治。

2. 中暑

（1）立即将病人移到通风、阴凉、干燥的地方，如走廊、树荫下。

（2）让病人仰卧，解开衣扣，脱去或松开衣服。如衣服被汗水湿透，应更换干衣服，同时开电扇或开空调，以尽快散热。

（3）尽快冷却体温，降至38度以下。具体做法有用凉湿毛巾冷敷头部、腋下以及腹股沟等处；用温水或酒精擦拭全身；冷水浸浴15～30分钟。

（4）意识清醒的病人或经过降温清醒的病人可饮服绿豆汤、淡盐水等解暑。

同时，夏季天气炎热，学生很容易中暑，教师应当向学生讲述预防中暑的方法：

（1）长时间在烈日下劳作时，要戴草帽、打伞遮阳并注意定时休息和保证茶水供应；出汗多时多喝些果汁、糖盐水或稍加点盐的白开水，以保证身体水电解质平衡。

（2）在室内、舱内或地下作业时，应设法通风降温。盛夏炎热季节，老人、体弱多病者、产妇与婴儿尤其要注意室内通风、降温。

3. 突发高烧

当人体体温度超过 39℃ 以上，病人面色潮红、皮肤烫手、呼吸及脉搏增快时，要立即采取以下急救处理：

（1）冷敷。用冰袋或冰块外包毛巾敷头部。

（2）酒精擦浴。用酒精加冷水（无酒精时可用白酒）擦拭病人头部、颈部、四肢、腋窝和大腿根部。

（3）多饮凉开水。

（4）口服退热药物。

（5）针刺 10 个指尖，出血可泻热降温。

（6）出现抽搐，可针刺人中、合穴和涌泉穴。

（7）立即送医院就诊。

4. 气管突然进入异物

（1）背部拍击法。将病人头向下，用手掌根在患者两肩胛骨中间连续用力拍几下，异物就会从气管中蹦出来。

（2）环抱压腹法。站在患者的背后，两手握抱患者的上腹部（肚脐上部一寸的地方），向内、向上推压数次，直到把异物挤压出来。

（3）腹部推压法。让患者侧躺下（不能仰卧），用两手掌在患者的腹部向内、向上推压，通过挤压把异物挤到口腔内。

（4）及时送往医院救治。

5. 突然抽筋（痉挛）

中小学生、幼儿抽筋（痉挛）大多是由于高烧、消化不良和脱水等情况引起的。当小孩发生抽筋（痉挛）时，老师或家长不必慌张，其实小孩一会儿就会好。当小孩发生高烧时，可在其头上用冷毛巾降温。手足发冷时可用热毛巾暖一暖，一边抚摩小孩的手足，一边观察其变化状态。当抽筋止不住时，就要与医院联系，采取相应的方法和措施，如呼吸停止时就要进行人工呼吸。

6. 交通事故

（1）正确判断伤情和受伤部位。

（2）注意正确的搬动伤员方法，保护脊柱和骨折肢体。

（3）按先救命、后救伤的原则，先心肺复苏，后处理受伤部位。

（4）迅速止血，包扎伤口，固定骨折。

（5）尽快转送医院。

7. 动物咬伤

（1）狂犬咬伤

①被病狗咬伤后，应立即冲洗伤口。关键是洗的方法。因为伤口像瓣膜一样多半是闭合着的，所以必须掰开伤口进行冲洗。用自来水对着伤口冲洗虽然有点痛，但也要忍痛仔细地冲洗干净，这样才能防止感染。冲洗之后要用干净的纱布把伤口盖上，速去医院诊治。

②被疯狗咬伤后，即使是再小的伤口，也有感染狂犬病的可能，同时可感染破伤风，伤口易化脓。患者应向医生要求注射狂犬病疫苗和破伤风抗毒素预防针。

（2）毒蛇咬伤

①自我判断：局部有两排深粗牙痕，有出血、疼痛、红肿，并向躯体近心端蔓延。附近淋巴结肿大，有压痛，起水疱。全身症状有发热、寒战、头晕、头痛、乏力、恶心、呕吐、嗜睡、腹痛、腹泻、视物不清、鼻出血，严重者惊厥、昏迷、心律失常、呼吸困难、麻痹、心肾衰竭。

②自救时用绳索、手帕、植物藤、布带将伤口的近心端的5厘米处捆住，防止毒素继续在体内扩散。每隔15～20分钟松带子1～2分钟以防肢体缺血坏死。

③用井水、泉水、茶水、自来水或1：5000高锰酸钾溶液反复冲洗伤口，同时在伤口上作多个"十"字小切口以便排毒。接着用火罐、吸奶器、吸引器将毒汁吸出。紧急时用嘴对伤口吸吮毒汁出来，急救者吸吮后立即吐出，将口嗽干净。急救者有口腔溃疡时禁用此法。

④及时服用解毒药。

8. 烫伤

若是轻微的烧烫伤，可以先用冷水冲洗之后，再用冷敷或用冷水泡；其次用碘酒或稀释的黄药水消毒伤口，再用绷带包扎即可。切记伤口的水泡不可弄破，因为细菌感染会造成流脓及发炎。

若是严重的烧烫伤，请牢记"冲脱泡盖送"的口诀。

冲：在流动的冷水中冲洗约30分钟。

脱：在冷水中慢慢将衣物脱去，记住勿将水泡弄破。

泡：在冷水中连续泡30分钟，将余热完全除去。

盖：用干净的床单或纱布、毛巾将伤口覆盖。

送：尽速送医治疗。

这五个步骤千万要记牢，因为可以减轻伤口受损程度。

9. 冻伤

（1）对局部冻伤的急救要领是一点一点地、慢慢地用与体温一样的温水浸泡患部使之升温。如果仅仅是手冻伤，可以把手放在自己的腋下升温。然后用干净纱布包裹患部，并去医院治疗。

（2）全身冻伤，体温降到20℃以下就很危险。此时一定不要睡觉，强打精神并振作活动是很重要的。

（3）如果全身冻伤者出现脉搏、呼吸变慢的话，就要保证呼吸道畅通，并进行人工呼吸和心脏按摩。要渐渐使身体恢复温度，然后速去医院。

此外，需注意：第一，对局部冻伤的急救目的是使冷结的体液恢复正常。因此，若能使患部周围变温暖，很快可以治愈。禁止把患部直接泡入热水中或用火烤患部，这样会使冻伤加重。由于按摩能引起感染，最好也不要作按摩。第二，用茄子秸或辣椒秸煮水，洗容易冻伤的部位，或用生姜涂擦局部皮肤，有预防冻伤的作用。

10. 煤气中毒

（1）应尽快让病人离开中毒环境，并立即打开门窗，流通空气。

（2）患者应安静休息，避免活动后加重心、肺负担及增加氧的消耗量。

（3）有自主呼吸，充分给以氧气吸入。

（4）神志不清的中毒病人必须尽快抬出中毒环境，在最短的时间内，检查病人呼吸、脉搏、血压情况，根据这些情况进行紧急处理。

（5）呼吸心跳停止时，应立即进行人工呼吸和心脏按压。

（6）呼叫120急救服务，急救医生到现场救治病人。

（7）病情稳定后，将病人护送到医院作进一步检查治疗。

（8）争取尽早进行高压氧舱治疗，减少后遗症。即使是轻度、中度，也应进行高压氧舱治疗。

11. 触电急救

（1）火速切断电源。①立即拉下部闸门或关闭电源开关，拔掉插头，使触电者很快脱离电源。②急救者利用竹杆、扁担、木棍、塑料制品、橡胶制品、皮制品挑开接触病人的电源，使病人迅速脱离电源。

（2）如患者仍在漏电的机器上时，应赶快用干燥的绝缘棉衣、棉被将病人推拉开。

（3）未切断电源之前，抢救者切忌用自己的手直接去拉触电者，因为这样自己也会立即触电而伤，再有人拉这位触电者也会同样触电，因人体是导体，极易传电。

（4）确认心跳停止时，在用人工呼吸和胸外心脏挤压后，才可使用强心剂。

（5）触电灼烧伤应合理包扎。在高空高压线触电抢救中，要注意再摔伤。

（6）急救者最好穿胶鞋，跳在木板上保护自身。心跳呼吸停止还可心内或静脉注射肾上腺素、异丙肾上腺素。血压仍低时，可注射阿拉明、多巴胺，呼吸不规则应注射尼可刹米、山梗菜碱。

12. 溺水急救

（1）立即清除口鼻内污泥、杂物、假牙，保持呼吸道通畅。

（2）迅速进行控水：把溺者放在斜坡地上，使其头向低处俯卧，压其背部，将水控出。如无斜坡，救护者一腿跪地，另一腿屈膝，将患者腹部横置于屈膝的大腿上，头部下垂，按压其背部，将口、鼻、肺部及胃内积水倒出。即使排出的水不多，也应抓紧时间施行人工呼吸和心脏按压。千万不可因倒水而延误了抢救时间。

（3）对呼吸已停止的溺水者，应立即进行人工呼吸。方法是：将溺水者仰卧位放置，抢救者一手捏住溺水者的鼻孔，一手掰开溺水者的嘴，深吸一口气，迅速口对口吹气，反复进行，直到恢复呼吸。人工呼吸频率每分钟16~20次。

（4）如呼吸心跳均已停止，应立即进行人工呼吸和胸外心脏按压。

（5）溺水者经现场急救处理，在呼吸心跳恢复后，应立即送往附近医院。

（6）在送医院途中，仍需不停地对溺水者作人工呼吸和心脏按压，以便于医生抢救。

13. 地震

①立即关闭电源、火源。

②住平房者迅速跑到室外比较宽广的地方，住楼房者可躲在桌子下面或有支撑和管道多的室内。

③头部最好顶安全帽、塑料盆等，以便保护头部。

④不要靠近狭窄的夹道、壕沟、峭壁和岸边等危险地方。

⑤居住在海边的居民要防海啸，防止海水倒流的水灾。

⑥居住近山者，要警惕山崩和泥石流的发生。

⑦跑散时不要过度惊慌，要有序不紊，讲究卫生。

⑧注意余震，但不要听信谣言。

（六）常用急救技术

以下是教师经常用到的救护知识，教师也可以选择一些简单和必备的救护知识讲给学生，例如人工呼吸等。

1. 人工呼吸

（1）做人工呼吸须具备的条件

①患者呼吸道畅通，空气容易入出。

②解开患者衣扣，防止胸部受压，使其肺部伸缩自如。

③操作适当，不能造成肋骨损伤。

④每次压挤胸或背时，不能少于1/2的正常气体交换量。

⑤必须保持足够时间，只要病人还有一线希望，就不可随意放弃人工呼吸。

（2）进行人工呼吸前应注意事项

①清除病人口、鼻内的泥、痰、呕吐物等，如有假牙亦应取出，以免假牙脱落坠入气管。

②解开病人衣领、内衣、裤带、乳罩，以免胸廓受压。

③仰卧人工呼吸时必须拉出患者舌头，以免舌头后缩阻塞呼吸。

④检查患者胸、背部有无外伤和骨折，女性有无身孕，如有，应选择适当姿势，防止造成新的伤害。

⑤除房屋倒塌或患者处于有毒气体环境外，一般应就地做人工呼吸，尽量少搬动。

（3）人工呼吸的常用方法

病人应置于仰卧位，急救者跪在患者身旁（或取合适姿势），先用一手捏住患者的下巴，把下巴提起，另一只手捏住患者的鼻子，不使其漏气。进行人工呼吸者，在进行前先深吸一口气，然后将嘴贴紧病人的嘴，吹气入口；同时观察病人胸部是否高起；吹完气后嘴即离开，让病人把肺内的气"呼"出。最初吹的5～10口气要快些，以后则不必过快，只要看到患者高起的胸部下落，表示肺内的气体已排出时，接着吹下一口气，就可以了。如此往复不止地操作，直到病人恢复自动呼吸或真正确诊死亡为止。每次吹气用力不可过大，以免患者肺泡破裂；也不可过小，以免进气不足，达不到救治目的。

2. 创伤止血

（1）小伤口止血法

只需用清洁水或生理盐水冲洗干净，盖上消毒纱布、棉垫，再用绷带加压缠绕即可。在紧急情况下，任何清洁而合适的东西都可临时借用做止血包扎，如手帕、毛巾、布条等，将血止住后送医院处理伤口。

（2）静脉出血止血法

除上述包扎止血方法外，还需压迫伤口止血。用手或其他物体在包扎伤口上方的敷料上施以压力，使血管压扁，血流变慢，血凝块易于形成。这种压力必须持续5～15分钟才可奏效。较深的部位如腋下、大腿根部可将纱布填塞伤口再加压包扎。将受伤部位抬高也有利静脉出血的止血。

（3）动脉出血止血法

①指压法

用手指压迫出血部位的上方，用力压住血管，阻止血流。若经过指压20～30分钟后出血不停止，就应改用止血带止血法或其他方法止血。

②止血带止血法

适用于四肢大出血的急救。这种方法止血最有效，但容易损伤肢体，影响后期修复。方法是，上止血带前抬高患肢12分钟，在出血部位的上方，如上臂或大腿的上1/3处，先用毛巾或棉垫包扎皮肤，然后将止血带拉长拉紧缠绕在毛巾等物外面，不可过紧也不可过松，最多绕两圈，以出血停止为宜。止血带最好用有弹性的橡胶管。严禁使用铁丝、电线等代做止血带。上好止血带，在上面做明显的标记，写明上止血带的时间，每30~50分钟放松一次止血带，每次2~5分钟，此时用局部压迫法止血，再次结扎止血带的部位应上下稍加移动，以减少皮肤损伤。放松止血带时应注意观察出血情况，如出血不多，可改用其他方法止血，以免压迫血管时间过长造成肢体坏死。支脉出血经初步止血后必须尽快送医院手术治疗。

3. 骨折固定

当发生骨折事故之后，为了使断骨不再加重对周围组织的损伤，为了减轻患者的疼痛和便于医生的诊治，在运送患者去医院的途中，应进行必要的固定。

（1）肱骨骨折固定法：患者手臂呈屈肘状，用两块夹板固定，一块放于上臂内侧，另一块放在外侧，用绷带固定。如只有一块夹板，则夹板放在外侧加以固定，用三角巾悬吊伤肢。

（2）大腿骨折固定法：将伤腿拉直，夹板长度上至腋窝，下过脚跟。两块夹板放于大腿内、外侧；有绷带或三角巾缠绕固定。

（3）脊柱骨折固定法：病情多较严重。严禁乱加搬动，应轻巧平稳地在保持脊柱安定状况下，移至硬板担架上，用三角巾固定后，及早转运。切勿扶持患者走动或躺在软担架上，因为这样会使脊柱骨折加重，引起终生截瘫。

但在进行骨折固定的过程中，需要注意：

（1）有出血时应先止血和消毒包扎伤口，然后固定骨折。如有休克，同时进行抢救。

（2）对于大腿、小腿和脊椎骨折，一般应就地固定，不要随便移动患者。

（3）固定力求稳妥牢固，要固定骨折的两端和上下两个关节。

（4）上肢固定时，肢体要弯着绑，呈屈肘状。下肢固定时，肢体要伸直绑。

4. 包扎

（1）打好绷带的要领是，不要过紧，也不能过松。不然会引起血液循环不良或松得固定不住纱布。如果没经验，打好绷带后，看看身体远端有没有变凉，有没有浮肿等情况。

（2）打结时，不要在伤口上方，也不要在身体背后，免得睡觉时压住不舒服。

（3）在没有绷带而必须急救的情况下，可用毛巾、手帕、床单（撕成窄条)、长筒尼龙袜子等代替绷带包扎。

5. 急救用品代用法

各种急性病症的发生，谁也很难预料是在什么时候、什么地点，就是平时准备了家庭急救箱，但也不能把它随身带到发生事故的现场。下面介绍一下急救用品的代用法，使之在应急处理时派上用场。

（1）长筒袜子：不管穿在身上的还是旧的，均可在应急处理时作绷带用。

（2）领带：骨折时可以作固定夹板用或作止血带用。

（3）浴巾：上肢骨折时可作三角巾用。

（4）手帕：用电熨斗充分熨烫后可作消毒纱布用。

（5）手帕、手巾：出血时可用作止血，也可作冷湿敷用。

（6）杂志、尺子、厚包装纸、伞、手杖均能在骨折时作夹板用。

（七）信息、网络事故的预防与应急措施

网络的负面作用在现实生活中已经造成大量恶果。因此，如何加强未成年人的网络安全与道德教育成为日益突出的社会问题。教师应当教育学生注意以下方面的问题：

1. 网上交友应注意哪些问题

（1）不要说出自己的真实姓名和地址、电话号码、学校名称等信息。

（2）最好不要与网友会面，如果非见面不可，可以请人和你同去。确定见面地点时，尽量选择人多的地方。

（3）对网上求爱者不予理睬。

（4）对谈话低俗的网友，不要反驳或回答，以沉默的方式对待。

2. 如何进行网络自护

（1）安装个人"防火墙"，以防止个人信息被人窃取。

（2）采用匿名方式浏览。

（3）在发送信息之前先阅读网站的隐私保护政策，防止有些网站会将你的个人资料出售给第三方。

（4）要经常更换你的密码，另外，当好多地方需要设置密码时，密码最好不要相同。使用包括字母和数字的8位数的密码，可以比较有效地干扰黑客利用软件程序来搜寻最常见的密码。

（5）如果有人自称是ISP服务商的代表，告诉你：系统出现故障，需要你的用户信息，或直接询问你的密码。千万别当真，因为真正的服务商代表是不会询问你的密码的。

（6）在网上购物时，确定你采用的是安全的链接方式。可以通过查看浏览器窗口角上的闭锁图标是否关闭来确定一个链接是否安全。

（7）在不需要文件和打印共享时，就把这些功能关掉。因为，这个特性会将你的计算机暴露给寻找安全漏洞的黑客。黑客一旦进入，你的个人资料就容易被窃取。

3. 网络"防火墙"要筑在头脑里

（1）上网时，不要发出能确定自己身份的信息，主要包括：电子信箱地址、家庭地址、家庭电话号码、家庭经济状况、网上账号、信用卡号码和密码、父母职业、自己和父母的姓名、学校的名称和地址等。这些信息不能提供给聊天室或公告栏。如果你特别想给出，绝不能自己擅自做主，必须征询父母、老师的意见，没有他们的同意，就一定不要公布。小心互联网上有些不怀好意的人会写信给你，甚至直接登门拜访。

（2）不要在父母、老师不知道的情况下，自己单独去和网上的朋友会面，即使得到父母的同意，也要选择公共场所，并有父母或成年人陪同前往。

（3）如果在网站或公告栏里遇到暗示性的信息、挑衅性的信息或脏话、攻击、淫秽、威胁等使你感到不安的信息，一定不要回应也不要反驳，当然，也不必惊慌失措，但要立即告诉你的父母或老师。

（4）不要轻易通过网络向不熟悉的人发送自己的照片，否则，会给你带来麻烦和不安全。曾发现有人利用别人的照片做内容肮脏的广告，因此一定要小心谨慎。

（5）不要轻信网上朋友的姓名、性别、年龄、职业、兴趣、爱好和甜言蜜语，记住，未经确认的网上信息都不可轻信！

（6）在通过电子邮件提供个人资料之前，要确保对方是你认识并且信任的人。

（7）父母或其他亲人不在家时，不要让网上认识的朋友来访，要提高警惕，谨防别有用心的人。

（8）不对父母、老师和好朋友隐瞒自己的网上活动，要经常与他们沟通，让他们了解自己在网上的行为，以便必要时得到及时的帮助。

4. 冲浪安全常识

（1）尽量不要下载个人站点的程序，因为这个程序有可能感染了病毒，或者带有后门。

（2）不要运行不熟悉的可执行文件，尤其是一些看似有趣的小游戏。

（3）不要随便将陌生人加入 OICQ 或者 ICQ 等的好友列表，不要随便接受他们的聊天请求，避免遭受端口攻击。

（4）不要随便打开陌生人的邮件附件，因为它可能是一段恶意 HTML 或者javascript 代码（已经发现 HTML 代码可以格式化你的硬盘），如果是可执行文件，可能是后门工具。

（5）在支持 javascript 或者 HTML 的聊天室里，最好不要接受对方的 JS 或者 HTML，因为它有可能是窗口炸弹或者巨型的图片，如 10000×10000 像素，你不敢保证你的系统可以承受如此大的负荷而不会死机。

（6）不要逛一些可疑或者另类的站点，因为 IE 的许多漏洞可以使恶意的网页编辑者读出你机器上的敏感文件，这点我们会在 IE 漏洞里面讨论。

5. 病毒防范常识

（1）尽量不要下载个人站点的程序，因为这个程序有可能感染了病毒，或者带有后门。

（2）安装正版杀毒软件，如：金山毒霸、诺顿、瑞星等。

（3）定期对杀毒软件进行升级并对系统进行病毒扫描（一周一次）。

第二节　学校安全事故的应对与处理

学生伤害事故的处理程序是指学校在处理学生伤害事故时应当遵循的方式、步骤、时限和顺序。目前，很多中小学校都将学生伤害事故的预防作为学校的一项主要工作加以落实，但因为学生伤害事故本身的特点，其发生仍然是难以避免的。在学校的工作实践中，具体可以参照以下几方面对已发生的学生伤害事故进行应对和处理。

一、现场紧急处置

学校在学生伤害事故中的归责原则为过错责任原则，即对于学校来说，有过错担责任，无过错无责任。但即使学校对于伤害事故的发生并不存在过错，也有可能会因为对事故的处理和救治不及时，而承担过错责任。所以，学校对于学生伤害事故的现场紧急处置一定要加以重视。

1. 启动安全应急预案

在事故发生时，学校及有关人员要及时有效地启动安全应急预案，各个工作岗位上的学校领导和教职工要各司其职、密切配合，尽最大的可能保证学生的生命和健康安全，将事故的损失降到最低。

2. 及时救治受伤学生

《学生伤害事故处理办法》第 15 条规定："发生学生伤害事故，学校应当及时救助受伤害学生，并应当及时告知未成年学生的监护人；有条件的，应当采取紧急救援等方式救助。"根据此条的规定，在发生学生伤害事故之后，学校应当尽最大的努力对受伤学生进行救治。对于伤势轻微的，可以由校医进行处理，对于伤势严重，学校不具备救治条件的，应当及时采取有效措施，将其送往有条件救治的医院进行治疗。在此过程中，如果因为救治不及时、救治措施不当等原因导致学生伤势加重的，学校应当承担相应的过错责任。

在救治的过程中，对于伤势较重的学生，学校应当尽快通知学生家长，履行自己的告知义务。

3. 向有关部门报告

《学生伤害事故处理办法》第 16 条规定："发生学生伤害事故，情形严重的，学校应当及时向主管教育行政部门及有关部门报告；属于重大伤亡事故的，教育行政部门应当按照有关规定及时向同级人民政府和上一级教育行政部门报告。"根据该条的规定，学校应当将本校发生的严重学生伤害事故及时向教育行政主管部门报告，以便教育行政部门及时掌握有关的情况，对事故处理做出统筹的安排，并协助学校做好善后工作。另外，如果该学生伤害事故的责任人已触犯刑律，构成犯罪的，学校应当及时向公安机关或检察机关报告，以便有关部门立案侦察。切不能因为顾及学校的名誉等因素，而隐瞒不报。对于知情不报的，应当追究有关学校责任人的法律责任，甚至刑事责任。

4. 其他学生的安抚

在发生学生伤害事故之后，即使是未受到伤害的学生，一般也会因为惊吓导致情绪紧张，此时学校应当通过班主任、心理教师等人员及时对其他学生进行安抚，使其情绪尽快平静。

二、事故处理的准备工作

（一）调查取证

在学校发生学生伤害事故之后，很可能随之而来的就是关于学生赔偿的法律纠纷。在司法实践中，人们常说"打官司就是打证据"，在案件的审理过程中，法官判案的依据是本案证据所能证明的事实。所以掌握确实、充分、有利的证据是学校在日后诉讼中胜诉的重要保障。学校应当重视各种证据的收集工作。

我国民事诉讼法将证据分为书证、物证、视听资料、证人证言、当事人陈述、鉴定结论和勘验笔录 7 种。在收集以上证据的过程中，学校应当注意以下几点：

1. 调查取证应当及时

因为证据本身的特点，很多物证如果不及时收集，日后便很难得到。而且因为主观方面的原因，学校如果不及时收集有关目击者、知情人的口供，日后再去收集时会遇到很大的麻烦。例如某校在一起学生伤害事故发生几个月后收到法院传票，在诉讼过程中，学校请求某位刚刚从该校毕业的学生作证时，遭到该学生的拒绝。如果该校在事故发生后马上收集该学生的证人证言，其拒绝作证的可能就很小了。

2. 收集证据应当合法

首先，收集的手段要合法。例如学校对知情学生以不准上学等相威胁，要求其提供有利于学校的证言，这不仅侵犯学生的受教育权，而且在日后的诉讼中也有可能使对方当事人对该学生证言的可信性提出质疑，使该证言的证明力降低。另外有的学校为了胜诉，提供了一些伪证，这更是要不得的，相关责任人也会因此承担相应的法律责任。

3. 收集证据应当严谨

首先，对于各种证据，要尽可能地多搜集，以备在日后选用。另外，在收集证人证言时，一定要让证人在证言上签字，也可以利用录音等手段进行记录。确有必要时，可以聘请律师协助收集证据，并邀请公证机关对人证、物证加以公证，以增强证据的效力。

（二）受伤学生的安抚工作

在学生伤害事故当中，受伤学生一般都受到了严重的身心痛苦。此时，如果学校能够对其加以慰问，对于学生和家长来说都是极大的安慰。有的学校领导认为，如果学校的领导和老师去看望受伤的学生，等于是承认自己对于事故的发生有责任，容易让受伤学生和家长过分追究学校的责任。但学校作为教书育人的机构，本身就应当发扬人道主义精神，对学生加以关怀。另外事实也证明，学生和家长在学校的积极态度下，往往会更加冷静地在处理相关事件，避免一些家长与学校之间不必要的冲突。

三、学生伤害事故处理的法律程序

《学生伤害事故处理办法》第 18 条规定："发生学生伤害事故，学校与受伤害学生或者学生家长可以通过协商方式解决；双方自愿，可以书面请求主管教育行政部门进行调解。成年学生或者未成年学生的监护人也可以依法直接提起诉讼。"因此，当受伤学生家长与学校在关于赔偿问题发生纠纷时，可以采取协商、调解以及诉讼的方式解决争端。除此之外，当事人还可以选择仲裁的方式解决争端。但这四者之间没有先后顺序，例如学生和家长可以不经协商和调解，而直接向人民法院提起诉讼。

（一）协商

协商是指发生纠纷的双方当事人在平等自愿的基础上，按照有关法律的规定，直接进行磋商或谈判，以达成双方都可以接受的解决方案。用协商的方式解决争端，快捷、简便，并有助于解决方案的实现。在学生伤害事故的处理中，协商的当事人一般是学校、受伤的学生及家长、其他责任人（如导致该学生受伤的其他学生）。学校在协商之前，应当向有关的专业人士（最好是律师）进行咨询，并征询教育行政主管部门的意见。协商的基础是建立在平等自愿基础之上的，所以如果有一方当事人拒绝协商的话，协商即不能够进行下去。

（二）调解

调解是指纠纷的当事人在第三人的协调和斡旋下，在自愿的基础上达成协议解决争端的方法。它具有同协商解决一样的优点。但其与协商明显的区别在于调解是在第三人的主持下进行的。实践中，第三人一般是教育行政机关、当地司法机关、人民调解委员会、律师等，这些组织和个人通过对当事人双方的协调和斡旋，促使受伤学生、家长与学校达成协议。另外这种调解又区别于人民法院的调解，人民法院的调解是指在民事诉讼中，双方当事人在法院审判人员的主持和协调下，就案件争议的问题进行协商，从而解决纠纷所进行的活动。普通的调解与人民法院的调解在发生时间、调解的主持人以及达成协议的效力上都是不同的。

（三）诉讼

在学生伤害事故的双方当事人通过协商和调解后仍不能达成一致意见时，可以通过诉讼的方式进行解决。因为法院是解决纠纷的最后一道屏障，所以它的公正性是值得信赖的，所以有的当事人在学生伤害事故发生之后便直接进入诉讼程序。但采用诉讼手段的缺点也是有的，例如费用较高、手续繁杂、费时较长，另外在判决的执行方面也可能会发生一些麻烦。

对于学校来说，应当尽可能地利用非诉讼手段解决纠纷。一旦收到法院传票，进入诉讼阶段，学校应当聘请专业的律师代理自己进行诉讼。有些学校认为"有理就能打赢官司"，这种想法是非常错误的，因为诉讼是一种专业性非常强的活动，实践中，就发生过很多涉诉的学校因为提交证据的时间不当、答辩状的书写内容不当等因素而败诉的情况。

（四）仲裁

除了协商、调解和诉讼等手段之外，当事人还可以利用仲裁手段解决学生伤害事故。所谓仲裁，就是纠纷当事人在自愿的基础上达成协议，将纠纷提交仲裁机关审理，由仲裁机关作出对争议各方均有约束力的裁决的一种解决纠纷的制度和方式。与诉讼相比，其具有简便、快捷、费用低等特点，但进行仲裁的前提是双方当事人一致同意将争议交特定的仲裁机关仲裁，而且仲裁机关作出的裁决与法院的判决相比，法律效力要低。

四、学生伤害事故的保险

在一些学生伤害事故中，学校往往面临着巨额的经济赔偿，因此赔偿经费问题是困绕和制约学校工作的一个棘手的问题。而利用保险来解决学生伤害事故中的经济赔偿问题是一个行之有效的措施。《学生伤害事故处理办法》中规定："学校有条件的，应当依据保险法的有关规定，参加学校责任保险。教育行政部门可以根据实际情况，鼓励中小学参加学校责任保险。提倡学生自愿参加意外伤害保险。在尊重学生意愿的前提下，学校可以为学生参加意外伤害保险创造便利条件，但不得从中收取任何费用。"

学生伤害事故的保险主要有两大类，一类是学校责任险，另一类是学生人身平安保险。

（一）学校责任险

学校责任险是指由于校方的疏忽或过失造成的学生身体受到损害，依照法律应由校方承担的经济赔偿责任，由保险公司负责赔偿的制度。这种保险在一定程度上化解了学校应对巨额赔偿的困境，所以目前越来越多的地方政府开始出资为当地学校购买学校责任保险，但在更多的地方，保险费用由谁支付的问题成为了制约学校责任保险制度开展的瓶颈。

（二）学生人身平安保险

学生人身平安保险是学生或监护人支付保费，当生命健康受到意外伤害时由保险公司根据保单协议予以赔偿的险种，简称学平。但需要注意的是，学校在组织学生购买学平险时，不能强迫学生购买，也不得从中收取任何费用。在学生发生意外伤害后，学校应当协助学生向保险公司进行理赔。

第三节　安全事故的赔偿标准

学校伤害事故发生之后，经过责任的确认和伤残鉴定之后，就会涉及到一个赔偿的问题，我国法律对人身伤害的赔偿有明确规定。教师应当对此有明确的认识和了解，以便正确处理相关问题。

一、安全事故的鉴定赔偿概述

人身伤害赔偿，又称为人身损害赔偿，是指民事主体的生命权、健康权、身体权受到不法侵害，造成致伤、致残、致死的后果以及其他损害，要求侵权人以财产赔偿等方法进行救济和保护的侵权法律制度。我国《民法通则》第一百一十九条规定了人身损害赔偿制度的基本内容，《国家赔偿法》、《消费者权益保护法》和《道路交通事故处理办法》等法律、法规，以及最高人民法院制定的司法解释，对人身伤害赔偿制度进行了补充和完善。

（一）人身伤害赔偿原则

人身伤害赔偿的原则是指在进行人身伤害赔偿时必须遵守的，具有指导性意义的准则。总的说来，包括以下几个原则。

1. 全部赔偿原则

全部赔偿是侵权损害赔偿的基本规则，指的是侵权行为加害人承担人身损害赔偿责任的大小，应当以行为所造成的实际损失的大小为依据，全部予以赔偿。换言之，就是赔偿以所造成的实际损害为限，损失多少，赔偿多少。

在适用全部赔偿原则时，应当特别注意以下几个问题：

第一，确定人身损害赔偿数额即赔偿责任的大小，只能以实际人身损害作为标准，全部予以赔偿。

第二，全部赔偿包括直接损失和间接损失。

第三，全部赔偿应当包括对受害人为恢复权利、减少损害而支出的必要费用损失的赔偿。

第四，全部赔偿所赔偿的只能是合理的损失，不合理的损失不应予以赔偿。

2. 财产赔偿原则

财产赔偿也是人身侵权损害赔偿的基本规则之一，是指侵权行为造成人身损害的，财产赔偿是唯一责任承担方式，不能以其他方法为之。

3. 损益相抵原则

损益相抵，亦称损益同销，是指赔偿权利人基于发生损害的同一原因受有利益者，应由损害额内扣除利益，而由赔偿义务人就差额予以赔偿的确定赔偿责任范围的规则。其法律特征是：

其一，损益相抵原则是适用于一切损害赔偿的责任原则。当然是人身损害赔偿的规则。

其二，损益相抵原则是确定人身侵权损害赔偿责任范围大小及如何承担的原则。

其三，损益相抵所确定的赔偿标的，是损害额内扣除因同一原因而产生的利益额之差额，而不是全部损害额。

其四，损益相抵由法官依职权行使。

在侵权责任中损益相抵的构成，必须具备以下要件：

（1）须有侵权损害赔偿之债的成立。

（2）须受害人受有利益。

（3）须有构成损害赔偿之债的损害事实与所得利益间的因果关系。

4. 过失相抵原则

过失相抵，是指在损害赔偿之债中，由于混合过错的成立，而减轻加害人赔偿责任的规则。侵权行为的混合过错，同样适用过失相抵原则。

5. 衡平原则

作为赔偿规则的衡平原则，是指在确定侵权损害赔偿范围时，必须考虑诸如当事人的经济状况等诸因素，使赔偿责任的确定更公正。

（二）人身伤害常规赔偿的范围及标准

常规赔偿一般包括以下内容：医疗费，包括诊察费、药费、治疗费、检查费等直接医治人身伤害所消耗的费用；交通费和住宿费；受害人的误工工资；护理人员误工补助费；其他必要的支出费用，例如，住院期间适当的生活补助费和营养费等。

1. 对医疗费的赔偿

医疗费包括诊察费、治疗费、化验费、药费、住院费等医疗人身伤害的费用。医疗费的赔偿，应以治疗医院的诊断证明和医疗费的单据为凭。

在审查医疗费的赔偿范围时，必须注意三点：

（1）治疗医院，除了特殊情况外，一般应是所在地的医院；转外地医院治疗需经当地医治医院同意，未经同意而擅自另找医院治疗的费用，一般不予赔偿。

（2）医疗费必须是治疗外伤或损害所引起疾病的开支；治疗与外伤无关的医疗费，不能予以赔偿。

（3）在经治医院以外的医疗、药品单位购买的药品，须经经治医院批准；私自购买的药品，原则上不赔偿。这样，既可以防止任意扩大赔偿范围，造成不必要的浪费，又能使纠纷得到合理的解决。

2. 对误工费的赔偿

学生受到人身伤害，如果监护人因学生受到伤害误工，那么监护人的误工费也应当做出赔偿。

监护人误工日期，应当按受害人实际损害程度、恢复状况并参照法医鉴定或者治疗医院出具的证明等认定。监护人的实际误工日期少于休假证明的，应以其实际的误工日期认定；实际误工日期多于休假证明的，一般应当根据休假证明认定。

监护人确需休养但无休假证明的，可在征求法医或治疗医院的意见后酌情处理。

监护人有固定收入的，误工费的赔偿应当按照其收入的实际损失计算。

3. 对护理费的赔偿

受害人受害后的生活自理能力，一般应以法医的鉴定或者治疗医院出具的证明认定。

受害人生活确实不能自理的，其护理费应予赔偿。

护理期限，可以委托法医鉴定；也可以根据受害人的实际损害程度、恢复状况并征求治疗医院的意见后酌定。

护理人员一般设一至二人，但确有必要的除外。

护理人员有收入的，护理费的赔偿可以按照本意见关于误工费的规定计算。

护理人员无收入的，护理费的赔偿可以按照当地居民平均生活费标准计算。

4. 对交通费和住宿费的赔偿

治疗中的受害人和护理人员花去的合理的交通费和住宿费，应根据实际情况，由加害人赔偿。应当注意的是，交通费和住宿费的支出必须合情合理。转院治疗的交通费、住宿费的赔偿，要有批准手续；护送人员的人数，要以能安全护送为标准。

5. 伙食补助费和营养费的赔偿

根据审判实践经验，对于一般伤害，这两项内容的赔偿应从严掌握，除特殊情况（年幼、年迈或因严重伤害影响进食等）外，一般情况不应包括在赔偿范围之内。伙食补助费不应超过国家工作人员出差补助费的标准。营养费的赔偿，应经治疗的医院或法医的鉴定，并经人民法院核实，确认受害人确需补充营养食品作为辅助治疗的，可以酌情赔偿，但数额不宜过高。

6. 对丧葬费的赔偿

丧葬费，一般包括运尸、火化、普通骨灰盒和一期骨灰存放等费用。

丧葬费，按照侵权行为地的丧葬费标准支付。

死者家属拒不执行有关部门限期殡葬决定而增加的费用，不予赔偿。

死者家属违反有关殡葬的规定，大办丧事增加的费用，不予赔偿。

死亡赔偿金，指应当支付死者家属一定数额的死亡赔偿金。

死亡赔偿金，按照当地居民平均生活费计算，赔偿 20 年。死者不满 16 周岁的，年龄每小 1 岁减少 1 年；70 周岁以上的，年龄每增加 1 岁减少 1 年，最低均不少于 10 年。

侵害人致人残疾的，应当支付一定数额的残疾赔偿金。残疾赔偿金，根据残疾者丧失劳动能力的程度，按照当地居民平均生活费计算。经法医鉴定为一级的，自定残之月起，赔偿 10 年；2 ~ 10 级的，以 10% 的比例依次递减计算。50 周岁以上的，年龄每增加 1 岁减少 1 年，但最低不少于 1 年。

二、学校安全事故鉴定标准

（一）何谓轻伤

轻微伤是人身遭受外界致伤因子作用，造成人体局部组织、器官结构的轻微损伤或短暂的功能障碍；轻伤是人身遭受外界致伤因子作用，造成组织、器官结构的一定程度的损害或者部分功能障碍，尚未构成重伤又不属轻微伤害的损伤。

（二）何谓重伤

重伤是人身遭受外界致伤因子作用，达到《中华人民共和国刑法》第 95 条规定的重伤：使人肢体残废、毁人容貌、丧失听觉、丧失视觉、丧失其他器官功能或者其他对于人身健康有重大伤害的损伤。

（三）人体损伤鉴定标准

1. 轻微伤

中华人民共和国公共安全行业标准 CA/Tl46—1996《人体轻微伤的鉴定》（以下简称"微标"）：

本标准为轻微损伤的下限，上限与《轻伤鉴定标准（试行）》衔接，未达到本标准的为不构成轻微伤（微标 2.6）。

本标准未作规定的轻微损伤，可以比照本标准相应的条款作出鉴定（微标A1）。

2. 轻伤

法（司）发［190］6 号《人体轻伤鉴定标准（试行）》（以下简称"轻标"）：

本标准为轻伤的下限，上限与《人体重伤鉴定标准》衔接。

本标准未作规定的，可以比照相应的条款作出鉴定。

3. 重伤

司（发）［1990］删号《人体重伤鉴定标准》（以下简称"重标"）：

本标准为重伤的下限，上限为重伤害致死：

本标准未作规定的，可以比照本标准相应的条款作出鉴定。

（四）鉴定标准的原则和依据

鉴定原则：实事求是，科学、客观、公正。

鉴定依据：

1. 轻微伤

人体损伤当时的伤情并结合损伤的预后作出综合评定。

2. 轻伤

以外界致伤因子对人体直接造成的原发性损伤及由损伤引起的并发症或者后遗症，全面分析，综合评定。

3. 重伤

对人体损伤当时的伤情、损伤引起的并发症、损伤引起的后遗症进行全面分析、综合评定。

（五）制定标准的依据和目的

1. **轻微伤**

制定《人体轻微伤的鉴定》的依据是《民法通则》和《中华人民共和国治安管理处罚条例》的有关规定，以医学和法医学的理论及技术为基础，结合我国法医工作的实践经验，目的是为鉴定轻微伤提供科学依据（微标2.1）。

2. **轻伤**

制定《人体轻伤鉴定标准（试行）》的依据是《中华人民共和国刑法》有关规定，以医学和法医学的理论与技术为基础，结合法医检案的实践经验制定，目的是为轻伤鉴定提供依据（轻标第1条）。

3. **重伤**

制定《人体重伤鉴定标准》的依据是《中华人民共和国刑法》第95条之规定，以医学和法医学的理论和技术为基础，结合我国法医检案的实践经验，目的是为重伤的鉴定提供科学依据和统一标准（重标第1条）。

（六）鉴定时限

1. **轻微伤**

在被鉴定者损伤消失前作出评定（微标2.5）。

2. **轻伤**

凡须以观察、检测损伤后果为鉴定依据的，包括影响容貌及器官功能的，在医疗终结后进行鉴定（伤后3~6个月）。

3. **重伤**

损伤程度的鉴定，应当在判决前完成（重标第5条）。

（七）比照

1. **轻微伤**

《人体轻微伤的鉴定》未作规定的轻微损伤，可以比照本标准相应的条款作出鉴定（微标A1）。

2. **轻伤**

《人体轻伤鉴定标准（试行）》未作规定的"故意伤害他人身体的"损伤，致人体组织、器官结构轻度损害或者部分功能障碍的，可以比照本标准相关条文（轻标第52条）。

3. **重伤**

符合《中华人民共和国刑法》第95条的损伤，《人体重伤鉴定标准》未作规定的，可以比照本标准相应的条文作出鉴定。前款规定的鉴定应由地（市）级以上法医学鉴定机构作出或者予以复核。

（八）适用法律

1. 轻微伤

适用于一切违反《民法通则》和《中华人民共和国治安处罚法》所造成的人身轻微伤害。

2. 轻伤

适用于《中华人民共和国刑法》第234条第1款规定的"故意伤害他人身体的"损伤以及《刑法》其他有关条文。

3. 重伤

适用于《中华人民共和国刑法》第234条第2款"致人重伤的"损伤，以及《刑法》其他有关条文。

（九）多发（复合）性损伤鉴定的规定

1. 轻微伤

两种接近本标准以上的损伤，可综合评定；同类损伤可以累计（微标A3）。

2. 轻伤

多种损伤均未达本标准的，不能简单相加作为轻伤。若有三种（类）损伤均接近本标准的，可视具体情况，综合评定（轻标第53条）。

3. 重伤

三处（种）以上损伤均接近本标准有关条文的规定，可视具体情况，综合评定为重伤或者不评定为重伤（重标第93条）。

第四节　安全事故的法律责任与诉讼

学生安全事故是在学校教育教学实践中经常遇到的一类教育法律问题。因为对相关的法律知识缺乏必要的了解，以致造成目前有些学校和教师在教育教学中往往胆战心惊、如履薄冰、不知所措，甚至因噎废食，取消了一些必要的教育教学活动。这些问题已经极大地影响了学校正常的教育教学秩序，阻碍了素质教育的正常开展。所以，作为一名教师，有必要对学生伤害事故的一些法律问题有所了解，以便指导自己今后的教育教学工作。

一、学生安全事故的概念

学生安全事故是指发生在对未成年学生承担着教育、管理和保护职责的幼儿园、学校或其他教育机构内，以及虽然发生在幼儿园、学校和其他教育机构之外，但是在由这些幼儿园、学校或其他教育机构组织的教育教学活动中发生的，未成年学生的生命健康受到侵害的事故。

正确理解学生安全事故的概念，我们需要注意以下几个问题。

（一）学生安全事故中学生的范围

学生安全事故中学生的主体范围仅包括其中的未成年学生。究其原因，学生安全事故之所以成为一种民事法律上特殊的侵权行为类型，其特殊性在于在这种事故中的学生行为能力受限，他们对自己行为的意义和后果缺乏正确的判断，同时他们又处在脱离监护人监护的状态，因此在他们身上很容易发生人身损害的侵权结果，应当是侵权行为法着重保护的对象。所以学生的主体范围只能限定在校就读的未成年学生，即无民事行为能力人和限制民事行为能力人。一般的来讲，其包括幼儿园的学龄前儿童、小学生、初中生以及未满 18 周岁的高中生和大学生。我们可以将其概括称为"未成年学生"，即未满 18 周岁的学生。

（二）学生安全事故中学校的范围

在我国的教育体制中，有幼儿园等学前教育机构，也有小学、初中等义务教育机构，同时也存在高中、大学等非义务教育机构；另外，还有少年宫、少年儿童活动中心、少年科技中心、少年业余体校等校外教育机构。按照《教育法》的规定，所有的这些教育机构，实际上都承担着对未成年学生教育、管理和保护的职责。而且在所有这些教育机构中，同样存在着发生未成年学生伤害的可能性。因此，以上的学校和教育机构都应当是适用学生伤害事故条款的学校。那些将幼儿园、大学或其他教育机构排除在外的观点是不正确的。

但值得注意的是，目前还存在着函授学校、网络远程教育学校、电视学校等教育机构，主流的观点认为这些机构是应当被排除在外的。其原因在于这类学校与其他教育机构一个显著的不同就是不存在"面授"形式的教学，因此学生在这种形式下学习一般不会因为学校的原因造成人身健康的损害。综上所述，学校的范围应当包括有未成年学生就读的各级各类学校和教育机构，但函授学校、网络远程教育学校、电视学校等不存在面授形式教学的教育机构除外。

（三）学生安全事故中的主观要件

在界定学生安全事故的范围时并不以学校存在主观过错为要件。在学校没有过错的情况下发生的学生安全事件也属于学生安全事故。因为在极少数的学生伤害事故中即使学校没有过错，也会根据无过错责任和公平责任承担一定法律责任的。

另外，因为学校或者教职工的主观故意引发的学生安全事件也属于学生伤害事故。在目前的教育教学当中，因为学校或教师故意引发的学生伤害事故并不少见，例如目前学校中存在着大量的因为教师故意体罚学生而导致的学生伤害事故。假如这一类的事故不能得到同其他学生伤害事故同等的保护，将极不利于未成年学生的保护。而且，即使因为教师主观故意引发的学生伤害事故社会危害严重，触及了刑律，其民事赔偿的问题依然要由民法来解决，而适用的条款也主要是有关未成年学生伤害事故的条款。所以，不能将因为学校或教师故意引发的学生伤害事故排除在外。

（四）学生安全事故不以发生校园内和正常上课时间的伤害事故为限

学生安全事故是在学校替代学生家长履行教育、监督和保护义务时发生的事故，只要是发生在这个范围内的学生伤害，学校就有可能承担责任。其有可能发生在学校的地域范围之外，例如学校组织的校外参观、校外活动、春游等；也有可能发生在正常的教学时间之外，例如学校对于住宿生在晚上就寝时也应承担管理、保护的职责。再例如学生因为在学校受到教师的侮辱，放学回到家后自杀，虽然事故的发生地点不在学校，时间也不在正常上课时间，但学校依然要为自己没有妥善履行教育、管理和保护的职责而承担相应的法律责任。

二、学生安全事故的有关法律渊源

所谓学生安全事故的有关法律渊源，是指学生伤害事故发生后，在决定学生伤害事故的责任承担时应当遵循的法律依据。目前在我国并没有一部系统的专门关于学生伤害事故认定和处理方面的法律，但也并不是无法可依。涉及到学生伤害事故的法律规定主要有以下几种。

（一）《宪法》

《中华人民共和国宪法》（简称《宪法》）是我国的的根本大法，具有最高的权威和法律效力，任何法律、法规都不得与它相抵触。《宪法》第 19 条关于发展我国教育事业的规定是有关教育法规的最高表现形式。与《宪法》的基本精神相违背的法律法规，当属无效。

（二）法律

1. 民法的有关规定

《中华人民共和国民法通则》第 119 条规定："侵害公民身体造成侵害的，应当赔偿医疗费、因误工减少的收入、残废者生活补助费等费用；造成死亡的，应当支付丧葬费、死者生前抚养人的必要的生活费用等费用。"第 132 条规定："当事人对损害没有过错的，可以根据实际情况，由当事人分担民事责任。"

最高人民法院《关于贯彻执行〈民法通则〉若干问题的意见》第 160 条规定："在幼儿园、学校生活、学习的无民事行为能力人或者在精神病院治疗的精神病人，受到伤害或者给他人造成损害，单位有过错的，可以责令这些单位适当给予赔偿。"

《最高人民法院关于审理人身损害赔偿案件适用法律若干问题的解释》的第

7 条规定："对未成年人依法负有教育、管理、保护义务的学校、幼儿园或者其他教育机构，未尽职责范围内的相关义务致使未成年人遭受人身损害，或者未成年人致他人人身损害的，应当承担与其过错相应的赔偿责任。第三人侵权致未成年人遭受人身损害的，应当承担赔偿责任。学校、幼儿园等教育机构有过错的，应当承担相应的补充赔偿责任。"

2. 教育法的有关规定

《中华人民共和国教育法》第 44 条规定："学校及其他教育机构应当完善体育、卫生、保健设施，保护学生的身心健康。"

《中华人民共和国教师法》第 8 条规定："教师应当制止有害于学生的行为或者其他侵害学生权益的行为，批评和抵制有害于学生健康成长的现象。"

《中华人民共和国义务教育法》第 16 条规定："禁止体罚学生，对违反规定造成损失的，责令赔偿损失。"

3. 其他法律的有关规定

与学生伤害事故有关的还有《中华人民共和国未成年人保护法》、《中华人民共和国预防未成年人犯罪法》、《中华人民共和国刑法》等法律中的相关条款。

（三） 法规和规章

由教育行政部门和地方行政机关和权力机关制定的法规和规章，也是处理学生伤害事故的重要法律依据。

教育部在 2002 年专门颁布了《学生伤害事故处理办法》，比较系统、全面地对学校处理学生伤害事故的有关问题做了具体的规定，但因为其法律效力比较低，目前在民事诉讼中仅能起到参照适用的效力。但学校应当无条件地按照该办法的有关要求开展相关工作。

此外，《上海市中小学生伤害事故处理条例》、《北京市中小学生人身伤害事故预防与处理条例》等地方性法律规范在处理当地的学生伤害事故时都是重要的法律依据。

三、学生安全事故的法律责任

按照有关法律的规定，对学生伤害事故负有责任的当事人承担责任的法律形式主要有刑事责任、民事责任和行政责任等几种。

（一） 刑事责任

在学生伤害事故中，如果当事人的行为触犯刑法，构成犯罪时，应当由有关的部门追究其刑事责任。与民事责任不同的是，如果当事人触犯了刑法，即使受害人没有要求追究其刑事责任，公安、检察等司法部门也应当根据职权主动立案，进行查办。刑事责任的具体形式有死刑、无期徒刑、有期徒刑、拘役和管制等形式。

（二）民事责任

按照有关法律和司法解释，当学生伤害事故给当事人造成经济和精神上的损失时，有关责任人应当对受害学生因就医治疗支出的各项费用以及因误工减少的收入，包括医疗费、误工费、护理费、交通费、住宿费、住院伙食补助费、必要的营养费予以赔偿。

受害学生因伤致残的，其因增加生活上需要所支出的必要费用以及因丧失劳动能力导致的收入损失，包括残疾赔偿金、残疾辅助器具费、被扶养人生活费，以及因康复护理、继续治疗实际发生的必要的康复费、护理费、后续治疗费，赔偿义务人也应当予以赔偿。

受害学生死亡的，赔偿义务人除应当根据抢救治疗情况赔偿相关费用外，还应当赔偿丧葬费、被扶养人生活费、死亡补偿费以及受害人亲属办理丧葬事宜支出的交通费、住宿费和误工损失等其他合理费用。

受害学生或者近亲属遭受精神损害，赔偿义务人应当根据《最高人民法院关于确定民事侵权精神损害赔偿责任若干问题的解释》支付精神损害赔偿金。

《学生伤害事故处理办法》还同时规定，学校对学生伤害事故负有责任的，根据责任大小，适当予以经济赔偿，但不承担解决户口、住房、就业等与救助受伤害学生、赔偿相应经济损失无直接关系的其他事项。因学校教师或者其他工作人员在履行职务中的故意或者重大过失造成的学生伤害事故，学校予以赔偿后，可以向有关责任人员追偿。

（三）行政责任

根据《学生伤害事故处理办法》的有关规定，发生学生伤害事故，学校负有责任且情节严重的，教育行政部门应当根据有关规定，对学校的直接负责的主管人员和其他直接责任人员，分别给予相应的行政处分。其责任形式主要有撤职、降职、开除、记过、警告等。

四、学生安全事故的民事归责原则

依据我国现行法律的有关规定，学校在学生伤害事故中应当承担过错责任，即有过错担责任，无过错无责任。而无过错责任和公平责任仅在法律规定的特殊情况下才能适用于学生伤害事故。

（一）过错责任在学生伤害事故中的适用

学生伤害事故的一般归责原则是过错责任，即学校应当根据自己在学生伤害事故中的过失大小承担民事赔偿责任。如果学校的过错是学生发生伤害的唯一原因，学校就要承担全部的赔偿责任；如果学校的过错是学生发生伤害的部分原因，学校就要根据自己过错承担部分的赔偿责任；如果学校对于学生伤害事故的发生没有任何过错，就不应承担赔偿责任。

学生伤害事故中的过错包括故意和过失。故意是指学校或者教职工明知自己的行为会发生学生伤害的结果，并且希望或者放任这种结果发生，例如教师体罚学生导致学生受伤。过失又分为疏忽大意的过失和过于自信的过失。疏忽大意的过失学校或教职工应当预见自己的行为可能发生学生伤害的结果，但因为疏忽大意而没有预见，以致发生这种结果的。例如教师在课堂进行化学实验演示时，不慎烫伤坐在前排的同学。过于自信的过失是指学校或教职工已经预见自己的行为可能发生学生伤害的结果，但因为过于自信而轻信能够避免，以致发生这种结果的。例如某校长在有教师向其提醒教学楼楼道的电灯发生故障应及时修理后，并没有及时安排电工修理，以致当晚学生晚自习下课时楼梯处过于黑暗，发生多人伤亡的踩踏事故。

在《学生伤害事故处理办法》中，具体规定了学校应当根据过错承担相应责任的12种具体情形：（1）学校的校舍、场地、其他公共设施，以及学校提供给学生使用的学具，教育教学和生活设施、设备不符合国家规定的标准，或者有明显不安全因素的；（2）学校的安全保卫、消防、设施设备管理等安全管理制度有明显疏漏，或者管理混乱，存在重大安全隐患，而未及时采取措施的；（3）学校向学生提供的药品、食品、饮用水等不符合国家或者行业的有关标准、要求的；（4）学校组织学生参加教育教学活动或者校外活动，未对学生进行相应的安全教育，并未在可预见的范围内采取必要的安全措施的；（5）学校知道教师或者其他工作人员患有不适宜担任教育教学工作的疾病，但未采取必要措施的；（6）学校违反有关规定，组织或者安排未成年学生从事不宜未成年人参加的劳动、体育运动或者其他活动的；（7）学生有特异体质或者特定疾病，不宜参加某种教育教学活动，学校知道或者应当知道，但未予以必要的注意的；（8）学生在校期间突发疾病或者受到伤害，学校发现，但未根据实际情况及时采取相应措施，导致不良后果加重的；（9）学校教师或者其他工作人员体罚或者变相体罚学生，或者在履行职责过程中违反工作要求、操作规程、职业道德或者其他有关规定的；（10）学校教师或者其他工作人员在负有组织、管理未成年学生的职责期间，发现学生行为具有危险性，但未进行必要的管理、告诫或者制止的；（11）对未成年学生擅自离校等与学生人身安全直接相关的信息，学校发现或者知道，但未及时告知未成年学生的监护人，导致未成年学生因脱离监护人的保护而发生伤害的；（12）学校有未依法履行职责的其他情形的。

对于学校没有过错的学生伤害事故，责任应当由对于引发学生伤害负有过错的当事人承担或学生监护人自行承担。

（二）无过错责任在学生伤害事故中的适用

无过错责任是指没有过错，但法律规定应当承担民事责任的，应当承担民事责任。学校只有在法律规定的特殊情况下，才会承担无过错责任。此时只要学生的损害是由于学校的行为所致，不论学校有无过错都要承担民事责任。除非学校在证明自己无过错的同时，能够证明学生伤害是由于受害学生的故意、第三人故意、不可抗力所致，则学校不承担民事责任。无过错责任在学生伤害事故中的适用范围极其有限，仅在以下法律规定的情形下才可以适用：

第一，学校进行高危作业所致的学生伤害事故。这主要是指学校的高压、易燃、易爆、剧毒、放射性等高危作业导致的学生伤害。例如学校教室中的电源开关漏电导致学生发生了触电事故。

第二，因学校原因产生的环境污染所导致的学生伤害事故。例如学校化学实验室排放的实验废液污染环境导致学生中毒事故。

第三，学校饲养的动物导致的学生伤害事故。例如学校饲养的狼狗将学生咬伤。

（三）公平责任在学生伤害事故中的适用

公平责任是指当事人对造成损害都没有过错的，可以根据实际情况，由当事人分担民事责任。它适用于没有过错方的意外事故，但在学生伤害事故中是否可以适用公平责任原则，目前无论在理论界还是司法实践中都存在着巨大的意见分歧。例如学生在体育课跳绳时不慎跌倒受伤，如果适用公平责任，学校就要承担部分的赔偿责任，如果不适用公平责任，就要由学生自行承担受伤造成的经济损失。

本书认为在学生伤害事故中可以适用公平责任。因为在《民法通则》第132条明确规定了公平责任的适用范围是当事人都没有过错的情况，这种情况并没有将学生伤害事故排除在外。而且公平责任的立法原意在于如果有负担能力的无过错一方此时分担适当的损失，就会协助受害人渡过难关，有利于社会的稳定。此时如果有负担能力的学校能为受伤害学生分担部分经济费用，就会减轻学生家庭的压力，有利于社会公平，有利于社会安定。在这种情况下，学校并非对事故的发生负有责任，而是承担了一种分担损失的责任。

在确定公平责任原则在学生伤害事故中的适用范围时应注意以下几点：首先，事故的发生应的确与学校直接有关，例如在学生自行上学、放学、返校、离校途中发生的与学校无直接关系事故等情况应排除在外；其次，要求学校和学生双方对事故的发生都不存在过错，如果损害的发生归因于加害人或第三人的过错时应由加害人或第三人承担民事责任；再次，要求事故的确造成了实际的经济损失，而且这种损失应是受害学生家庭在经济上无力承担或者难以承担的；最后，学校依公平责任原则承担的责任仅限于因学生受伤而引起的财产损失，而不应包括精神损害赔偿。

在学生伤害事故中适用公平责任原则划分具体经济损失分担时应当注意，公平责任原则绝不是指绝对的平均分担，而是根据实际情况来确定。这里的实际情况是指受害人的损害程度、双方的经济状况、承受能力和社会舆论等等。例如损害应当达到相当的程度，如果学校不分担损失则受害人将受到严重的损害，且有悖于民法的公平、正义观念时，才考虑适用公平责任原则。再例如对于一个教育经费严重不足、教师工资也难以保障及时发放的学校，一般就不应根据公平责任原则承担经济损失分担的责任。

五、安全事故的处理程序

所谓事故处理程序是指事故处理主体处理学生伤害事故时应当遵循的方式、步骤、时限和顺序。目的是保证公正合理地处理学生伤害事故。

一般来讲安全事故的处理程序包括告知、救援、事故报告、指导与协助、调解、诉讼等程序。

（一）告知

告知分两种情况：对未成年学生的伤害事故必须履行告知义务；对成年学生的伤害事故，学校可根据实际情况来决定是否告知其父母或其他家人；要根据受伤害情况和学生本人意愿等因素决定，有时学生受伤害严重，即使学生表示不愿意告诉家里人，但鉴于学生本人没有稳定的经济来源、需有人照顾等，学校也要通知学生家长或其他家人知晓。

（二）救助

学校救助义务，就是发生学生伤害事故后，学校不能先论过错和责任，首先要做的是尽快救助受伤害学生。

（三）报告

报告是指学校和教育行政部门有对学生伤害、伤亡事故报告的职责。

（四）指导、协助

指导、协助是指教育主管部门指导、协助处理学生伤害事故的规定。

（五）协商、调解和诉讼

按照我国法律的规定，解决民事侵权争议的方式大体上有三种，即协商、调解和诉讼。

（1）协商是争议各当事方在自愿的基础上，按照有关法律、政策规定，直接进行磋商或谈判，互谅互让达成解决争议的协议。这种解决争议方式的最大特点是没有第三人介入，而完全依靠双方当事人自己解决，争议能否解决取决于当事人的意愿。

（2）调解也是解决民事争议的非司法解决方式。所谓调解是指学生伤害事故当事各方在第三人主持下，通过其劝说诱导，促使事故争议的当事各方在自愿基础上互谅互让，达成协议解决争议的一种方法。调解与协商的区别是调解有第三人介入，协商没有第三人介入。调解与协商都是以当事双方的自愿为原则，调解人只能说服劝导而不能自主做出有约束力的决定，争议能否解决最终还是取决于争议双方能否达成协议。调解按照调解主持人的身份不同，可以分为民间调解、行政调解、仲裁调解和法院调解。

（3）诉讼俗称打官司，是通过法院解决社会纠纷的一种最有权威和最有效的机制。民事诉讼是法院、当事人和其他诉讼参与人，在审理民事案件的过程 中所进行的诉讼活动。与协商和调解相比，民事诉讼是解决学校与受伤害的学生或学生家长之间事故赔偿争议的终局性方式。因此，受伤害学生或者未成年学生的监护人若不同意协商、调解，可以依法直接提起民事诉讼，来维护自己的合法权益。

六、安全事故的责任追究与认定

（一）社会的责任

《中华人民共和国未成年人保护法》第一章第六条规定："保护未成年人，是国家机关、武装力量、政党、社会团体、企业事业组织、城乡基层群众性自治组织、未成年人的监护人和其他成年公民的共同责任。

对侵犯未成年人合法权益的行为，任何组织和个人都有权予以劝阻、制止或者向有关部门提出检举或者控告。

国家、社会、学校和家庭应当教育和帮助未成年人维护自己的合法权益，增强保护自我的意识和能力，增强社会责任感。"

本条款是关于保护未成年人是全社会的共同责任的规定。

未成年人正处于生理和心理上的生长发育的关键年龄阶段，当他们从未成年向成年过渡，由不成熟到逐渐成熟的时候，非常需要来自社会各方面的保护。这里所说的保护，主要指的是对未成年人合法权益的保护，即对未成年人的人身权、财产权及其他合法权益的保护。由于未成年人担负着跨世纪的建设者的神圣使命，加之他们正处于生长发育期间，具有特殊的生理和心理特征，需要得到特别的关心和爱护。我国目前尚处于社会主义初级阶段，受到旧的思潮的影响还很深，在不少公民中，尊重、爱护和保护未成年人健康成长的意识不强，保护未成年人合法权益的自觉性不够，侵犯未成年人人身、财产和其他合法权益的行为经常发生，严重阻碍着未成年人的健康成长。这就证明了未成年人保护工作任重道远。因此，要做好未成年人的保护工作，仅仅依靠社会的某一方面或者某几个方面的努力是不够的，需要全社会的共同努力。

为此，法律明文规定：国家保障未成年人的人身、财产和其他合法权益不受侵犯。保护未成年人，是国家机关、武装力量、政党、社会团体、企业事业组织、城乡基层群众性自治组织、未成年人的监护人和其他成年公民的共同责任。对侵犯未成年人合法权益的行为，任何组织和个人都有权予以劝阻、制止或者向有关部门提出检举或者控告。国家、社会、学校和家庭应当教育和帮助未成年人运用法律手段维护自己的合法权益。这一规定的立法精神显然在于——全社会都有责任保护未成年人。

（二）学校与教育机构的责任

学校责任是指由于学校或者从事职务行为的教师及其他工作人员的过错行为（包括作为和不作为）导致学生伤害事故应承担的民事责任。一直以来，人们已经形成一种固定的模式，一旦出现学生伤害事故，往往被认为是由于学校在教育管理上的失误所致，并由此认定学校应对此承担一定的损害赔偿责任。学校事故责任认定不清，不论对学校和教育工作者的积极性，对教育改革和发展，还是对法律精神的捍卫和法治国家建设都将带来严重的消极影响。因此，对学生伤害事故中学校责任和赔偿范围作科学界定（即对校方过错作科学认定），已成为正确解决类似法律纠纷的一个核心问题。

《学生伤害事故处理办法》出台后，对学生伤害事故的学校责任作了明确规定，基本上明确了学校的责任范围。依据规定，下列行为学校必须承担相应的责任：

（1）学校的校舍、场地、其他公共设施，以及学校提供给学生使用的学具、教育教学和生活设施、设备不符合国家规定的标准，或者有明显不安全因素的；或者学校没有按照有关规定为学生设置各种必备的生活设施、设备，如厕所和洗手设施，寄宿制学校的洗漱、洗澡等卫生设施的。

（2）学校的安全保卫、消防、设施设备管理等安全管理制度有明显疏漏，或者管理混乱，存在重大安全隐患，而未及时采取措施的。

（3）学校向学生提供的药品、食品、饮用水等不符合国家或者行业的有关标准、要求的。

（4）学校组织学生参加教育教学活动或者校外活动，未对学生进行相应的安全教育，并未在可预见的范围内采取必要的安全措施的。

（5）学校知道教师或者其他工作人员患有不适宜担任教育教学工作的疾病，但未采取必要措施的。

（6）学校违反有关规定，组织或者安排未成年学生从事不宜未成年人参加的劳动、体育运动或者其他活动的。

（7）学生有特异体质或者特定疾病，不宜参加某种教育教学活动，学校知道或者应当知道，但未予以必要的注意的；在安排体育课以及劳动等体力活动时，应当注意而未注意女学生的生理特点的。

（8）学生在校期间突发疾病或者受到伤害，学校发现，但未根据实际情况及时采取相应措施，导致不良后果加重的。

（9）学校教师或者其他工作人员体罚或者变相体罚学生，或者在履行职责过程中教职员擅离工作岗位、虽在工作岗位但未履行职责，或者违反工作要求、操作规程、职业道德或者其他有关规定的。

（10）学校教师或者其他工作人员在负有组织、管理未成年学生的职责期间，发现学生行为具有危险性，但未进行必要的管理、告诫或者制止的。

（11）对未成年学生擅自离校等与学生人身安全直接相关的信息，学校发现或者知道，但未及时告知未成年学生的监护人，导致未成年学生因脱离监护人的保护而发生伤害的。

（12）学校组织体检获取学生身心异常或其他可能危及学生人身安全的有关信息，未及时告知学生本人或未成年学生监护人的。

（13）不具备法定设立条件，未按照国家有关规定办理审核、批准、注册或者备案手续而非法设立教育机构，因欠缺相应条件而未能尽到教育、管理、保护义务致使未成年人发生人身损害或者造成他人人身损害的。

（14）法规确定的教育机构的其他教育、管理、保护义务。

这样一来，以往那种凡是出现学生伤害事故学校无一例外都要承担法律责任的观念和做法可望得到较大改善，从而有利于学校的生存与发展。

（三）第三人责任

第三人责任是指学校及受害方之外的主体由于过错造成学生伤害事故而应承担的责任。第三人责任包括两种情况，一是在学校安排学生参加的活动中，因提供场地、设备、交通工具、食品及其他消费与服务的经营者，或学校以外的活动组织者的过错造成学生伤害事故而应承担的责任；二是在校学生由于过错给其他学生造成伤害事故而应由本人或者其监护人承担的责任。

需要指出的是，学生伤害事故的发生，其责任并非一定是某类责任主体单独承担的，也可能是两类甚至三类主体共同承担。这就涉及到责任的有无及责任的大小问题。在这种情况下，就应当根据三类主体的行为与损害后果之间的关系及行为过错程度的比例来分担责任。其他主体的行为与结果之间有因果联系及其行为有过错，就成为自己法定的减责或免责条件，即法律责任免除的合法条件。对于其他主体的减责或免责条件这里不加赘述。对于在学生伤害事故中具有特殊地位的主体（即学校）而言，其减责或免责条件主要包括不可抗力、意外事件及第三人的过错。

不可抗力是指独立于人的行为之外，并且不受当事人的意志支配的力量，它包括某些自然现象（如地震、台风、洪水、海啸等）和某些社会现象（如战争等）。不可抗力作为免责条件的依据是，让人们承担与其行为无关而又无法控制的事故后果，不仅对责任的承担者来说是不公平的，也不能起到教育和约束人们行为的积极后果。但是，不可抗力作为免责条件，必须是不可抗力构成了损害结果发生的原因。只有在损害完全是由不可抗力引起的情况下，才表明学校的行为与损害结果之间无因果关系，同时表明学校没有过错，因此应被免除责任。意外事件是指非当事人的故意或者过失而偶然发生的事故。不可预见性、偶然性和不可避免性是意外事故的基本条件。对于这类事件，学校尽管合理注意也难以预见到。因此，学校没有过错，可以使其免除责任。第三人的过错是指除学校和受害学生之外的第三人，对学生损害的发生或扩大具有过错。这种过错包括故意和过失。例如，学校由于管理不善，导致学生在玩耍时被打伤，作为打架一方的肇事学生就是第三人。在这类案件中，第三人的过错是减轻或者免除学校责任的依据。

（四）学生及未成年学生监护人的责任

学生及未成年学生监护人的责任是指学生及未成年学生的监护人由于过错造成学生伤害事故而应承担的责任。主要包括以下几个方面：①学生违反法律法规的规定，违反社会公共行为准则、学校的规章制度或者纪律，实施按其年龄和认知能力应当知道具有危险或者可能危及他人的行为的；②学生行为具有危险性，学校、教师已经告诫、纠正，但学生不听劝阻、拒不改正的；③学生或者其监护人知道学生有特异体质，或者患有特定疾病，但未告知学校的；④未成年学生的身体状况、行为、情绪等有异常情况，监护人知道或者已被学校告知，但未履行相应监护职责的；⑤学生或者未成年学生监护人有其他过错的；⑥学生自杀、自伤的。从法的角度明确规定学生及未成年学生的监护人在造成学生伤害事故当中的法律责任，既有利于学生及未成年学生监护人提高安全意识，减少事故发生，也有利于发生事故后责任的认定，有利于学校教育教学工作。

另外，某些学生伤害事故既不是学校造成的，也不是学生方面或校外主体造成的，而是由于不可抗力、具有对抗性或风险性的体育竞赛活动或者其他意外因素造成的，就无法律责任可言。在这种情况下，既不适用民法上的过错责任原则和无过错责任原则，其实也没有法律依据可以适用民法上的公平责任原则，所造成的损失只能由受害方自己承担。学校如果有条件的话，可以根据实际情况，本着自愿和可能的原则，对受伤害学生给予适当的经济及其他方面的帮助。

第四章　校园安全教育的实施

从经验来看，成功的学校安全教育往往是利用各种教育形式和教育手段，以生动活泼、形式新颖、内容丰富的方式，来实现安全这一严肃的课题。中小学校必须富有针对性和实效性地开展安全教育活动，才能对安全工作起到支撑和推动作用，才能成为学校安全工作的支点和杠杆。本章将从学校安全教育主题活动方案的确定及安全教育主题活动的形式及案例精选加以阐述，希望以此抛砖引玉，能提供有益的借鉴。

第一节　安全教育主题活动方案的确定

确定活动主体方案是制定一个好的方案的前提。活动主体方案的确定包括六方面的内容，分别是：活动创意、活动主题策划、活动内容策划、活动形式策划、活动方案的制定和活动的组织与实施。下面我们分别从这六个方面加以阐述。

一、活动创意的确定

创意是什么？创意是对传统的叛逆，是打破常规的哲学，是大智大勇的同义，是导引递进升华的圣圈，是一种智能的拓展，更是一种文化的底蕴。简而言之，创意就是具有新颖性和创造性的想法，而且也是各种工作以及活动取得成功的关键。有了一个好的创意，事情就成功了一半。安全教育活动同样离不开合理的安排、精心的设计、巧妙的构想。因此，形成一种清晰合理、开拓创新的思维轨迹是设计安全教育日活动的基础。

1. 策划活动方案的程序

策划活动方案，科学的程序是：最初的想法——反馈过程——完美的构思。

（1）最初的萌想

最初的想法包括以下程序：想出点子；活动方案的筛选；活动方案草拟。

（2）反馈的过程

反馈，在制定活动方案的过程中是极重要的方面。因为"最初的萌想"向"完美的构思"过度是通过它来完成的。反馈还直接关系到活动的效果和活动的成败。

（3）完美的构思

完美的构思的形成包括完成细节和最后决策。

决策后的方案，一般比较成熟、完美。方案不再是草拟的，而是按照一定的格式，被正式书写。

2. 活动创意的方法

就活动设计而言，方法，就是具体活动设计操行的办法。一般来说，有以下几种具体做法：

（1）由微观到宏观。即由小的活动到大型综合活动。

（2）由宏观到微观。这种方法在设计活动时，从大处着眼，然后具体发散至每一个小活动，带动小型活动的活跃。

（3）系统论方法。这一方法讲的是将活动作为一个整体进行设计。它要求活动涉及的内容彼此要相互衬托、相互辉映、浑然一体，即相关、有序、协调一致。系统论强调整体和全局，也就是说在活动设计时，要整体思考和编排。

（4）结构论方法。结构论方法强调并注重活动的结构和要素的最佳组合。它要求设计者必须在详细分析每一具体内容、具体人员、具体节奏等多方面因素的基础上，将这些因素精心排列，反复思考，对设计的方案进行拆分组合，才能使这项活动取得最后的成功。否则很容易出现问题。

活动设计的方法，多种多样，我们这里只介绍这么几种，仅供参考。

3. 安全教育活动的原则

（1）目的性和适应性

指教学活动策略对于实现活动目的的适合和有效程度，指安全教育活动对于活动内容、活动主体、活动过程及其规律的契合与适宜程度。

（2）共性化与个性化

活动要遵循活动规律，并对不同的对象、不同的内容、不同的环境选择不同的活动形式。

（3）稳定性与灵活性

既保持活动的稳定进行又在活动中不断调节，以达成目标。

（4）创新性和技巧性

将活动思想和理念指导下的活动目标转化为方式、程序、手段等具体行为需要的是创新；将活动目标分解整合的技巧表达了教师的艺术构思。

4. 安全教育活动创意准备阶段的六个方面

（1）确定目标，选择目标"动词"。

（2）分解"目标动词"的构成。

（3）感悟目标的"核心"（以问题为中心）。

（4）设计达成目标的"问题式表述"，充分体现知识性、趣味性、科学性、探究性、思考性、多角度性、转化性和多层次性。

（5）致使智力活动方式转化为个体认识和体验。

（6）找出知识的兴奋点和学生兴趣的激发点的组合要素。

二、活动主题策划

活动的主题是活动的指导思想、宗旨、目的要求等最凝练的概括与表述，是统领活动各个环节的"纲"，并贯穿活动始终。它是活动最精髓的部分，在一定程度上影响活动内容的安排以及活动形式的选择和其他诸要素的设计。对于一个活动参加者来说，一个富于人生哲理，具有青春气息，能激发青年奋进的主题，完全可以使他们激动不已，并能起到激励和吸引他们来参加活动之功效；对于教师而言，一个好的活动主题同样可以激发起进一步规划好活动的内容和形式的积极性。从这个意义来说，主题的策划是相当重要的，我们一定要弄明白什么是主题、怎样掌握主题和策划主题的技巧。

1. 主题的提炼

主题的策划，是活动的设计者不断开拓安全教育的活动的领域、不断思考提炼的过程。主题的提炼，首先要求我们针对活动的指导思想、目的要求、宗旨进行反复的研究，从中概括、提炼出符合活动要求、恰如其分的活动主题。我们说研究得越充分、越明晰，就越能迸发出好的活动主题来。主题提炼应注意以下问题。

（1）主题提炼的时代旋律

主题应有鲜明的思想性，与改革开放的伟大时代合拍。

（2）主题提炼应富于人生哲理

学生最大的特点就是善于思考，尤其是对人生的思索最多，而且关于人生的话题又是十分广泛而具体的。在学生当中开展这类活动会对青年的人生观、价值观的建立产生积极影响。

（3）主题提炼与实际工作相联系

主题应该反映我们工作、学习、生产劳动的实际。

（4）主题应注意科学性、可行性

我们在提炼主题时，要切忌不符合实际的提法和空洞的豪言壮语。主题一般应是我们工作实际的反映，提出的口号与目标应可行。

2. 主题的艺术化

为了使主题达到能激励人、鼓舞人的作用，主题的表述必须是艺术化的语言。不管是主题的内容，还是主题的形式都要经过一定的艺术加工和锤炼。经过提炼后的主题，应简练、新颖、流畅、易记、上口，并能很好地表达出我们的意图。

（1）借用法

借用我们熟知的名人名言、警句和现实生活中一些闪光的语言作为活动的主题。要特别注意，这些语言要使用得贴切、恰如其分，不能滥用。如果不能充分表达活动主题的意义和内涵，再深刻、再动人的语言也不是主题所需要的。这些语言的借用会使活动主题更深刻、更美好、更感染人，也更能说明问题，在一定程度上会大大提高活动本身的质量。

（2）归纳提炼法

就是通过我们对活动的指导思想、目的要求、宗旨的归纳，总结提炼出活动主题的方法。

（3）加工、锤炼法

就是利用一些修辞知识优化主题的方法。这种方法可以使活动主题上口、动听、深刻，而且有一定的内涵，不流于直露、简单。

三、活动内容策划

活动的内容，是活动的主体部分。主题确立后，内容的安排是十分重要的。有了鲜明的活动主题，还必须有与主题相配合的恰当的内容，通过内容去体现主题，使活动达到预期的效果。

1. 活动内容的选定

活动内容的选定，大致有两方面的考虑：

（1）学校在一定时期的中心工作。

（2）满足学生需要，捕捉学生"兴奋点"。

2. 活动的内容要求

（1）内容紧扣主题，服务于主题

内容的策划要紧紧围绕主题这个轴心，为主题服务，而不游离于主题之外，使内容与主题脱节。内容必须说明主题，服务于主题，并受主题的制约。一个成功的活动，必须是主题、内容乃至形式的统一，如果内容不能充分反映主题的要求，在活动的进行过程中，就会改变我们最初制定的活动宗旨和目的要求，使得活动的性质发生变化而出现南辕北辙的现象，最终导致活动失去控制。

（2）内容的确定应具有可行性

策划安全教育活动内容要胸怀全局，从实际出发，充分考虑参加活动人员的思想基础、活动能力、文化素质和兴趣、爱好、体力等方面，对活动进行可行性研究。一方面我们要尽量摒弃活动内容策划上的空想成分；另一方面我们还必须保证活动内容有一定的深度和超前性，并达到一定的水平。这就需要我们把握好活动内容策划上的"度"。对内容进行可行性研究，是活动成败的关键。

（3）内容应具有系统性

活动内容要有系统性，是指活动本身的有序性与完整性。它要求我们在整体安排安全教育的活动内容时，要充分考虑学生的承受能力，循序渐进，内容的难易程度应由低层次向高层次逐步提高，一步一个脚印，步步扎实。同时，注重活动内容的完整性，内容的安排上要连贯、一致，不能支离破碎、首尾相互矛盾，要使活动形成一个统一的整体。

3. 活动内容策划的原则

内容的策划，还要遵循一定的原则进行，讲究内容策划的艺术性，这样才能保证突出主题，服务主题，并取得良好的效果。

（1）强化活动内容的竞争性，以烘托气氛。

（2）强化活动内容的鲜活性，以产生吸引效应。

（3）强化活动内容的新奇性，以产生实效。

（4）强化活动内容的审美，以提高档次。

四、活动形式策划

活动形式的策划，是为活动主题和内容寻找一个完美的表达方式，使主题与内容得到更充分的表现。辩证唯物主义认为，内容和形式是对立统一的。一方面内容决定形式，有什么样的内容，就有什么样的形式；另一方面，形式对内容又有反作用。

1. 活动形式策划原则

形式的策划和内容的策划一样，也要遵循一定的原则来进行。形式的策划应有以下几个原则。

（1）求异的原则

安全教育的活动形式应新颖、别致，不落俗套，讲求形式美，让学生喜闻乐见。最重要的是活动的设计者在策划形式时，要遵循这一原则：避求同而求异。

（2）求变的原则

变则新，不变则腐。所谓"变"，就是变化多端、花样翻新。系统论认为，在组成系统要素已经确立，且环境不变的情况下，系统的优劣取决于系统的结构。这就告诉我们，在开展活动的各种形式要素已经确立的情况下，我们只要改变一下活动形式的结构，就会有新的活动产生。

（3）求"优"的原则

求"优"，就是使活动形式达到最佳程度。这就需要我们利用优选法，在两个或两个以上活动形式中进行比较鉴别，举其形式最优者而用，这是安全教育活动形式酝酿"优生"的重要保证。

（4）求"当"的原则

组织活动应考虑条件、环境，同时，也要根据参加人员的文化素质、年龄特征、学习特点，而采取适当、适宜的形式。

2. **活动形式的节奏及其他要素**

任何一项安全教育活动，其形式上都有其内在的节奏，无论其变化多么无穷无尽，总要有一个完整的过程和把握过程的调控原则。

（1）活动节奏

在形式上，安全教育活动运行当中一般都有开始、发展、高潮、结尾四个阶段。客观上，它保证了安全教育活动有张有弛、曲折起伏、静动结合，既紧张又活泼，并富于跌宕感。我们要充分认识这四个阶段的不同作用，分清轻重缓急，适当安排，体现出对活动本身的调节。

（2）活动的其他要素

设计的活动，除了充分考虑主题、内容、形式要素之外，还应注重活动的其他要素的安排、策划，如人的要素——学生，以及时间要素、地点要素。这些要素的变化，会对活动产生一定的影响。其他要素的策划是活动的整体策划中有机的组成部分。

五、活动方案的制定

活动方案是活动设计中不可缺少的一笔。它是在活动的主体、内容、形式认真提炼、选定的基础上推出的完整可行的活动过程计划。

1. **活动方案的制定**

（1）拟定活动方案的提纲

活动方案的完成要经过粗略的设想到精细的雕琢。为此活动方案的制定中不可缺少的一笔便是拟定活动方案的提纲。活动方案的提纲一般包括以下几个方面的内容：

①活动的主题或活动标题（题目）。

②活动的目的、宗旨、指导思想。

③活动的组织单位、协办单位。

④活动的经费（预算）及来源。

⑤活动拟请的专家、领导、佳宾及有关人员。

⑥活动的内容、形式、步骤（过程及日常安排表）。

⑦活动的时间、地点、参加人（包括主持人）。

⑧活动如何筹备。

⑨活动如何组织。

⑩活动的具体要求及注意事项。

拟出活动提纲后，主办者在活动提纲的基础上进一步细化有关方案的事项，特别是活动的内容、项目不仅要详细研究修订，而且活动的具体形式、最佳表现，活动的具体推进及制造高潮，调动哪些力量等应是重点研究的问题。细化研究之后，主办者还要对较详细的方案进行心理试验和推演，最后形成最佳方案并形成文件性的东西。

（2）活动方案的原则

①统一性原则。即：活动的主题、内容、形式、时间、环境等相统一。

②量化、细化原则。任何活动方案都不能"大概其"，它的每一项都应该进行具体而详尽的安排和制定。

③可行性原则。活动方案制定后，应保证得以顺利进行和推进，方案不能过高，内容不能过大，形式不能过难。

（3）活动方案制定应注意的问题

①活动方案制定要充分考虑活动主体，根据特定对象，制定活动的主题、内容、形式等。

②活动方案制定时，在时间上不能将活动战线拉得过长，否则活动容易虎头蛇尾。

③活动的规模要适中。

④活动方案应注意体现自身特点。

六、活动的组织与实施

活动的准备、活动的进行和活动的总结是统一的活动过程前后相继的三个阶段，而其中每一阶段的具体实施，都有较强的操作性和技巧性。

1. 活动的准备——成功的前提

这里所说的活动准备，主要是指在落实活动计划的过程中，所做的物质准备和舆论准备等具体工作。

（1）活动的舆论准备

开展活动之前的舆论准备工作，是必须认真研究、细致安排、充分做好的一项重要工作。舆论工作准备得充分、扎实，等于活动成功了一半。当活动开展时，他们就更容易进入角色，激发起参加活动的热情和信心，增强了主动性和自觉性。

（2）舆论工具和传播媒介的应用

开展安全教育的活动，最简单的舆论工具和传播手段莫过于海报、墙报、黑板报、广播等。除了上述比较简单的宣传手段外，有条件的还可编辑和播放录像节目，宣传效果会更好些。

（3）活动的物质准备

活动的物质准备，包括开展活动所必需的经费、工具、器材、学习资料、音响设备、场地等物质条件的准备。开展学习教育性活动，应准备好学习资料及文件。开展知识竞赛活动时，事先准备好会场和包括音响设备、赛台、计分牌等在内的各种器材。

（4）布置会场与美化环境

组织开展活动，离不开一定的活动空间。场地布置与环境的美化对活动本身具有很强的视觉影响力和感情穿透力。

在组织安全教育的活动时，一定要注意环境因素的作用。布置会场，要求室内干净整齐，根据会议内容和活动方式摆放桌椅，悬挂标志和标语。

2. 活动的组织——过程中的施展

活动方案制定出来以后，接下去就是贯彻实施方案。实施方案的过程是活动的组织者和活动的参加者共同运作的过程。

活动的组织，包括：在正确的工作方针指导下的恰如其分的工作方法；为保证计划目标落实的组织形式及人员构成；还要有严格地按照布置、检查、反馈、调整、总结等一系列程序落实方案的工作流程。

3. 活动的总结——最后的工作

（1）活动总结的一般形式

凡事当善始善终，不能虎头蛇尾。开展安全教育的各项活动也应注意搞好活动总结。总结的方式可以根据活动的内容与形式的特点，灵活运用。总之，进行活动总结的目的，在于充分展示和肯定成绩和收获，总结、检查存在的问题和不足，表彰先进和优胜，鼓励学生以更大的热情投入今后的活动中，并取得更大的成绩。

（2）表彰与奖励

表彰的目的在于学习先进，激励后进。表彰的方式本身就是一种激励效应。这种效应可以表现为：情感激励、荣誉激励、物质激励、榜样激励、目标激励等物质与精神相结合的激励方式。每开展一项活动，都是一次感情交流。总结会上的一句话，可以胜过平时工作中的十句话、百句话，这就是情感激励的作用。一张小小的奖状，一个小小的奖品或纪念品，一次活动成果的展示，一次口头的表扬、提名，对于参加活动的人在心理上所引起的激动，无疑是对今后的工作与活动的推动。

表彰用的奖品，一般视活动的规模而定。小型活动宜购买小型奖品，奖励面可稍宽，让大家得到的机会多些。如开展小型趣味活动、小游戏等，目的在于活跃生活，大家同欢乐，不设奖励也完全可以。当然，若有些小奖品，更能提高大家的活动兴趣。奖品的购置，应当把物质鼓励与精神鼓励相结合的原则贯穿进去，应重在精神鼓励。

第二节 安全教育主题活动案例精选

一、知识竞赛

知识竞赛活动融知识性、竞争性、思想性为一体，很适合学生的特点，深受学生的欢迎。因此，知识竞赛也是常见的进行安全教育的一种方式，怎样组织知识竞赛、怎样设计试卷、怎样选择试题，都是教师（不仅仅是班主任，而且也可以是任课教师）应当考虑和思索的。下面我们结合案例来谈一谈怎样设计知识竞赛。

案例 4 - 2 - 1

"珍爱生命，安全第一" 知识竞赛

一、单项选择题：（请将正确选项的序号填到括号里）

1. 火警电话是：（   ）
   A. 110   B. 119   C. 122
2. 准许行人通过人行横道的信号是：（   ）
   A. 红灯亮   B. 绿灯亮   C. 绿灯闪烁
3. 这个交通标志是指：（   ）
   A. 人行横道   B. 过街天桥   C. 地下通道
4. 属于遵守交通法规的行为是：（   ）
   A. 穿越隔离带
   B. 在车行道上滑滑板
   C. 在机动车前排乘坐系安全带
5. 小学生排路队为什么要带"小黄帽"？（   ）
   A. 好看   B. 色彩鲜艳，司机叔叔好辨认   C. 学校规定
6. 我国在道路上行驶车辆，必须遵守：（   ）
   A. 右侧通行的原则   B. 左侧通行的原则   C. 中间通行的原则
7. 未满（   ）岁的儿童不准在道路上骑自行车。
   A. 8   B. 12   C. 16
8. 安全使用电器的做法是：（   ）
   A. 电视、电暖气等长时间运转
   B. 夜间长时间使用电热毯取暖不切断电源
   C. 睡觉前或离家时切断电器电源

9. 火灾现场不正确的逃生方法是：（　　）
　　A. 用湿毛巾捂住口鼻　　　B. 披上用水浸湿的衣物向安全出口逃离
　　C. 慌不择路，从高楼上跳窗而逃

10. 破坏性地震是指（　　）级以上的地震。
　　A. 2　　　　　　　　　　B. 5　　　　　　　　　　C. 6

11. 一个人在家时，如果遇到陌生人想要强行入室，你应该怎么办？（　　）
　　A. 迅速打开门让他进来　　B. 紧张得不知所措
　　C. 立即到窗口大声叫喊或拨打 110 报警

12. 被歹徒勒索钱物后应该怎么办？（　　）
　　A. 由于怕父母批评，谎称钱物丢失了
　　B. 害怕报复，花钱保平安
　　C. 及时报告老师和家长或者拨打报警电话 110

13. 在火灾现场，未成年人要坚持的原则是：（　　）
　　A. 先救火再逃生　　　　　B. 先逃生　　　　　　　C. 边救火边逃生

14. 这个消防标志是指：（　　）
　　A. 禁止烟火　　　　　　　B. 禁止燃放鞭炮　　　　C. 紧急出口

15. 遇到陌生人给你食物，你应该怎么办？（　　）
　　A. 接过来就吃　　　　　　B. 出于礼貌，不好意思不吃　C. 拒绝接受

16. 每年的 11 月 9 日被确定为：（　　）
　　A. 消防安全日　　　　　　B. 安全生产日　　　　　C. 禁毒日

17. 上体育课时容易导致伤害事故的做法是：（　　）
　　A. 听从教师指挥完成规定动作
　　B. 离开教师的保护，擅自做有危险的器械动作
　　C. 在指定区域内有序开展活动

18. 遇到不了解真相的网友约你见面，你应该怎么办？（　　）
　　A. 欣然前往　　　　　　B. 无所谓
　　C. 保持高度的警觉，不能去约见

19. 在学校门口过马路时要：（　　）
　　A. 趁着车辆还没有驶近，赶快通行
　　B. 不看信号灯，只要没有车就通行
　　C. 按下人行道信号按钮，等到人行道信号变为绿色后再通行

20. 乘坐出租车要在车停稳后从（　　）门下车。
　　A. 左边的　　　　　　　　B. 右边的　　　　　　　C. 随意的

二、多项选择题：（请将正确选项的序号填到括号里）

1. 容易造成意外伤害的做法有：（　　　）

　　A. 雷雨时，不使用电话或观看电视

　　B. 玩弄火柴、打火机等

　　C. 用潮湿的手触摸电器开关或插头

2. 容易造成喉咙被卡住的事情有：（　　　）

　　A. 吃鱼时狼吞虎咽　　　　　B. 吃饭时边吃边说笑

　　C. 吃果冻时用小勺挖着慢慢吃

3. 容易引起火灾的做法是：（　　　）

　　A. 在柴草前燃放鞭炮　　　　B. 随手扔未灭的烟头

　　C. 祭祀时，烧香烧纸

4. 被狗咬伤后正确的救治方法是：（　　　）

　　A. 立刻用清水仔细冲洗20分钟以上

　　B. 将伤口的上端（近心端）用布带结扎

　　C. 及时去医院，注射狂犬疫苗、破伤风疫苗

5. 乘坐公共汽车时要做到：（　　　）

　　A. 在指定地点依次候车，先下后上

　　B. 不把头、手、胳膊伸出窗外

　　C. 不带危险品乘车

6. 如果遇到同学中暑或晕厥，你应该怎么办？（　　　）

　　A. 扶他到医务室找校医　　　B. 把他扶到阴凉处及时补充水分

　　C. 用手指掐嘴唇上方的人中穴

7. 游泳时要注意：（　　　）

　　A. 要了解水情，不到危险区域游泳

　　B. 凭着高水平可以到有防护措施以外的区域游泳

　　C. 要做好热身准备，避免出现抽筋等症状

8. 为了避免遭到他人抢劫应该注意：（　　　）

　　A. 要和同学结伴上学、回家

　　B. 上学放学路上尽量走偏僻的小路

　　C. 衣着朴实，不追求高消费，身上尽量少带钱

9. 雨雪天气在路上行走要注意：（　　　）

　　A. 尽量穿色彩鲜艳的雨衣

　　B. 手撑雨伞尽量不要挡住行进的视线

　　C. 没带雨具，慌不择路，赶快找地方避雨

10. 造成食物中毒的原因有：（　　　）

　　A. 食用腐烂变质的食品　　B. 使用劣质原材料加工食品

　　C. 没有饭前洗手等良好的卫生习惯

三、判断题：（判断正误，正确的请在括号里打"√"）

1. 在没有人行横道的地方过马路，应在路边先看清左右是否有车辆驶近，确定无车辆驶来时，要尽快直行通过。（　　　）

2. 放学后，有个自称是爸爸朋友的陌生人来接我，我高高兴兴地就跟着他走了。（　　　）

3. 每年的 6 月 20 日被确定为国际禁毒日。（　　　）

4. "交通三让"是指车让人、人让车、车让车。（　　　）

5. 在车行道上可以随意招呼出租车。（　　　）

6. 乘坐飞机起飞或发生颠簸时，可以不系安全带。（　　　）

7. 如果遇到有人触电，应赶快找到开关断电；如果离开关太远，可以直接用手接触电人，赶快把他救下！（　　　）

8. 因为动物是人类的朋友，所以平常接触小动物可以不加提防。（　　　）

9. 放学时，因为有急事，所以可以在楼道内抢道奔跑。（　　　）

10. 未成年人不得出入营业性网吧、歌舞厅。（　　　）

案例 4 - 2 - 2

小学生安全教育知识竞赛试题

一、选择题：（请将正确选项的序号填到括号里）

1. 火警电话是：（　　　）

　　A. 110　　　　　　　　B. 119　　　　　　　　C. 122

2. 准许行人通过人行横道的信号是：（　　　）

　　A. 红灯亮　　　　　　B. 绿灯亮　　　　　　C. 绿灯闪烁

3. 属于遵守交通法规的行为是：（　　　）

　　A. 穿越隔离带　　　　B. 在车行道上滑滑板

　　C. 在机动车前排乘坐系安全带

4. 小学生排路队为什么要带"小黄帽"？（　　　）

　　A. 好看

　　B. 色彩鲜艳，司机叔叔好辨认

　　C. 学校规定

5. 我国在道路上行驶车辆，必须遵守：（　　　）

　　A. 右侧通行的原则　　B. 左侧通行的原则　　C. 中间通行的原则

6. 未满（　　）岁的儿童不准在道路上骑自行车。

  A. 8   B. 12   C. 16

7. 安全使用电器的做法是：（　　）

  A. 电视、电暖气等长时间运转

  B. 夜间长时间使用电热毯取暖不切断电源

  C. 睡觉前或离家时切断电器电源

8. 火灾现场不正确的逃生方法是：（　　）

  A. 用湿毛巾捂住口鼻   B. 披上用水浸湿的衣物向安全出口逃离

  C. 慌不择路，从高楼上跳窗而逃

9. 一个人在家时，如果遇到陌生人想要强行入室，你应该怎么办？（　　）

  A. 迅速打开门让他进来   B. 紧张得不知所措

  C. 立即到窗口大声叫喊或拨打 110 报警

10. 被歹徒勒索钱物后应该怎么办？（　　）

  A. 由于怕父母批评，谎称钱物丢失了

  B. 害怕报复，花钱保平安

  C. 及时报告老师和家长或者拨打报警电话 110

11. 在火灾现场，未成年人要坚持的原则是：（　　）

  A. 先救火再逃生   B. 先逃生   C. 边救火边逃生

12. 遇到陌生人给你食物，你应该怎么办？（　　）

  A. 接过来就吃   B. 出于礼貌，不好意思不吃 C. 拒绝接受

13. 每年的 11 月 9 日被确定为：（　　）

  A. 消防安全日   B. 安全生产日   C. 禁毒日

14. 上体育课时容易导致伤害事故的做法是：（　　）

  A. 听从教师指挥完成规定动作

  B. 离开教师的保护，擅自做有危险的器械动作

  C. 在指定区域内有序开展活动

15. 上下楼梯应该靠（　　）走。

  A. 左边   B. 右边

16. 在穿越马路时应该（　　）

  A. 应先看左边，再看右边，在确认没有机动车通过时才可以穿越马路

  B. 迅速奔跑，突然横穿马路

17. 电器起火，首先要做的是：（　　）

  A. 呼救   B. 拨打呼救电话   C. 切断电源

18. 发现有人触电，下列做法不妥当的有：（　　）

A. 用手将触电者与电器拉开

B. 用干燥的木棍将触电者与电器分开

19. 作为一名学生，你发现一名成年人在寝室盗窃，你应：（　　　）

A. 立即制止　　　　　　B. 大声喊叫　　　　　　C. 迅速向老师报告

二、判断题：（判断正误，正确的请在括号里打"√"）

1. 放学后，有个自称是爸爸朋友的陌生人来接我，我高高兴兴地就跟着他走了。（　　）

2. 在车行道上可以随意招呼出租车。（　　）

3. 如果遇到有人触电，应赶快找到开关断电。（　　）

4. 放学时，因为有急事，所以可以在楼道内抢道奔跑。（　　）

5. 未成年人不得出入营业性网吧、歌舞厅。（　　）

6. 电扇运转中发出焦味或冒黑烟，可正常使用（　　）。

7. 未满 12 周岁的儿童不能骑自行车上街。（　　）

8. 遭遇火灾时，身处楼房的迅速打开门窗透气。（　　）

9. 用湿布将电视机擦试干净。（　　）

10. 发现有人触电要助人为乐，迅速用手将触电者拉开。（　　）

11. 不要在昏暗的光线下看书，写字，要到阳光直射的明亮地。（　　）

12. 遵守交通规则，做到"红灯行，绿灯停"。（　　）

13. 不能用手或导电物去接触探试电源插座。（　　）

14. 在公路上走，可以边走边看书。（　　）

15. 遇到精神病人和痴呆者、醉酒者要尽快远离、躲避，不要围观。（　　）

16. 沙眼是不会传染的眼病，因此可以使用患者的毛巾，手帕等。（　　）

17. 千万不要把陌生人带回家。（　　）

18. 植物是绿色食品，可随便吃。（　　）

19. 上体育课时，穿不穿运动衣和运动鞋无所谓。（　　）

20. 起火时，可以往身上浇水，以免引火烧身。（　　）

21. 郊游时发生突发事件，要镇定，服从老师指挥，尽快到安全地带。（　　）

22. 红色高温信号表示预计本市最高气温 24 小时内将要或已经达到 35 度以上。
（　　）

案例 4-2-3

中学生安全知识竞赛试题

一、是非判断题：（正确的写"A"，错误的写"C"。）

1. 家里用的一次性打火机不会引起爆炸。（　　）

2. 小青家电饭锅的内胆坏了，她就用其他的钢精器皿代替，这样做节约能源，

值得大家学习。（　　　）

3. 晓斌在宿舍里经常从一张床上跳到另一张床上，他说这能锻炼身体。（　　　）

4. 安装灯泡是件简单的事情，但我们还是要先切断电源。（　　　）

5. 高楼发生火灾时使用电梯逃生比较快。（　　　）

6. 抽烟是一种时尚，未成年人学生不在校时可以适当抽一些。（　　　）

7. 萧军因为在学校的游泳比赛中获得冠军，所以假期他去游泳从不要父母陪伴。他说："我是冠军，用不着担心的。"（　　　）

8. 吸过的烟头直接扔进纸篓，会使纸张燃烧，引起火灾。（　　　）

9. 患有疾病或身体不适时，只要自己注意点，是可以参加紧张剧烈的体育活动的。（　　　）

10. 只要不影响交通，在道路上是可以使用旱冰鞋滑行的。（　　　）

11. 行人须在人行道上行走，没有人行道的靠马路边上行走。（　　　）

12. 体育运动中，如果安排得不科学，可能会造成运动损伤，如跑步，常会发生踝关节、腰关节扭伤及软组织损伤。（　　　）

13. 运动后不要喝大量白开水，更不应该暴食冷饮，而需要多喝盐开水。（　　　）

二、选择题：

1. 每年的"中小学生安全教育日"是在几月份？（　　　）
   A. 三月　　　　　　　　B. 六月　　　　　　　　C. 十一月

2. 你知道下面哪些病是传染性极强的疾病？（　　　）
   A. 非典型肺炎　　　　　B. 艾滋病　　　　　　　C. 癌症

3. 在火场中，充满了各种各样的危险：烈焰、高温、烟雾、毒气等。下面几种保护措施，哪一条是不正确的？（　　　）
   A. 在火场中站立、直行，并大口呼吸
   B. 迅速躲避在火场的下风处
   C. 用湿毛巾捂住口鼻，必要时匍匐前行

4. 如果你经常外出带着家门的钥匙，下面的哪种做法可能会有危险？（　　　）
   A. 把钥匙挂在脖子上　　　B. 把钥匙放在衣兜里
   C. 把钥匙放在随身的包里

5. 油锅着火时，正确的灭火方法是（　　　）
   A. 赶快去端油锅　　　　　B. 用锅盖盖灭　　　　　C. 用水浇

6. 各行其道是指_____只能在交通法律、法规规定的道路上或专用道上行驶，不得随意侵入对方行经的道路。（　　　）
   A. 行人　　　　　　　　　B. 车辆　　　　　　　　C. 交通参与者

7. 在马路上行走要注意交通安全，下列哪种行为具有安全隐患？（　　　）

A. 不跨越、攀登道路上的隔离护栏

B. 不超过两人的情况下列横队通行

C. 横过道路时，注意左右观望，快速通过，不斜穿猛跑

8. 家中电视机着火了，错误的做法是什么？（　　　）

　　A. 迅速拔掉电器电源插头，切断电源

　　B. 灭火器直接对着荧光屏灭火

　　C. 用水灭火

9. 在家遇到烫伤，马上要做的第一件事是什么？（　　　）

　　A. 将烫起的水泡挑破　　　　B. 用自来水冲烫伤部位降温

　　C. 抹上豆浆或食用油

10. 你知道年满多少周岁才能骑自行车上路吗？（　　　）

　　A. 10 周岁　　　　　　　　B. 12 周岁　　　　　　　C. 14 周岁

11. 机动车、非机动车实行_____通行的原则。（　　　）

　　A. 左侧　　　　　　　　　B. 右侧　　　　　　　　C. 直行

12. 当你刚刚开始过马路时，黄色的信号灯闪烁起来，你应该怎样做呢？（　　　）

　　A. 加快脚步跑过马路　　　B. 立即停下脚步

　　C. 立即停下脚步并退回安全线以内

13. 当你走到马路中间的时候，有辆车开了过来，你应该怎么做更安全？（　　　）

　　A. 赶紧往回跑　　　　　　B. 赶紧冲过马路

　　C. 站在马路中间的横线上让车辆通过

14. 小明每天上学都要通过一个铁路道口，你觉得他怎样做最安全？（　　　）

　　A. 在准许通过的信号灯亮时再通过

　　B. 看看左右没火车就快速走过去

　　C. 直接从铁路上穿过去

15. 发现食物中毒后，自己能采取的最有效的一项应急措施是什么？（　　　）

　　A. 多喝开水　　　　　　　B. 找解毒药　　　　　　C. 催吐

16. 未开启的罐头及真空包装的袋装食品，如果外包装发生鼓胀现象，你的判断是什么？（　　　）

　　A. 食品装得太多了　　　　B. 食品已变质，绝对不能吃

　　C. 食品发酵了，但还可以吃

17. 游泳时不慎溺水，救上岸后哪项处理最为关键？（　　　）

　　A. 保持呼吸道通畅，进行人工呼吸和胸外心脏按压

　　B. 检查溺水者有无外伤

　　C. 打 120 电话

18. 坐在火车上，对面的叔叔请你喝他带的可乐，你觉得哪种做法最妥当？（　　　）

    A. 向他表示感谢，但不接受他的可乐

    B. 接过可乐，并说声"谢谢"

    C. 不吭声，保持沉默

19. 以下放学路上的哪种行为最有可能会给自己带来危险？（　　　）

    A. 看热闹　　　　　　　B. 为问路的陌生人指路　　　　C. 和同学一起回家

20. 当身上衣服着火时，立即采取的正确灭火方法是什么？（　　　）

    A. 用手拍打火苗，尽快撕脱衣服

    B. 就地打滚压灭身上火苗

    C. 赶快奔跑，借助风力吹灭身上火苗

三、填空题：

1. 当你遇到火灾时，你应拨打＿＿＿＿＿＿＿＿（电话号码）；当你遇到有人受重伤时，你应拨打＿＿＿＿＿＿＿＿（电话号码）。

2. 要自觉遵守交通规则，绿灯＿＿＿＿＿＿＿＿，红灯＿＿＿＿＿＿＿＿，对一些标有"禁止通行"、"危险"的地域，不要擅越禁区。无论行走还是上下楼梯都应靠右侧通行。

3. 春秋干燥季节在野外旅游时，不能带＿＿＿＿＿＿＿进山，更不准在山林地区吸烟；在家使用蚊香等燃烧物品时，要使用如瓷器、＿＿＿＿＿＿＿等不能燃烧的器皿盛放或隔离。

4. 黄色影像之所以被称为"黄色"，是因为里面的内容是不健康的，是淫秽的，是扭曲的性知识，看了会有心理上的毒害作用。当伙伴提出一起看的要求时，我们的态度应该是＿＿＿＿＿＿＿；我们可以建议朋友通过正规的途径，如＿＿＿＿＿＿＿等方式获得性知识。

5. 艾滋病传播途径有三个：＿＿＿＿＿＿＿、＿＿＿＿＿＿＿和母婴传播。

四、简述题：

1. 当伙伴向你借钱、借物时，你的正确态度有哪些？

2. 如果烫伤了，我们应该怎么办？

3. 遇到有人敲诈勒索时，我们应该怎么办？

4. 我们在使用聊天工具时要采取哪些安全措施？

案例 4－2－4

小学生安全上网知识竞赛试题

    21 世纪是信息时代，小学生作为 21 世纪的主人，掌握相关的网络知识十分重要。同时也应该充分认识到网络是个复杂的"社会"，有可能遇到一些"安全事故"，所以，我们应该合理使用网络，健康上网，安全上网。

请认真阅读以下 10 道关于合理安全上网的知识的选择试题，并做出正确选择（单项选择）：

1. 我们作为小学生，在接触和使用网络的时候，应该在家长或老师的指导陪同下上网，上网时间每次、每天不要超过多长时间？（　　）
   A. 3 小时、8 小时 　　　　　　　B. 1 小时、3 小时
   C. 4 小时、10 小时 　　　　　　 D. 5 小时、8 小时

2. 在上网时，我们可以将自己或家庭成员的信息轻易地告诉他人吗？（包括：姓名、年龄、照片、家庭地址、电话号码、学校、班级名称、E-Mail 地址）（　　）
   A. 不可以，需要时要征得家长或老师的同意
   B. 可以，不需要向家长或老师征求意见
   C. 自己拿主意，不用征求家长或老师意见
   D. 可以将部分信息透露

3. 如果我们在上网时，不小心进入了"儿童不宜"的网站，我们应该怎样做？（　　）
   A. 点击，打开浏览 　　　　　　　B. 马上关闭，并及时向老师或家长报告
   C. 不去浏览，不向家长或老师报告 　D. 介绍给其他同学浏览该网站

4. 如果我们在上网时，在 BBS、E-Mail、QQ 中浏览到不良信息或不良言论时，应该怎么做？（　　）
   A. 不损害自己利益，不关心 　　　B. 介绍给其他同学浏览和阅读
   C. 阅读该信息并参与言论 　　　　D. 马上删除、关闭并告知家长或老师

5. 你认为经常与教师、同学、父母沟通使用网络的知识和行为有必要吗？（　　）
   A. 有必要 　　　　　　　　　　　B. 完全没必要
   C. 不积极沟通，问就说，不问就不说 　D. 只和同学交流沟通

6. 在网络上我们会遇到很多好玩的网络游戏，你对网络游戏怎么看待，应怎么做？（　　）
   A. 游戏很好玩，多花时间在上面
   B. 在学习之余，尽情地玩，不顾及时间
   C. 将网络游戏作为精神寄托，沉迷其中
   D. 在父母或老师的指导下玩益智类游戏并注意时间不可过长

7. 我们在上网时可以随便从互联网上下载东西吗？（　　）
   A. 可以 　　　　　　　　　　　　B. 对自己有用的就下载
   C. 不可以，要在老师或家长的指导下下载

8. 我们在上网结束后，应该怎么做？（　　　）

　A. 不必关机，直接离开电脑

　B. 关闭浏览器和聊天工具，并妥善保管好自己的各种密码

　C. 直接切断电源

　D. 不必关闭浏览器和电脑，只要隐藏页面就可以

　　在准备安全知识竞赛的时候，应当根据学生的年龄、经验等因素选择试题。但是组织好一场知识竞赛，需要班主任及任课教师做大量工作。下面我们简单介绍一下知识竞赛的组织。

（一）知识竞赛的类型

　　知识竞赛对普及科学文化知识、提高文化素质有较强的辅导作用，加之形式生动、方法灵活、作用直接，因而有独特的吸引力和感染力。这些功能正是由知识竞赛丰富多采的组织形式及相应特点所决定的。

1. 按竞赛形式划分，可分为笔试赛和公开赛

　　公开赛又称面试，是以当场出题、当场答题、当场判分和参赛者面对面竞争的方式所进行的知识竞赛。其特点是形式多样、内容丰富、方法灵活，能够在较短的时间内传播大量的知识。公开赛形象直观、生动，气氛紧张激烈，活泼亢奋，感染力、吸引力强，是知识竞赛的主要形式。

2. 按竞赛内容划分，可分为专题性知识竞赛和综合性知识竞赛

　　专题性知识竞赛，是指以某一专项知识为主题内容的知识竞赛。如消防安全知识竞赛、交通安全知识竞赛等。综合知识竞赛则是安全知识的大综合的竞赛。

3. 按竞赛的组织方法来划分，主要有以下几种常见形式

　　（1）主持式知识竞赛，即主要通过某个或某几个人对竞赛现场的全面控制与调节，来进行知识竞赛的组织，是知识竞赛最常见的基本形式。

　　（2）对擂式知识竞赛，即以竞赛各方互问互答、对阵打擂为主要特征的知识竞赛。

　　（3）观众质疑式知识竞赛，是指由观众点将出疑为主要特征的竞赛方法。其特点是观众直接参与竞赛，使组织者、参赛者和观众形成竞赛的有机整体。

4. 按参赛各方的人数划分，还可分为单人对抗赛、双人对抗赛和团体对抗赛；按竞赛制度来划分，则可分为预决赛制、分组赛制和淘汰赛制等

　　在实践中，可以将上述组织形式有机结合起来，形成综合组织形式，使知识竞赛更加多彩多姿、生动活泼，更充分地发挥其作用和影响。

（二）知识竞赛的准备

　　举办知识竞赛，大量的精力和时间投入是在筹划准备阶段。诸如竞赛的策划布置、题库的设计建立、参赛人员的复习准备、竞赛器具的购置、赛场的布置安

装、对各环节的督促检验等一系列工作，都是在此期间进行和完成的。无论哪一环节出现疏漏偏差，都会给正式竞赛留下障碍和隐患。因此，必须加强筹备阶段的组织领导工作，周密细致地进行策划准备，杜绝任何疏忽和漏洞。

1. 健全组织机构

班主任、任课教师应该联合班级活动中的骨干学生决定重要问题和协调各方面的行动。其中最主要的工作就是确定竞赛指导思想、竞赛主题、形式、组织程序和赛规赛纪等。

2. 确定竞赛内容、形式和程序

在规定了知识竞赛的主题之后，就应围绕主题进一步确定竞赛内容的范围和程度，进而再确定竞赛的形式和程序。比赛的具体形式和程序应结合本单位的实际需要与可能进行合理的选择编排。

3. 进行动员布置

一旦确定了知识竞赛的基本内容，就应尽快地进行动员布置，向大家讲清竞赛的指导思想和意义目的，宣布比赛的范围、形式、程序、时间及有关规定，使学生有充分的时间进行各项准备工作。

4. 建立题库

建立题库就是由出题人员搜集整理有关资料，设计编撰各类试题并对试题进行分类组合、择优选用。这是一项复杂严密的综合性技术工作，应着重抓好如下环节：

第一，坚持正确的出题原则。一是出题要有智慧性，不仅要含有大的知识容量，还应给人以启迪；二是出题要有趣味性，尽量做到引人入胜；三是出题要有普及性，出题不要"难为"人，尽可能不超出已公布的复习内容范围；四是要考虑答题的时间性，试题应短小精练、难易适度。

第二，掌握科学的出题方法。要善于捕捉资料内容的内在联系予以关联组合，去启迪学生的联想，促进知识的融会贯通，达到举一反三的效果；同时，还要善于把具体内容抽象化，把知识题智力化，把理论题应用化，以检验选手的思维能力、反应能力和分析应用能力。

第三，灵活运用试题类型。知识竞赛的试题是多样化的。如按其性质划分，有概念题、数据题、原理题、应用题等；按其形式划分，有填空题、计算题、判断题、选择题、抢答题、必答题、自选题等；按其方法手段来划分，有口答题、笔答题、录音题、录像题、图板题、小品题、音乐题，等等。面对丰富多样的试题类型，关键在于灵活应用，合理地搭配。

第四，择优选用试题。试题的选择和答案的拟定，均应经出题人员反复讨论审改，出题的数量应比竞赛用题多一倍或数倍，以供择优选用；试题的最后确定排序应由主持人或在小范围内进行，以免泄漏赛题。

5. 完备竞赛器具

知识竞赛所需的器材用具大致可分为三类：一类是长久性器具，如抢答器、计时显示盘等；一类是消耗性用具，如纸、笔、记录册、记分簿，以及奖品、纪念品等；还有一类是临时调用的，如桌椅、秒表、电视机、录放机、录音机、黑板、图板等。器具的筹备工作，应由保障组具体分工负责完成，资金使用要精打细算，量入为出。

6. 竞赛主持人的选定

主持人的水平事关知识竞赛的成败。因此，物色主持人应着眼于基本素质，即公道正派、头脑冷静、思维敏捷、语言流利、口音纯正。

7. 竞赛规则的制定

竞赛规则是知识竞赛赖以进行的行为准绳。确定竞赛规则的总原则是应该使参赛各方机会均等，处于同一"起跑线"上，避免规则上的漏洞造成明显有利于某一方的情况。其主要包括如下内容：

第一，竞赛编组。竞赛编组一般由抽签决定。在参赛队较多的情况下也可用笔试来确定参加决赛的代表队或选手。

第二，答题形式和方法。答题形式和方法是规则的核心内容，尤其是答题是抢答还是必答、集体回答还是个人答，都应作出明确规定。此外，还应规定出现平局时加赛的题量及裁判方法。

第三，竞赛记分。竞赛记分一般以100分为底分；必答题、抢答题得分一般为10分；选答题得分按其难易程度一般分为3档，即30分、20分、10分。抢答和选答时若错则应扣去相应的分数；必答题若错则一般不扣分但也不得分。

第四，违例处罚。违例处罚应坚持从严的原则，扣分处罚的结果就使违例者失去的利益与可能得到的利益相等或重于可能得到的利益。否则，处罚过宽过轻，规则就容易失去威严；处罚条款若有疏漏偏误，还会让人"钻空子"，或引起不必要的争执，阻碍或延误比赛。

第五，奖励原则。名次奖励可分为多种等级，如一、二、三等奖，优秀奖、纪念奖、精神文明奖等。奖励的品位和范围应适当，品位过高，容易脱离竞赛宗旨；范围过宽，又起不到鼓励先进、激励后进的作用。

8. 赛前辅导

公开赛前应对参赛学生进行辅导或训练。辅导的内容主要包括：一是试题内容辅导。即对题目内容进行原则性的提示，讲解试题的大体范围和问答方式。提示不可过于具体，否则会使竞赛变成表演性质；二是竞赛规则辅导。即向参赛者示范讲解规则，使之明了和熟悉规则内容，自觉遵循规则要求。示范讲解最好在竞赛场地进行，以便使参赛者结合竞赛器具的演练操作来进一步把握规则；三是心理辅导。主要是使参赛者减轻不必要的思想负担，丢掉心理包袱，使自己的水平得到正常发挥。

9. 组成评委会

考虑到竞赛中可能出现的问题，最好能由出题者或有关"行家"组成评委会，以便处理竞赛过程中的一些疑难问题，在安全知识竞赛中，教师可以适当邀请相关的校外人员，如民警等参与到本班的知识竞赛中。

10. 布置赛场

赛场应提前布置，其中最重要的是抢答器、计时器和扩音设备的安装并保证其性能正常；主持人、参赛者、试题板、电视屏幕、计时显示器、计分牌等应处于明显的位置上；赛场应给人一种朴素大方、奋发向上的感觉，还可悬挂赛徽、横幅、摆设花卉盆景等。

11. 赛前的督促检验

监督检验的内容包括：对题库工作的检验；对参赛者的检验，如竞赛内容复习掌握的程度，还存在哪些困难和疑虑，临赛心理状态等；对主持人的检验，包括主持人对竞赛试题及答案理解掌握的熟练程度，对竞赛的调控手段、言表能力和应变能力的实际状况等；对场地器材的检验，包括赛场的布置是否得当、器材用具是否齐备完好，各类人员及器具的位置调度布局是否适宜等。此外，还应提前一天组织参赛人员熟悉场地器具和环境，特别是熟悉抢答器的性能特点，以便在竞赛时能操作自如。

（三）知识竞赛的实施

知识竞赛的实施过程，是以主持人为轴心、全体工作人员协调一致的行动来完成的。对赛场的控制调节是保证竞赛井然有序的关键环节。其中包括：主持人与评委、记录台工作间的协调；问与答的紧凑衔接；竞赛节奏、竞赛高潮的调节；竞争气氛、观众情绪的调适；赛场秩序和纪律的控制；发奖仪式的有效组织；竞赛现场评分标准的把握等等。一般来说，为真正保证知识竞赛顺利、圆满地进行，除观众外所有环节事先都需要进行预演走场，而后才能进入正式实施。

主持好知识竞赛是体现良好素质修养的一门综合艺术，事先必须对比赛过程进行精心设计，尤其要注意做好以下几方面的工作。

1. 搞好试题的序列组合

比赛通常以不同的形式分成若干自然阶段，每一阶段的起始部分通常应安排比较容易的试题，让选手由轻松进入紧张。每一阶段结束时，可安排共答题或观众答题，使选手的情绪松弛一下。而当全场结束时，可安排一道最精彩的、最吸引人的试题，这样，不仅使选手充分发挥水平，也能将赛场气氛引入高潮。

2. 注意保持观众与比赛的联系

在比赛过程中，除了组织观众答题外，还可组织观众为选手加油喝彩、请观众对是否给分做出评判；请评委就某道题向观众进行解释等，把观众的注意力始终集中到比赛中来，而对观众中某些偏激的反应，应加以幽默的劝喻引导，使观众始终处于"身在局外，心在局中"的境界。

3. 对选手情绪的调适

在比赛中经常会出现因心理紧张而失常的选手，主持人应尽量使选手的情绪进入最佳状态。尤其是在扣分时，要注意给被扣分者以适应的激励，并可组织观众为比分落后的选手以掌声鼓励。

（四）竞赛的程序

前面所谈是公开型知识竞赛的一般组织程序和方法要领，教师可根据实际情况因地制宜地适当取舍简化。但有两个环节必须切实抓住：一是试题的研制确定，二是对赛场的控制调节。

教师要因地制宜，根据自己班级的情况制定适合自己班级、符合自己教育目的的知识竞赛，在竞赛中对学生进行安全教育。

此外，未成年人处于争强好胜的年龄，教师通过组织竞技比赛可以提高学生参与活动的兴趣，同时也可以收到较好的教育效果。下面我们结合案例来谈一谈怎样组织竞技比赛。

案例 4 - 2 - 5

宝宝逃生竞赛

莆田市涵江区消防二中队在某幼儿园组织指导开展了一次宝宝火场逃生竞赛活动。

在该园操场中心一条长 20 米、宽 2.5 米的水泥跑道上，一分为二，每隔 5 米距离分别设置报警点、浓烟区、小火坑等比赛项目点，在报警点上设置有写着"119、120、122、110"4 个报警电话的 4 块牌匾，主要测试小宝宝们能否快速、准确地辨别火灾报警电话；在浓烟区、小火坑、打滚区三处分别放置了海绵垫、脸盆、草席等道具，主要是通过比赛测试宝宝们能否正确掌握"穿过浓烟、跳过火坑"等逃生自救常识。

在比赛中，100 多名小宝宝分成甲、乙两组，在"举牌报警、穿过浓烟、跳越火坑"等比赛项目上，展开了激烈的接力赛。

赛后，消防官兵又通过消防展板、现场点火演示及火灾案例分析等形式对娃娃们进行了警示教育。

二、主题班队会

主题班队会作为一种对学生进行安全教育的重要形式，也是教师、班主任最容易操作的一种方法。为此，在设计主题班队会时，要围绕主题安排恰当的内容，要精心设计出学生喜闻乐见、易于接受的形式，来突出主题，以达到教育的最终目的。我们通过以下案例来看一看怎样举行班队会。

案例4－2－6

安全警钟应长鸣
——一年级主题班会

活动目的

通过本次主题班会，学习安全知识，掌握一些安全常识，增强学生安全意识，逐步提高学生的素质和能力。

活动形式

比赛、游戏等。

活动过程

引入：

同学们，你们好！我们一年级"安全警钟应长鸣"主题队会现在开始。我们是21世纪的主人，是祖国的未来、民族的希望。我们是刚刚踏进校门的一年级学生，我们对怎样注意安全还不够了解，但是我们听到了一些触目惊心、惨不忍睹的灾难在我们身边发生，那是多么的伤心啊！今天我们举行一次安全主题队会，让大家对怎样注意安全有个了解，下面请看图片：踢足球（出示图片，老师讲解图片内容）。

同学们，听了老师的讲解后你觉得他们做得对吗？错在哪里？（指名说）

小结：是啊！这多危险啊！为了小小的足球，送上一条腿，落个终身遗憾，真可惜！交通安全，我们可得随时注意。在学校里，我们应该怎样注意安全呢？

下面我们来进行选择题比赛。（老师提问）

1. 下课了，不能干什么：①打球。②追赶打闹。③跳绳。

2. 哪些东西不准带进校门：①皮球。②三角尺。③利器、易燃物品。

3. 哪种行为不对：①跳高、跳远。②攀越围墙、滑楼梯。③翻单杠、荡秋千。

4. 上下楼梯怎样行：①靠右行。②靠左行。③左右行都可以。

师说：同学们都很聪明，那就希望同学们在学校能自觉遵守安全规则。要注意安全，请听快板——（播放录音）

节日到，真热闹，小朋友，放鞭炮；

柴草旁，屋前后，严格禁止放鞭炮；

点炮引，要用香，别用火柴打火机；

哑炮未响别去拿，伤了自己损失大；

冲天炮，危险大，引起火灾害人家；

别拿拉炮对着人，免得炸己又伤人；

放鞭炮，害处大，最好自己别放它；

有的城市已严禁，我们带头来执行。

师说：我们小学生，也应知道一些消防知识：

发现火灾怎么办？（赶快拨打火警119）

师说：同学都很聪明，对消防的知识也掌握好。

接下去我们去读一读一些安全警句吧！

朗读：（小黑板出示）

（1）小学生，上学校，走路要走人行道，过马路别乱跑，十字路口看信号。

（2）上下楼梯不拥挤，集体活动守纪律。

（3）家用电器和煤气，使用时要注意，阅读说明再开启。

（4）发生火灾不要慌，快叫大人来帮忙。

（5）放学回家快快走，回家晚了爸妈愁。

（6）遇上骗子多琢磨，抓住机会赶快溜。

（7）一人在家关好门，与人说话要谨慎。

（8）发现坏人来撬门，赶快拨打110。

总结：学校安全人人讲，安全学校个个赞。安全知识时时记，注意安全处处提。

案例 4-2-7

安全教育主题班会

教学目标

通过一系列的知识性的活动，让学生们树立安全意识，从精神上远离安全隐患，加强自身的素质培养。通过本次活动，让学生了解交通、活动、意外事件中必备的安全知识，懂得安全的重要，并把自己学到的知识传达给周围的人们，做安全教育的小小宣传员。

活动准备

1. 准备道路交通标志图。

2. 收集有关中小学生违反交通规则及不注意校园内安全的案例。

教学过程

（一）导入

主持人："安全第一，从我做起；安全第一，从小事做起，给危险挂上红灯！老师和家长每天最惦记的就是我们的安全。据了解，每年因各种事故，数以万计天真无邪的儿童死于非命，给家庭带来了不幸，给父母造成无法愈合的创伤。今天我们召开"注意安全，珍爱生命"的主题班会，其目的是懂得安全的重要意义。学习了安全知识，既保护了自己，又让家长放心。安全教育至关重要，学校常抓不懈，教师常讲不烦。然而如何把安全教育具体化、实效化，让学生真正意识到一个人会牵动千家万户。学校曾多次组织安全教育活动，然而以往这样的班会全都是说教形式，尽管老师讲得口干舌燥，可是事故却屡屡发生。究其原因就是内容空、大，学生不买账。因此本次班会宗旨选定学生熟悉的生活，让他们在参与活动的过程中去认识，去体会安全在生活中的重要性。

（请两位学生表演小品——《车祸》）

学生们陷入一场讨论当中。在街道上面如何防止自己被汽车碰到，对于一些危险的道路我们应该怎么做才可以预防碰到不该发生的车祸，如果出了意外我们应该怎样应付，使用哪些手段可以尽量减少自己受到的伤害。

防水：在游泳池或者池塘附近玩耍时，一定要有成年人陪伴。如果发生事故要及时呼救。

防火：学生们首先讨论一下防火的重要性。因为我们每天都可能会与火打交道，所以防火知识必不可少。然后，教师及时地普及防火知识，帮助学生们认识玩火的危害，以及遇到火警时我们应该做些什么。

防坏人：学生们联系自己的情况，谈一谈遇到坏人时我们应该怎么做。比如遇到小偷，怎么防止自己被盗，以及怎样提醒别人注意。怎样才能不受社会上一些非法帮派的影响，怎么样才能不被黑帮所勒索、所欺负。以及怎么样防止受到黑帮胁迫加入帮派。还有就是不要被其所引诱，做一些不该做的坏事。

总结：重新唤醒大家对以上种种危险事件的认识，继续强调安全防患意识的重要，教育学生们，时时刻刻都要注意自身以及周围人群的安全，防止安全事故的发生就是为家庭为社会节约了宝贵的财富，就是为自己未来的幸福生活做准备。

案例 4 - 2 - 8

安全教育班队活动——《防火安全与我们息息相关》主题班会

活动目的

通过本次班会，使学生在欢乐的活动中掌握防火安全知识，增强学生的防火安全防范意识，提高学生的自护自救能力，减少火灾事故的发生，促使未成年人健康成长。

活动准备

1. 让同学们收集有关火灾事故的新闻。

2. 组织学生排演节目。

3. 选好及训练班会主持人。

4. 了解一些防火安全知识。

活动过程

中队长：亲爱的同学们，火是人类的朋友，它带给我们光明，推动着人类社会走向文明。但是，火一旦失去控制就会造成灾难，古往今来，有多少无情的火灾吞噬了成千上万人的宝贵生命呀！为了增强同学们的安全防范意识，提高学生的自护自救能力，为此我们准备了这次《防火安全与我们息息相关》主题班会。在这次班会上，我们将通过各种形式介绍防火安全知识，从而减少火灾事故的发生。预祝班会圆满成功！

主持人：我宣布，六一班《防火安全与我们息息相关》主题班会现在开始！

一、主持人读有关火灾事故的新闻以引入主题。

1. 主持人 A 读新闻。

2. 主持人 B：大家听了这则新闻有什么感想呢？

3. 同学们议论，各抒己见。

4. 主持人小结。

二、图片欣赏——"美丽的大自然"。

三、看小品，议一议：

1. 着火了，怎么办？

发生火情，同学们一定要保持镇静。火灾初起阶段，一般是很小的一个小点，燃烧面积不大，产生的热量不多。这时只要随手用沙土，干土，浸湿的毛巾、棉被、麻袋等去覆盖，就能使初起的火熄灭。如果火势十分猛烈，正在或可能蔓延，切勿试图扑救，应该立刻逃离火场，打119火警电话，通知消防队救火。

2. 怎样报火警？

(1) 牢记火警电话119。没有电话或没有消防队的地方，如农村和边远山区，可以打锣敲钟、吹哨、喊话向四周报警，动员乡邻一齐来灭火。

(2) 报警时要讲清着火单位、所在区（县）、街道、胡同、门牌或乡村地址。

(3) 说明什么东西着火，火势怎样。

(4) 讲清报警人姓名、电话号码和住址。

(5) 报警后要安排人到街道口等候消防车，指引消防车去火场的道路。

（6）遇有火情，不要围观。有的同学出于好奇，喜欢围观消防车，这既有碍于消防人员工作，也不利于同学们的安全。

注意：不能随意乱打火警电话。假报火警是扰乱公共秩序、妨碍公共安全的违法行为。如发现有人假报火警，要加以制止。

3. 使用火炉要注意什么？

（1）在安装火炉时，同学们要提醒爸爸妈妈，安装火炉应与床铺、纸顶棚、木窗框等可燃物保持一段距离。农村使用的砖炉土灶，要远离柴草。

（2）炉旁不要放废纸、刨花等易燃物。

（3）烘烤衣物要有专人看管。

（4）掏出的炉渣要等完全熄灭后，倒在安全地方，特别注意不要带着红火倒炉渣。

4. 点蚊香时需要注意什么？

夏日的夜晚，蚊虫叮咬常常令人难以入睡，人们常用蚊香驱蚊。蚊香虽小，但使用不当也容易引起火灾，所以入睡前一定要检查。

（1）蚊香要放在支架上。支架不要放在纸箱、桌面或木制地板上，而要放在金属盘、瓷盘及水泥地、砖地上，这样就安全多了。

（2）不要在窗台等容易被风吹到的地方点蚊香。

（3）使用电蚊香，要放在远离纸、木桌等易燃物的地面上；不使用时，应该拔掉插头。不要使用汽油、煤油和柴油助燃，以防它们猛烈燃烧而引起火灾。

四、讲故事《火中的“无形杀手”》。

五、快板《报警歌谣》：

报警早，损失小，“119”电话要记牢。

社会主义制度好，救火分文都不要。

报清门牌和号码，说明火势大和小。

跑到路口等车来，救火时间能提早。

六、“防火安全知识知多少”知识竞赛。

主持人：比赛为抢答题，全班分为四小队，每小队基本分为100分。先举手者先回答，答对了给该小队加10分，答错了扣10分。

1. 我国大陆通用火警电话号码是（　　　）。

2. 中国香港特别行政区火警电话号码是（　　　）。

3. 中国澳门特别行政区火警电话号码是（　　　）。

4. 新疆克拉玛依友谊馆火灾是舞台灯光烤燃幕布引起的，烧死多名中小学生。（　　）

5. 进入公共场所，一定要注意观察。（　　　）

6. 《中华人民共和国消防法》实施的日期是（　　）。

7. 消防车和消火栓的颜色是（　　）。

8. 教育、劳动等行政主管部门应当将消防知识纳入（　　）内容。

9. 任何单位、（　　）都有参加有组织的灭火工作的义务。

10. 公安消防队救火应（　　）。

11. 楼内失火应（　　）。

12. 身上着火怎么办？（　　）

13. 到床底、阁楼找东西时，应用（　　）照明。

14. 学生外出郊游应注意（　　）。

15. 下列物品在家庭中储存时，（　　）火灾危险性最小。

16. 使用电灯时，灯炮不要接触或靠近可燃物。（　　）

17. 在校园内不准随意焚烧树叶、垃圾。（　　）

七、诗朗诵《儿童防火歌》：

小朋友笑呵呵，大家来唱拍手歌。

你拍一我拍一，拍完南北拍东西。

你拍二我拍二，咱俩宣传做伙伴。

你拍三我拍三，禁火场所别吸烟。

你拍四我拍四，用火不当会出事。

你拍五我拍五，烟囱坏了快修补。

你拍六我拍六，风大失火不好救。

你拍七我拍七，不要玩火做游戏。

你拍八我拍八，电线不能随便拉。

你拍九我拍九，火警电话一一九。

你拍十我拍十，人人防火要落实。

我拍你你拍我，大家都要来防火。

八、辅导员讲话：

火是人类的朋友，它给人们带来光明和温暖，带来了人类的文明和社会的进步。但火如果失去控制，酿成火灾，就会给人民生命财产造成巨大损失。据统计：1994 年我国共发生火灾 4 万起，伤亡 7000 余人。而其中 10% 的火灾是由小孩玩火造成的。可见学习了解一些消防知识，减少人为火灾的发生，对少年朋友来说是多么重要。

一些同学有玩火的坏习惯。有的点火烧纸、烧柴草，在野外堆烧废轮胎、废塑料，还有的在黑暗处划火柴、点油灯照明，或弹火柴棍、烧马蜂窝……

玩火极易招致火灾。近几年因玩火引起的火灾每年达 3000 余起，使 200 多人死亡，所造成的经济损失，如果用于希望工程，可使 10 万失学儿童回到课堂。

同学们要充分认识玩火的危害性和可能带来的严重后果，任何时候都要坚决做到不玩火。同学间还要互相监督、互相提醒。如发现有同学玩火，应该立即制止，并报告老师和家长，对他们进行批评教育。

同学们，美丽的大自然需要我们的呵护，让我们一起共同努力吧！

主持人：同学们，今天的主题班会到此结束！

案例 4 - 2 - 9

安全教育班队活动——安全·生命

一、活动目的

教育队员牢记有关安全的血的教训，掌握有关安全常识，时刻牢记江泽民同志关于"隐患险于明火、防范胜于救灾，责任重于泰山"的重要教诲，确保学生每天能"高高兴兴地上学，平平安安地回家"。

二、活动准备

1. 收集有关安全事故案例。

2. 安全知识问答题。

3. 儿歌、小品、快板等。

三、活动过程

第一篇章：惨痛教训铭记在心

甲：亲爱的少先队员们，你们一定在电视银幕上，

乙：在马路边的宣传牌上，看到这样一句口号：

合："安全法规，生命之友。"

甲：你也许会问：安全法规为什么是生命之友呢？

乙：请大家一起来听几段关于安全事故的案例。

甲：数据 1：2006 年 9 月 24 日下午，某小学在课间休息时，学前四班和五班的学生下楼梯时，与下了体育课准备回教室的学前六班学生在楼梯拐弯处相遇而发生拥挤、踩踏，造成 7 名学生受伤，3 名学生死亡。

乙：数据 2：2007 年 2 月 25 日，清江乡上春小学的一名学生放学后骑自行车回家途中，由于操作失误，与一辆从远处开来的大卡车相碰撞，后经抢救无效死亡。

甲：数据 3：2006 年 12 月 22 日晚 8 点左右，某村的 8 名中学生结伴去邻近一村庄看电影，途中横穿该村的二级公路时，8 名学生同时被一辆高速行驶的汽车撞成重伤，其中死亡 2 人，残废 3 人。

乙：数据 4：2005 年 4 月 5 日上午，某小学四年级 5 个班的学生，在校长和

10 名教师的带领下，到一个水库春游。其中有 3 个班的学生在无人指挥的情况下私自争相登船，船尚未启动，即倾斜进水沉没，已登上船的 139 名学生有 128 名落水，其中 43 名学生溺水身亡。

　　甲：数据 5：德化县盖德乡盖德村 8 组的李友文、李有斌和 9 组的李升渊、李德渊是盖德中心小学的学生。在 2003 年 8 月 14 日下午，他们四人到盖德溪一水潭附近垂钓时，四个学生都溺水身亡。

　　乙：数据 6：2004 年 2 月 28 日，德化县上涌镇下涌村发生山林大火，前后共烧掉 1256 万亩的山林。在扑火过程，郭春梅、郭清楚、李素 3 位女村民为守护自己的家园而英勇献身。而与她们同时倒下的还有上涌镇年轻的党委副书记林建权。

　　甲：这些都是真实的资料。现在我们请中队辅导员来谈谈有关安全的情况。（内容略）

　　甲：这是骇人听闻的惨案数据。

　　乙：这是触目惊心的安全事故。

　　合：这是惨不忍睹的人间悲剧。

　　甲：这会给多少家庭带来不幸。

　　乙：这会给国家带来多大损失。

　　合：让我们记住这用生命和鲜血换来的教训吧。让我们牢记《少儿安全警示歌》：

　　"安全儿歌容易唱，安全意识树心上。危险灾祸提前防，健康成长作栋梁。"

第二篇章：学习法规自我保护

　　甲：安全是生命之友；

　　乙：安全是全社会的焦点。

　　甲：为了维护安全，减少安全事故，

　　乙：我们要认真学习安全知识，自觉遵守安全法规。

　　甲：下面我们进行安全知识选择题比赛。（一）

　　(1) 下课了，不能干什么：①打球。②追赶打闹。③跳绳。（②）

　　(2) 哪些东西不准带进校门：①皮球。②三角尺。③利器、易燃物品。（③）

　　(3) 哪种行为不对：①跳高、跳远。②攀越围墙、滑楼梯。③翻单杠、荡秋千。（②）

　　(4) 上下楼梯怎样行：①靠右行。②靠左行。③左右行都可以。（①）

　　(5) 遇到火烧山时要：①帮忙灭火。②不帮忙。③报告家长或打 119 火警电话。（③）

乙：我们再来进行判断题比赛。（二）

（1）学生登山、外出或郊游，可以不要经过家长或学校的同意。（×）

（2）步行时要走人行道。（√）

（3）车船行进时，头手不能伸出车窗外。（√）

（4）可以驾驶无牌照的机动车。（×）

（5）在加油站里不能抽烟。（√）

甲：同学们都能够很准确地回答出上列问题，看来同学们都能自觉遵守安全规则。但是当我们独自在家的时候，安全知识也不能少，请看《家庭 A、B 剧》。

小品表演：（A 剧）

C1：（读白）好大一个家，我独自一个人，爸爸妈妈都上班，我可自由啦！

（高兴地跳）我打开电视机，唉，都不好看——（这时，传来敲门声）谁呀？

D：我，你李叔叔。

C1：李叔叔，怎么没听爸爸说过呀！

D：噢，我是新来的，时间不长，是你爸爸让我来拿东西的。

C1：（开门，让 D 进来）

D：（左看右看）小朋友，你一个人在家呀？

C1：（倒茶）叔叔请喝茶，我爸爸让你来拿什么东西？

D：（嘿嘿一笑）来……拿……钱。

C1：（大吃一惊）

D：（拿出小刀，恐吓道）不准喊叫，不然的话，我就要你的小命，动作快点。

C1：（乖乖地到抽屉去拿钱给 D）

乙：下面，我们再来看看 B 剧中另外一个同学是怎样做的。

小品表演：（B 剧）

C2：（读白）多么快乐的星期天，我独自一个人在家，所有作业已做完，这可真开心呀。（打开电视机）唉，都不好看——（这时，传来敲门声）谁呀？

D：我，你李叔叔。

C2：李叔叔，怎么没听爸爸说过呀？

D：噢，我是新来的，时间不长，是你爸爸让我来拿东西的。

C2：（动脑筋想）既然是我爸爸让你来的，那你说我爸爸是什么样儿。

D：嗯，嘴巴大大的，眼睛圆圆的，鼻子高高的，这样。

C2：有络腮胡子吗？

D：没有。

C2：戴眼镜了吗？

D：戴了。

C2：哦，你是来拿公文包的吧。

D：是的。

C2：那你等着，我去拿。

（好久不去开门）

C2：（走到一边）哼，肯定是个冒牌的，我爸爸从不戴眼镜，而且，今天早晨我明明看见他拿着公文包上门的，让他等着吧，他要是再叫呀，我就拨110。

甲：看了这两个表演后，你认为哪一个同学做得对呢？对在哪里？如果相同的情况发生在你身上你会怎样做呢？（小组讨论后，指名汇报）

乙：独自在家时，生人敲门别理他，是熟人敲门还要多搭搭话，刚才A剧中的小朋友就吃了亏。而B剧中那个冒牌"叔叔"却被抓进警察局去了，真令人高兴，这样的喜事，真该放串鞭炮，庆贺庆贺。

甲：但放鞭炮，也要注意安全，请听快板（四）——

快板表演：（人物：E、F）

合：节日到，真热闹，小朋友，放鞭炮；

E：柴草旁，屋前后，严格禁止放鞭炮；

F：点炮引，要用香，别用火柴打火机；

E：哑炮未响别去拿，伤了自己损失大；

F：冲天炮，危险大，引起火灾害人家；

E：别拿拉炮对着人，免得炸己又伤人；

F：放鞭炮，害处大，最好自己别放它；

E：有的城市已严禁，我们带头来执行；

合：来执行！

乙：作为小学生，应知道一些消防知识，下面我们就来进行消防知识抢答赛。（五）

（1）电器线路破旧应该怎样？（及时修理更换）

（2）电路保险丝烧断，用铜线代替对吗？（不对）

（3）发现火灾怎么办？（赶快拨打火警119）

甲：同学都很聪明，对消防的知识也掌握得挺好。下面请你们几位总结一下安全小知识，看看我们应该掌握了哪些安全知识？（9人站成圆弧形）（六）

安全警句朗读：（每人一句）

（1）小学生，上学校，走路要走人行道，过马路别乱跑，十字路口看信号。

（2）上下楼梯不拥挤，集体活动守纪律。

（3）家用电器和煤气，使用时要注意，阅读说明再开启。

（4）发生火灾不要慌，快叫大人来帮忙。

（5）放学回家快快走，回家晚了爸妈愁。

（6）遇上骗子多琢磨，抓住机会赶快溜。

（7）一人在家关好门，与人说话要谨慎。

（8）发现坏人来撬门，赶快拨打110。

第三篇章：社会责任从小担起

甲：我们是21世纪的主力军；

乙：我们是新世纪的接班人，

甲：我们是展翅高飞的雏鹰；

乙：我们是社会的小主人。

甲：大家一定还记得我们少先队的一句铭言：

合："以我所能为家乡尽责任。"

甲：是啊，大家说的真好。安全，给我们的唯一承诺是平安。

乙：现代文明城市，需要大家具备现代安全意识。

甲：您请！我让！高风格。

乙：文明、安全、有秩序。

甲：大家从自己做起；从安全做起，建设安全畅通、文明的社会环境。

乙：大家从身边做起；从现在做起，骑安全车、走安全路、做安全事。

甲：让安全事故远离我们。

乙：让安全悲剧不再发生。

甲：万家平安是我们的共同心愿。

乙：同学们，我们要——

齐：自律、自护、自强。

甲：我们要——

齐：大手牵小手，共筑平安道。

甲：我们要——

齐：人民为先、祖国至上，诚实勇敢，自律自护、奋发有为、振兴中华。

甲：队员们，让我们一起来当安全小卫士，为建设安全文明的社会环境尽一份力。

齐：丁堰小学四（2）"安全·生命"班队会，到此结束。

四、请辅导员讲话

同学们，今天我们在这儿举行了一个别开生面、有教育意义的安全教育课。

同学们都能够虚心吸取教训。俗话说得好:"学校安全人人讲,安全学校个个赞。安全知识时时记,注意安全处处提。"愿同学们乘上安全之舟,扬起生命之帆,在知识的海洋里乘风破浪。

五、活动结束

上面的主题班队会都是不同的年级、针对不同的问题召开的班队会,它们各有各的特点。但是如果想组织好一场精彩的主体班队会,需要教师明确以下几方面的内容。

(一) 主题班队会的意义、作用

主题班队会的设计、组织和实施是一个十分有效的安全教育途径,也是学校安全教育工作能得以贯彻实施的重要平台。围绕一个安全主题,充分发挥学生的主动性,有计划地举行班队会活动,既可达到提高认识、发展个性、愉悦生活的目的,又可以培养学生的民主意识、锻炼自理自治能力,从而达到既培养了人,又巩固了班集体的良好班风的目的。

班队活动是课堂教学之外的一种特殊的安全教育形式,它不同于学科教学当中的随机性、渗透性教育。每一次班队活动都有明确的目的任务,每一个班队会都有一个明确的主题,对于学生安全意识的培养而言,这种活动的目的性更强。班队活动中由于学生主动地、积极地参加和全身心投入,学生的情绪情感被充分地调动起来,学生的情感碰撞也十分突出。所以说,有目的、有意识、有计划地创设的班队活动,是有利于学生加深情感体验,培养和陶冶高尚情操的。

(二) 主题班队会的选择和确立

班队会的主题是班级和团队活动的核心,班队会的主题首先要根据学校安全教育的计划,其次班队会主题的选择、活动的设计,都应该按德育大纲的要求来确立,要避免随意性,要注意科学性、系统性和规范性。

一般来说班队会主题的选择应从两方面考虑:

(1) 从安全教育的内容来选择主题。

(2) 从重大节日、纪念日方面选择主题。

关于班队会主题的选择和确定还应注意以下几点:

(1) 主题要有针对性。

(2) 内容要有知识性。

(3) 活动要有趣味性。

(4) 形式要有多样性。

(5) 总体要有计划性。

(三) 主题班队会的准备

要举办一次成功的班队活动,在主题选定以后,必须有一个周详的准备过程，准备工作做的越充分、细致，越能收到预期效果。班队活动的准备可分为思想准备和物质准备两个方面。思想准备主要是要调动班干部和每个学生的积极性，使每个学生都能自觉主动地投入到班队活动的各项准备工作中。准备工作的具体任务都是从干到小组再到个人分层落实。物质准备主要是把班队活动需要用的东西提前准备好，如活动场地的布置材料、活动会场的整体设计等。活动的准备阶段，班主任应发动全班学生参与，这样学生就能在积极准备的实践过程中得到锻炼。

（四）主题班队会的实施

班队活动在完成设计和准备之后，就要把握好实施这个环节。实施过程如果能按原计划进行就能取得圆满的结果。

（五）主题班会的总结

一次成功的主题班会，学生的素质、才华、积极而充分的准备，是必不可少的先决条件。但是班会的压轴戏，也就是班主任在本次主体班队会结束之后，及时总结的经验教训，应是关键所在。班主任成功的总结性发言，是成功的主题班会的重要标志，才能便于下次更好地组织班队会。

三、墙报、板报

班主任、美术老师等教师可以通过和学生一起绘制墙报、板报来加强安全教育，日常渗透安全教育也很重要。下面我们来谈一谈怎样选择板报、墙报的内容和怎样设计板报和墙报。

案例4－2－10

幼儿墙报设计内容
安全儿歌

小朋友，我问你，自我保护可知道？随你问，随你考，安全保护有八条。
第一条，最关键，不碰插座不玩电，过马路，两边看，红灯亮走斑马线。
星期天，去郊游，小河边上不能走。坐汽车，坐火车，头手不伸窗外边。
你的家，住高楼，不爬阳台翻筋斗。煤气灶，有危险，千万不能去开关，
一不小心漏了气，全家中毒上医院。水果刀，大人用，等我长大才能动。
家里人，都不在，谁叫我都不离开。我是妈妈的乖宝宝，自我保护最安全。

交通安全

你拍一，我拍一，过马路不要太着急；你拍二，我拍二，骑车不要把人带；
你拍三，我拍三，走人行横道才心安；你拍四，我拍四，先下后上真懂事；
你拍五，我拍五，不做马路小猛虎；你拍六，我拍六，交通安全来学透；

你拍七，我拍七，开车不要耍脾气；你拍八，我拍八，路边护栏不乱爬；
你拍九，我拍九，施工场地绕道走；你拍十，我拍十，安全习惯要保持。

特殊的电话要牢记

119，我知道，看到着火我报告。消防队员来得快，生命财产才能保。
120，我知道，有人生病它快到。急病就要抢时间，治好病人开口笑。
110，我知道，发现坏人快报告。警察叔叔来得快，坏人个个跑不掉。
121，我知道，天气情况它来报。根据天气穿好衣，身体健康最重要。
特殊电话真不少，小朋友们要记牢，遇到危险别惊慌，打准电话来报告。

着火了怎么办

浓烟滚滚火太急，湿巾来捂口和鼻。烟往上冒地面稀，弯下腰来伏在地。
电梯虽快不要进，安全还是走楼梯。

不要乱动煤气灶

家中煤气灶，火苗红又旺，做饭本领高，危险也不小。
远离煤气才最好，小朋友们要记牢。

安全乘汽车

大汽车，开来了，进站靠边停稳了，先下后上有序了，大家就会不挤了。
手在车上抓牢了，刹车就不碰着了，头手不伸窗外了，危险就会没有了。

安全过马路

大马路，真热闹，过路办法我知道。一定要走人行道，红灯亮，停一停，
绿灯亮，大步行。如果没有人行道，过天桥，走地道，千万别怕把路绕。

安全乘电梯

电梯关门不伸手，各种按键我不扭，电梯上下要站稳，安全规则我遵守。

黑板报、墙报是我们比较常见的平面的进行安全教育的阵地，它能够帮助教师在日常生活中进行安全知识的渗透，对教师的安全教育工作有极大的帮助作用。怎样制作一期好的黑板报和墙报，是许多教师的疑问。下面我们以黑板报为例来谈一谈怎样制作黑板报和墙报。

（一）办板报的工具材料

办黑板报常见的工具有直尺、三角板、圆规、教学用量角器、黑板刷、水桶、抹布、粉盒、长约6m的样线、彩色粉笔等。

（二）办板报的注意事项

（1）文字的字数一定要事先计算好，以达到文字能够完整且美观地"放"到设计版块内。

（2）标题最好单列出来，且不一定放在段首，可置于段中、侧面或图案之中，会更吸引人注意。

（3）要先画图形后，书写出文字，这样可调整文字的段落，使之随图案的变化而变化，避免形成空缺或文字被部分图案盖掉。

（4）由于刊头是板报的主题，因此要设计得十分醒目，且要大于其他图案和花边；选取也应与环境色彩有区别。

（5）版块之间的划分，不一定全用直线或曲线来分隔，选用一些有趣的花边分隔也是一种好方法。

（三）办板报的步骤

（1）先在草稿纸上构思，设计出板报的刊头、版式、标题和文字。

（2）到黑板前用黑板刷刷去上期板报的文字及粉尘，然后用湿抹布擦净黑板。

（3）依设计的版式或概括地勾出各版块。

（4）用直尺或粉线在各版块打格子，注意横竖结合。

（5）画上刊头报花，再填写标题的文字。

（6）完善板面，对不满意的地方做一些修改，做到尽善尽美。

（四）粉笔的使用方法

如何使用粉笔十分重要，下面介绍几种方法供教师参考。

（1）反复旋转笔头可以使笔保持尖细，这样使画上去的形象更确切，视觉冲击力强。

（2）许多教师为画有立体感的物体而烦恼，这里有一个小窍门告诉大家，平躺笔身，使用力度随所需颜色深浅而变，或者根据粉笔本身颜色的深浅差别而选用不同颜色亦可达到目的。

（五）色彩搭配的要领

（1）富于感情色彩。作为一名办报者，如果对色彩的选取与主题不符，那么办出的板报就不协调了。

（2）色彩对比，在确立了大体色彩后，小面积地使用一些临近色或补色等，对半高画面有一定的补充作用。

（3）交叉使用，同一色彩在不同的区域反复使用，同样也能达到丰富画面的使用。

（4）一幅板报最好选用4～8种颜色搭配，这样板报色彩才显得丰富，太少就显得单调，太多又显得凌乱。

（5）如果你的粉笔盒的色彩不够，可以用其他色来调。如：橙色粉笔没有了，我们可以用红色粉笔画一遍，然后轻轻地在上面涂上一层黄色的粉笔灰，再揉搓一下就能达到你想要的橙色。

（六）刊头设计的思路与方法

刊头是黑板报的主题，亦是黑板报的灵魂与统帅，对黑板报能否成功起着举足轻重的作用，所以在进行刊头设计时，要先考虑的是反映出该板报的主题，摆放的位置是最显眼的位置，同时要注意与题范及内容的呼应与协调。

1. 刊头文字设计

刊头文字是刊头的中心，也是黑板报的"重中之重"，所以，刊头文字内容务必精简，使之能概括地反映出板报的主题。文字字体，最好设计为一些美观的美术字，或根据画面需要，适当改变字形、大小及笔画，以及利用一些点、线、块来构成笔画等。

2. 刊头图片设计

图片内容最好为一些抽象化的人物，道具、场景等，并配合文字构成整个刊头，在色彩搭配上尽量让二者保持既统一又有对比的关系，比如红与蓝，蓝与绿，等等。

小学生低年级和幼儿园的板报、墙报可以由班主任及相关教师完成，小学高年级及中学生可以由学生自己设计并绘制，这样可以锻炼学生的设计、绘画等能力，但是班主任及任课教师要适当选择参与的学生，可以采用轮流的方式，使更多的学生参与到板报、墙报的制作中来。此外，相关教师，如美术教师也可以组织安全知识墙报设计大赛，通过比赛的形式加强对学生的安全教育，但是低年级学生不建议采用。

此外，手抄报也是一种很好的方式，教师也可以采用。

四、音像制品

利用音像制品进行安全教育是一种省时省力的方法。

随着市场经济的发展和人们对安全教育的重视，市场上出现了很多关于安全教育的光盘。安全教育光盘能够很好地帮助教师进行安全教育，但是怎样选择是最关键的。我们可以选择教育部门制作的一些安全光盘。教师在播放时应注意以下问题：

（1）在播放之前教师应当自己先熟悉光盘内容。

（2）可以有选择地播放。一张光盘可能有很多内容，需要我们有选择地截取其中的适合本次安全教育主题的内容进行播放。

3. 建议不要播放过长时间。学生正处于好动的年龄，一般注意力集中的时间比较短。安全教育光盘比较枯燥，如果长时间播放，学生可能会出现注意力不集中的问题，达不到教育学生的目的。所以建议教师在一些安全教育活动中结合活动主题播放安全教育光盘。如果是与安全教育有关的电影或故事片，那么可以长时间地播放。

五、实况演习

实况演习是学生比较喜爱的一种形式，学生在生动的演习中能够更快地学会安全知识，掌握安全技能。但是组织一次演习需要的人力、物力要多一些，需要教师做好充分准备。

案例 4 - 2 - 11

大班安全活动——紧急撤离

活动目标

1. 遇到突发事件时，幼儿能及时快捷地撤离到安全地带。

2. 幼儿熟悉安全撤离路径，提高自我保护能力，增强安全意识。

活动准备

1. 幼儿、家长和教师共同收集报刊、杂志、电视报道中有关紧急撤离的事例或图片。

2. 班级紧急撤离路线图。

活动过程

1. 组织幼儿观看录像或图片，让幼儿感知突发事件（煤气泄漏、火灾等）给人们带来的危害。

提问："如果遇到突发事件时怎么办？"引导幼儿说说自己的见识和感受。知道遇到突发事件不要慌，有秩序地撤离可以避免危害的发生。

2. 出示班级撤离路线图。带幼儿观察并找出班级在紧急情况下撤离的路径和位置。

引导幼儿讨论：为什么撤离时要走图中标注的路径？使幼儿了解图中标注的撤离路径是离户外安全地带最近的一条通道。

3. 带幼儿观察撤离路径的条件（几层楼梯、弯道情况等），引导幼儿讨论：怎样走到达安全地带最快？启发幼儿讲述撤离方法和注意事项。如可以分成两队，沿楼梯两侧迅速撤离；按顺序，不拥挤；听老师指挥等。

4. 熟悉警报录音，组织幼儿"实战演习"。听到警报声音时，在老师的带领下，按图标路径迅速撤离到户外安全地带。如幼儿在撤离情况下出现拥挤、用时过长等情况，教师带幼儿查找原因，再次演习，使幼儿掌握正确、快捷的撤离方法。

活动延伸

1. 教给幼儿撤离时的正确方法，用照片或绘画图片的方式呈现在墙上。

2. 向家长介绍活动情况、目的。请家长带幼儿熟悉小区居住环境。寻找紧急情况下撤离的路径和安全位置。

3. 教师或家长带领幼儿了解生活环境（幼儿园、公共场所）中的安全通道及出口，认识紧急出口标志。

案例 4 - 2 - 12

防震演习方案

活动目的

为切实做好防震安全工作，确保学生的生命安全，培养学生在遇到地震等突发事件时的应变能力，特举行一次地震避灾演习。

演习地点

本学校。

演习对象

本班学生。

模拟地震信号

主震发生时，连续长铃声。撤离信号：短促铃声。

演习操作程序

1. 全体学生在教室里观看有关地震的录像。

2. 当地震发生时（发出预设长铃声信号），学生进行应急避灾，在十几秒内迅速躲避在课桌下面。

注：正在上课时，学生要在教师指挥下迅速抱头、闭眼、躲在各自的课桌下。

3. （短促铃声）警报后，上课教师立即通知学生发生地震，并以最快速度按预定路线有组织地向楼下疏散。

注：震后应当有组织地撤离。

疏散时的要求：

A. 在主震发生时，教师要冷静、镇定地指挥学生有序地、迅速撤出教室，到安全的地点进行避震。

B. 听到长铃声或短促铃声时，按应急方案进行演练，以最快时间内完成。

C. 师生每人都必须熟记疏散的路线和安全集中的地点。

4. 所有学生撤离教学楼后，全部集中到操场。

5. 教师总结。

安全演习的设计比较复杂，一般由学校集体组织，但也有班主任自己组织的。但是需要其他教师的大力配合。在这里我们只简单介绍一下注意事项：

（1）教师要做好安全预案。安全演习中可能出现安全事故，因此教师必须做好充分的准备和考虑，要在学生掌握一定安全知识和逃生技能的基础上进行。

（2）教师应当和学生做好协商工作，确定演习时间、地点，便于学生做好心理准备和知识准备。

（3）一般演习活动至少需要多名教师参与，班主任可以请求其他任课教师的支援，共同做好安全演习。

六、文艺节目

文艺节目是学生最喜爱的形式之一，组织文艺节目，既能展示自己的才艺，又能在活动中受到教育。这里提供一些剧本供教师选择。

案例 4 - 2 - 13

小品《蛇咬之后》①

郊游途中，如果出现了意外，我们该怎么办呢？请看小品《蛇咬之后》。

旁：张小灵、黄爱华、郭松浩三人到郊外野营。

张对路人甲：麻烦你帮我们在这里照张相可以吗？

路人替他们三人照了相，然后把相机还给了他们。

旁：忽然，张小灵发现脚下有什么东西在动。

黄：咦，你的脚下……

张：哇……是蛇！

旁：三人在惊慌之下，手忙脚乱地把蛇踩死了。而张小灵感觉腿上麻麻的，他意识到自己已被蛇咬到，中毒了。

黄：不会吧，你被毒蛇咬中了？

郭：给我看看。哦，你真的被蛇咬了。（于是便探头下去给张小灵吸伤口处的毒液）呸。我看没事了。

旁：停！用嘴给别人伤处吸毒液，万一自己也因此中毒了怎么办？两条命呀！

黄：别怕。我带你去医院。（黄爱华拉着张小灵拔腿就跑。）

旁：停！跑那么快，血液循环加快，毒液会直攻心脏。你是救他还是害他！

张：有没有蛇药？

黄：噢！有有有！

张：快拿来。（他拿了蛇药口服了一些，并涂了一部分在伤口处。）应该没事了，休息一会儿继续上路。

旁：没事了？蛇药药效能全部发挥吗？难道就只有这个办法吗？

黄：快，用绳子扎紧这里（伤口上方 3～6cm 处）。

张：喂，别把我小腿捆死呀！

---

① 重庆市渝中区四路小学：http：//www.yzzs.com//Article/ShowArticle.asp？ArticleID＝803.

郭：我打 120！

旁：郭松浩拨打了 120，救护车不久便到了他们的位置，把伤者送了去医院。而他们的野营计划也泡了汤。

甲：看了这个小品，我想，如果我以后外出遇到这种事，我一定会处理好。

案例 4 - 2 - 14

交通安全相声剧本①

甲、乙：上台鞠躬！

甲：（打开扇子当作镜子，揽镜自照，孤芳自赏，不时露出赞叹的表情。）

乙：（看不下去了）干吗？你有自恋狂呀？

甲：说真格的，您觉得我长得怎么样？

乙：您？

甲：嗯！

乙：长得怎么样？

甲：没错！

乙：我瞧瞧！（仔细来回打量着甲，甲做出潇洒自得样）您啊！长得是……（先好后坏，视表演者的特征决定内容）

甲：呸呸呸！怎么说话的？

乙：您问这问题干吗？

甲：我到今天才发现，原来我长得是既可爱又动人，连指挥交通的女警都逃不过我的魅力。

乙：此话怎讲？

甲：您知道我刚买了一辆新的野狼 125 吗？

乙：知道呀！

甲：今天一早醒来，天气晴朗，我神清气爽，骑上我新买的野狼 125 上街遛。当我来到吴凤路和中山路的大路口，我一看是绿灯真是机不可失，正准备加足油门左转的时候，指挥交通的女警竟然带着淡淡的笑意，朝着我做了个 "V" 字形的手势……

乙：哦！

甲：我愣了一下，连忙煞车，左右看了一下，没有别人呀？大概是我看错了！

乙：哦！

———————————

① 林俊良 http：//wenb. org/a4. asp？a＝5b838. html.

甲：我正准备加足油门继续再往前骑，那个漂亮的女警又对着我做了一次"V"字形手势……

乙：那你怎么办？

甲：我心想，既然人家这么欣赏我，我也不能太见外喽！于是，我使出我吃奶的力气，摆出一个最可爱的姿势。（将手摆到太阳穴，装可爱）

乙：恶！（呕吐状）

甲：什么声音呀？

乙：对不起！实在忍不住！（收敛一下心情）然后呢？

甲：真没礼貌！然后啊？只见那个女警脸上的笑容瞬间在脸上冻结，然后冲着我大叫："先生！两段左转啦！"

乙：嘿！哈哈哈！（乙突然大笑，甲用非常埋怨的眼光望着他，乙收敛起笑容来）对不起！您继续！

甲：突然间，整个十字路口所有的车辆全部都停了下来，霎那间，仿佛时间停止了，所有人都看着我，连路上的小狗、空中的小鸟也不例外。

乙：这么厉害呀？然后呢？

甲：跟你一样啊！哈哈哈哈！（甲和乙一起大笑）我这辈子没这么丢脸过。

乙：好了！好了！你这还算好的呢！骑机动车没有两段左转，顶多是被女警骂一骂！我可就惨了！

甲：哦！发生什么事了？说来听听！

乙：嗯！这样说没意思，干脆！咱们来点新鲜的，这样说起故事来比较有意思！

甲：好哇！什么新鲜的？

乙：这样吧！你来演我，我来演你！我说什么你做什么。

（乙到桌子后躲起来）

甲：喔！什么意思？（望着乙一头雾水）

乙：我今天起了个大早，我骑上我新买的野狼125上街遛，（唱）我骑着我的摩托车呀，要到路的尽头，没人陪伴我……

（甲跟着歌声愉快地打拍子）

乙：（边唱歌，边从桌子后出来，拿扇子打甲）喂！你领悟力很低耶！

甲：干吗呀？

乙："双簧"你会不会？

甲：我？我跟你说相声，我会不懂双簧？

乙：会就照做呀！我出声音你做动作啊！

甲：好好好！我试试！

乙：不准试！要准确！

甲：好好好！我尽量！

乙：不准尽量，要百分之百！现在在比赛你知不知道？

甲：喔！

乙：难道你要告诉评审说："不好意思！我尽量！"像话吗？来啊！

甲：好啦！好啦！

乙：（开始"双簧"段子，乙发出声音，甲对嘴做动作）今天，我起了个大早，一看天气晴朗，风和日丽，于是，我决定骑上我新买的野狼125……

甲：（回到本来角色，抢词）你也买了一辆新的野狼125啊？

乙：（生气站起）你不要讲话！

甲：对不起！继续！

乙：于是，我决定骑上我新买的野狼125上街遛……（然后乙许久不说话）

甲：（做骑摩托车的动作）喂！怎么那么慢呀？

乙：不好意思！我在想词。

甲：（站起）喂！

乙：好好好！继续！（继续演"双簧"）于是，我决定骑上我新买的野狼125上街遛，我牵出我心爱的野狼125……

文艺演出能够使学生在欢歌笑语中学习安全知识，是一种不错的方法。但是组织文艺演出需要注意以下问题。

1. 节目的选择

文艺表演的节目是组织好一场文艺表演的关键，教师应当恰当地选择与安全有关的文艺节目。节目形式可以多种多样，如话剧、舞台剧、歌曲、小品、相声、合唱等形式，如果舞台剧或话剧比较长，可以做一个专场演出。如果节目时间比较短，可以组织一次汇演。根据安全教育的时间、地点的条件而定。

2. 主持人的选择

安全文艺表演不仅要求主持人形象好、普通话佳，更需要主持人能够对场上的情况做好及时灵活的调整。

3. 节目的排练

节目选定之后需要教师组织学生进行排练，选择怎样的时间，在什么地方排练都是教师应当解决的问题。在不影响其他教育工作的前提下进行排练是教师的工作。高年级的学生可以自行组织排练，但比较大的节目还是离不开教师的指导。

七、安全倡议书

倡议书是个人或集体提出建议并公开发起，希望共同完成某项任务或开展某项公益活动所运用的一种专用书信。安全倡议书是进行安全教育、推广安全教育的一种很好的途径。

案例 4 - 2 - 15

安全教育周活动倡议书

亲爱的同学们：

你们知道吗？3 月 31 日是全国中小学安全教育日，为了使大家增强安全意识，让事故远离我们，特向全体少先队员发出如下倡议：

一、注意交通安全

1. 增强交通安全意识，时刻牢记交通安全。

2. 平时认真学习交通法规，丰富交通安全知识。

3. 放学回家过马路时，做到红灯停，绿灯行，走人行横道线，注意观察道路状况，确认安全后再行走。

4. 上学放学乘车，做到文明乘车，安全乘车。

5. 遵守交通法规，不在马路上嬉戏。

6. 宣传交通法规，争做红领巾志愿者、义务宣传员。

二、注意活动安全

1. 上下楼梯轻声慢步靠右走，千万不要把扶手当作滑梯滑下来。

2. 不在栏杆边打闹，或把头伸出栏杆，甚至爬出栏杆。

3. 课间不做剧烈运动。参加活动时，不做危险动作。

4. 发现不安全隐患及时向老师报告。

三、注意饮食安全

1. 不把零食等东西带进学校。

2. 吃饭前记得洗手。

3. 文明就餐，排队有秩序。

4. 放学以后不买街头摊点的食品、饮料。

5. 在家不食用未经彻底加热的剩余饭菜等食物。

6. 食用的凉菜、瓜果、蔬菜要认真清洗、消毒。

7. 不购买过期、变质的食品和饮料、冷饮，不喝生水和不洁净的水。

同学们，有了生命，一切才有可能；有了健康，我们才能更好地享受生命。同学们，为了我们的安全行动起来吧！

×××学校少先队

×年×月×日

案例 4 - 2 - 16

寒假学生安全教育倡议书

尊敬的家长：

你好！

为了让您的孩子度过一个欢乐、祥和、文明、安全的假期，根据上级有关假期安全工作的通知，贯彻"以人为本，安全第一"精神，结合我校安全工作的实际，我们向您发出下列倡议：

一、加强对孩子的法制教育。注意孩子的思想动态，教育孩子认真学习贯彻党的思想、路线、方针和政策；教育孩子遵纪守法，严禁孩子赌博、吸烟、酗酒、打架、观看黄色录像等；教育孩子远离毒品，严禁孩子参与封建迷信、"法轮功"等有悖于社会主义精神文明的活动。

二、教育孩子注意交通安全。引导孩子认真学习、严格遵守《中华人民共和国道路交通安全法实施条例》，走亲访友必须乘坐符合规定的客运车辆，不坐非客运车辆、超载车辆、无证无牌车辆及农用车、工具车、残疾人自备车、摩托车等。

三、教育孩子注意消防安全。帮助孩子提高防火意识和技能，防止因用电用火、烟花爆竹等而引起的火灾。

四、教育孩子注意家庭生活安全。教育孩子要注意饮食卫生及日常生活中的其他安全事项。孩子有特殊体质或疾病的，应当及时去医院检查治疗，必要时告知学校。

五、教育孩子要注意户外活动安全。告诫孩子谨慎交友，外出活动结伴而行。及时了解孩子外出活动的去向，并告知需要注意的安全事项，保证信息畅通，让孩子及时跟你保持联系。

六、加强对孩子的防溺警示教育。教育孩子不要私自下水游泳；不得擅自与同伴结伴游泳；不得在没有家长的带领下游泳；不到不熟悉的水域或水情险恶的地方游泳；不到危险的地域玩耍、嬉闹。

七、文明上网。当今时代是个信息时代，网络在信息时代发挥着不可替代的作用。但也要看到，越来越多的网络游戏及反动的、暴力的、色情的及其他危害社会稳定的有害信息正在慢慢地腐蚀着部分未成年人的灵魂，所以我们提倡教育你的孩子文明健康上网，不沉迷于网络游戏，自觉远离网吧，要真正利用好网络。

八、教育孩子要锻炼身体。要帮助孩子有目的、有计划、有组织地参加一些有益于身体的锻炼活动，让你的孩子有着强健的体魄和健康的心理适应新学期的学习生活。

各位家长，安全工作是一项重要的、复杂的、长期的工作，学校对学生负有安全教育、管理、保护的职责，并要建立健全相应的规章制度。家长也应当履行监护职责，有义务对你的孩子进行安全教育、管理和保护，并积极配合学校落实有关安全管理制度和安全保护措施。让我们一起把安全工作做实、做好！

最后，祝您全家身体健康，万事如意！

×××学校政教处
×年×月×日

案例 4 - 2 - 17

学生安全上网倡议书

同学们：

21 世纪，以信息技术为代表的科学技术迅猛发展，随之掀起电脑网络热潮。越来越多的人利用网络从事研究、传递信息、交流情感，互联网已经走进了我们的生活。然而一些自控力较差的学生，难以抵制有害信息的侵蚀，沉溺于网吧，沉迷于网聊、网恋、网络游戏大战中，逐渐变得不守纪律、厌学逃学、夜不归宿，纯洁的心灵受到了毒害，眼睛、身体受到了损害，学习受到了极大的影响，有的甚至走上了违法犯罪的道路。由共青团中央、教育部、文化部、国务院新闻办、全国青联、全国学联、全国少工委、中国未成年人网络协会等单位共同发布的《全国未成年人网络文明公约》表达了我们的心声。在此，我们向全校学生发出如下倡议：

（1）把网络作为我们学习知识、方便生活、沟通交流的工具，使其更好地服务于我们的学习、工作和生活；把精力集中在工作和学习上，努力从网络中学习对自己有用的知识，不沉迷于网络游戏和聊天。

（2）在思想上树立一道防线，自觉抵制不良信息的侵蚀，远离黄毒，反对邪教信息，不浏览非法、含有不健康信息的网站。努力学习网络知识、技能，维护网络安全和自己的合法利益，拒绝黑客行为。

（3）遵守宪法的基本原则和相关法规的规定，不散布、传播谣言，不浏览、发布不良信息。弘扬优秀民族文化，遵守网络道德规范，诚实友好交流，不侮辱、欺诈和诽谤他人。增强自我保护意识，不在网上公开个人资料，不随意约见网友，不参加无益身心健康的网络活动。

（4）争做网络安全卫士，维护网络安全，不破坏网络秩序，不参与有害和无用信息的制作和传播，监督和防范不安全隐患，促进网络健康发展！争做网络文明使者，倡导文明新风，争做文明学生！

网络在我们面前展示了一幅全新的生活画面，同时，美好的网络生活也需要我们用自己的美德和文明共同创造。让我们认真贯彻《公民道德建设实施纲要》的要求，响应全国未成年人网络文明公约的号召，从我做起，从现在做起，自尊、自律，上文明网，文明上网！

××实验学校德育处

倡议书的书写需要注意以下几个方面：

（1）倡议书是倡导开展某项有意义的活动、推广或发展某一行之有效的作法的文体。倡议书所倡导的活动和作法应考虑到其广泛性。

在第一行正中写"倡议书"3个字，字体较正文大些。

（2）写对发出倡议对象的称呼。

（3）正文：

①写清发出倡议的根据、原因和目的。只有交代清楚倡议活动的目的、意义，对方才能理解、才能变成自己自觉的行动，否则就很难响应。

②重点是写倡议的具体内容和要求做到的具体事项。这部分一般是分条开列，以求清晰、明确。

（4）结尾要表示倡议者的决心和希望。

（5）最后要写上发倡议者的名称和发倡议的日期。

倡议书一般由一个班级共同书写，也可以由一个人书写，然后向更大范围倡议；教师也可以组织高年学生进行书写，然后向全年级甚至全校发出倡议。

除了以上提到的几种形式，安全教育开展的方式还有很多，我们只是选取比较有代表性的进行论述，希望广大教师可以结合自己的实际，设计出更多更好的安全教育活动，以提高学生的安全意识和技能。

第三节　学校安全预案

为及时有效地保护师生员工的生命、财产、交通安全，提高面临安全事故的快速反应能力，赢得战机，迅速稳妥地救援、疏散人员和物资，将危害控制在最小范围，将损失减低到最低限度，根据国务院颁布的《突发公共卫生事件应急条例》以及各级政府、教育主管部门有关通知、会议和文件精神，各级各类学校都要制定安全预案。

一、制作学校安全预案的步骤

新修订的《未成年人保护法》规定：教育行政等部门和学校等相关教育场所要制定应对各种突发事件的预案。这是我国首次关于学校安全预案的立法。那么如何做好学校安全应急预案呢？

艾克勒姆是现在警察界流行的情报导向理论的创始人。1988 年，他首先创立了预案制作五步法，值得借鉴：

第一步：收集信息

对于学校来说，应该配备专门的信息收集人员，信息越丰富越好，这是预案制作的基础。比如我们学校什么时候发生了什么案子，什么地点发生了什么案子，从建校到现在发生了多少案子，都是什么案子等。

第二步：分析解读信息

信息分析解读的基本方法有两种：空间标图法和时间标图法。

空间标图法。首先绘制一张学校的地图，然后找 6 张同样大小的软片，覆盖在地图上，分门别类地描述各类犯罪，最后把这 6 张软片重叠起来，就可以得到一张能够反映学校各类犯罪情况的地图了。

犯罪分析的另一个重要数据是针对时间分布特点的分析，这就叫时间标图法。比如我们编制过时间日历，也叫犯罪日历。犯罪日历首先按天编制，然后逐月统计。有了这个日历，我们对各个时段的犯罪发生情况就能够一目了然了。

第三步：战略设计战

战略设计应综合分析，全盘考虑。一个是社会水平干涉，比如学校、家庭、市场如何实现综合治理；一个是情景水平干涉，就是容易犯罪的机会。情景防范是非常重要的，必须做好。

第四步：贯彻实施这个步骤包括以下几个部分

制定规划——制定具体的对策和方法，作为指导行动的纲领。

提供设备——预案不是空头文件，而是要随时付诸实施，所以一些必要的设备必须准备好，比如安装探头、配备保安，等等。

实施奖励——谁做的好、表现突出，要给予奖励，努力调动大家的积极性。

解决经费——平安是财富，但平安是需要付出的。这其中就包括必要的经费问题。

大力宣传——使人人知道、人人重视、人人参与，这样才能保证校园的安全，保证预案在突发事件发生时得到及时有效的贯彻与实施。

第五步：科学评估

预案拟定好之后还要进行科学的评估，这是衡量一个预案是否有效、是否具有可行性的必要步骤，也是一个必需的检验过程。为保证评估的有效性：一，遵循外部评估的原则。二，要预留 10% 的评估经费。三，预案的评估分两部分：一个是程序评估，即我们在预防工作中都做了哪些事情，比如给孩子配备安全服，比如在学校门口安监视探头，每班级设有安全员，这就是程序评估；另一个是结果评估。还有一个是准实验法，这种方法的思路是允许其他变量的干扰，最简单的就是对比。例如采取方案后与采取方案前对比，这就是准试验法。实践证明，准试验法是可行的，可以为科学评估提供有力的依据。

二、各种安全应急预案

案例 4-3-1

×××中学安全事故应急处理预案总章

为做好安全事故应急处理工作，根据法律法规，结合我校实际，特制定以下应急预案。

一、指导思想

按照国家安全管理有关规定，本着对学生、教师权利高度负责的精神，加强领导，精心组织，周密安排，及时有效处理特大事故，力争把人员伤亡和财产损失降低到最低限度，全力组织恢复正常教学秩序，妥善安置受害人员，安抚伤亡家属，保证教育教学工作正常进行。

二、总体原则

认真贯彻落实国家有关规定，严格执行《伤亡事故报告规程》，对我校发生的各种特大事故本着实事求是原则，立即将所发生的特大事故上报教育局及市有关部门，接受调查处理，按上级事故调查组提出的意见，在限期内依法对负有领导责任的主要领导、分管领导和直接责任者进行事故追究和处理。

三、组织领导

为切实加强特大事故处理工作的领导，学校成立特大事故处理领导小组，负责领导全局特大事故调查处理抢险工作。

组　长：×××校长

副组长：×××副校长

成　员：×××办公室主任

　　　　×××教务处主任

　　　　×××德育处主任

　　　　×××体卫处主任

　　　　×××总务处主任

　　　　×××德育处副主任、总支纪检委员

　　　　×××保卫干部

领导小组下设办公室

办公室主任：×××

办公室副主任：×××

四、有关职责要求

1. 发生任何重大事故，领导小组成员必须在最短时间内到达事故现场，迅速采取有效措施，积极组织抢救工作。

2. 上一级行政领导因外出公干等特殊情况无法达到现场或不能履行职责，经授权由下一级行政领导（副组长）代为履行职责。

3. 行政、年级主任，班主任，值班人员，有关工作人员必须严格履行职责，到岗到位，确保24小时内通讯录中能有一个电话畅通。

4. 各部门要密切配合，服从指挥，确保政令畅通和各项工作的落实。

5. 全体师生必须服从领导小组的指导、调度，积极投身到相关抢救工作中。特殊情况下，无条件征用教师车辆。

6. 无论发生何种事故，都必须将学生放在第一位，先保护、撤离、抢救学生，后教职员工。

7. 新闻媒体要求采访，必须经过校长或上级部门同意，由领导小组统一对外发布消息。未经同意，任何单位和个人不得接受采访，以避免报道失实。

说明：

所有预案中领导小组的组长、副组长、成员的确立，根据相关职位和岗位确立。当人员职位、岗位变动时，相应接替该职位和岗位的人员为当然的负责人和相关组成人员。

案例 4 - 3 - 2

×××中学校园网络安全应急预案

为确保发生网络安全问题时各项应急工作高效、有序地进行，最大限度地减少损失，根据互联网网络安全相关条例及法律法规，结合我校校园网工作实际，特制定本预案。

一、应急机构组成

1. 领导小组及职责

组　长：×××

副组长：×××

成　员：×××　×××　×××

主要职责：

（1）加强领导，健全组织，强化工作职责，完善各项应急预案的制定和各项措施的落实。

（2）充分利用各种渠道进行网络安全知识的宣传教育，组织、指导全校网络安全常识的普及教育，广泛开展网络安全和有关技能训练，不断提高广大师生的防范意识和基本技能。

（3）认真搞好各项物资保障，严格按照预案要求积极配备网络安全设施设备，落实网络线路、交换设备、网络安全设备等物资，强化管理，使之保持良好工作状态。

（4）采取一切必要手段，组织各方面力量全面进行网络安全事故处理工作，把不良影响与损失降到最低点。

（5）调动一切积极因素，全面保证和促进学校网络安全稳定地运行。

2. 网站不良信息事故处理行动小组及职责

组　长：×××

成　员：×××　×××　×××

主要职责：

（1）一旦发现学校网站上出现不良信息（或者被黑客攻击修改了网页），立刻切断防火墙以及网站服务器外网网络连接。

（2）备份不良信息出现的目录、备份不良信息出现时间前后一个星期内的HTTP连接日志、备份防火墙中不良信息出现时间前后一个星期内的网络连接日志。

（3）打印不良信息页面留存。

（4）完全隔离出现不良信息的目录，使其不能再被访问。

（5）删除不良信息，并清查整个网站所有内容，确保没有任何不良信息，重新连接网站服务器及防火墙外网网络连接，并测试网站运行。

（6）修改该目录名，对该目录进行安全性检测，升级安全级别，升级程序，去除不安全隐患，关闭不安全栏目，重新开放该目录的网络连接，并进行测试，正常后，重新修改该目录的上级链接。

（7）全面查对HTTP日志，防火墙网络连接日志，确定该不良信息的源IP地址，如果来自校内，则立刻全面升级此次事件为最高紧急事件，立刻向领导小组组长汇报，并协助向公安机关报案。

（8）从事故发生到处理事件的整个过程，必须保持向领导小组组长汇报、解释此次事故的发生情况、发生原因、处理过程。

3. 网络恶意攻击事故处理行动小组及职责

组　长：×××

成　员：××××

主要职责：

（1）发现出现网络恶意攻击，立刻确定该攻击来自校内还是校外；受攻击的设备有哪些；影响范围有多大。并迅速推断出此次攻击的最坏结果，判断是否需要紧急切断校园网的服务器及公网的网络连接，以保护重要数据及信息。

（2）如果攻击来自校外，则应立刻从防火墙中查出对方 IP 地址并过滤，同时对防火墙设置对此类攻击的过滤，并视情况严重程度决定是否报警。

（3）如果攻击来自校内，立刻确定攻击源，查出该攻击出自哪台交换机，出自哪台计算机，出自哪位教师或学生。接着立刻赶到现场，关闭该计算机网络连接，并立刻对该计算机进行分析处理，确定攻击出于无意、有意还是被利用。暂时扣留该计算机。

（4）重新启动该计算机所连接的网络设备，直至完全恢复网络通信。

（5）对该计算机进行分析，清除所有病毒、恶意程序、木马程序以及垃圾文件，测试运行该计算机 5 小时以上，并同时进行监控，无问题后归还该计算机。

（6）从事故发生到处理事件的整个过程，必须保持向领导小组组长汇报、解释此次事故的发生情况、发生原因、处理过程。

4. 学校重大事件网络安全处理小组：

组　长：×××

副组长：×××

成　员：×××

主要职责：

（1）对学校重大事件（如校庆、高考、评估等对网络安全有特别要求的事件）进行评估、确定所需的网络设备及环境。

（2）关闭其他与该网络相连，有可能对该网络造成不利影响的一切网络设备及计算机设备，保障该网络的畅通。

（3）对重要网络设备提供备份，出现问题需尽快更换设备。

（4）对外网连接进行监控，清除非法连接，出现重大问题时立刻向电信部门求救。

（5）事先应向领导小组汇报本次事件中所需用到的设备、环境，以及可能出现的事故及影响，在事件过程中出现任何问题应立刻向领导小组组长汇报。

5. 通讯联络小组及职责

组　长：×××

成　员：×××　×××

主要职责：迅速与学校领导、各相关处室以及相关部门取得联系，引导人员和设施进入事件地；联络有关部门、个人，组织调遣人员；负责对上、对外联系及报告工作。

二、应急行动

1. 领导小组依法发布有关消息和警报，全面组织各项网络安全防御、处理工作。各有关组织随时准备执行应急任务。

2. 组织有关人员对校园内外所属网络硬件软件设备及接入网络的计算机设备进行全面检查，封堵、更新有安全隐患的设备及网络环境。

3. 加强对校园网内计算机设备的管理，加强对学校网络的使用者（学生和教师）的网络安全教育。加强对重要网络设备的软件防护以及硬件防护，确保正常运行软件的硬件环境。

4. 加强各类值班值勤，保持通讯畅通，及时掌握学校情况，全力维护正常教学、工作和生活秩序。

5. 按预案落实各项物资准备。

三、网络安全事故发生后的有关行动

1. 领导小组得悉紧急情况后立即赶赴本级指挥所，各种网络安全事故处理小组迅速集结待命。

2. 各级领导小组在上级统一组织指挥下，迅速组织本级抢险防护。

（1）确保 WEB 网站信息安全为首要任务：关闭 WEB 服务器的外网连接、学校公网连接。迅速发出紧急警报，所有相关成员集中进行事故分析，确定处理方案。

（2）确保校内其他服务器的信息安全：经过分析，可以迅速关闭、切断其他服务器的所有网络连接，防止滋生其他服务器的安全事故。

（3）分析网络，确定事故源：使用各种网络管理工具，迅速确定事故源，按相关程序进行处理。

（4）事故处理完成后，逐步恢复网络运行，监控事故发生根源是否仍然存在。

（5）针对此次事故，进一步确定相关安全措施、总结经验，加强防范。

（6）从事故一发生到处理的整个过程，必须及时向领导小组组长、教务处以及校长汇报，听从安排，注意做好保密工作。

3. 积极做好广大师生的思想宣传教育工作，迅速恢复正常秩序，全力维护校园网安全稳定。

4. 迅速了解和掌握事故情况，及时汇总上报。

5. 事后迅速查清事件发生原因，查明责任人，并报领导小组根据责任情况进行处理。

四、其他

1. 在应急行动中，各部门要密切配合，服从指挥，确保政令畅通和各项工作的落实。

2. 各部门应根据本预案，结合本部门实际情况，认真制定本部门的应急预案，并切实落实各项组织措施。

3. 本预案从发布之日起正式施行。

案例 4-3-3

×××中学校外活动安全应急预案

为确保学生校外活动中的安全，最大限度地减少人员伤亡和财产损失，稳定社会秩序和校园秩序，根据相关法律法规，结合我校工作实际，特制定本预案。

一、应急机构与职责

（一）组织与领导

组　长：×××

副组长：×××　×××

成　员：全体中层干部、年级主任。

小组成员将分别担任应急预案中各工作组负责人或成员，上一级行政因外出公干等特殊情况无法到达现场或不能履行职责，经授权由下一级行政领导（副组长）代为履行职责。

校长是应急预案的总指挥，根据事故等级启动应急预案和发布解除救援行动的信息，各小组按统一指挥、分级响应、岗位责任、互相配合的运行原则，采取一切必要手段，组织各方面力量全面进行救护工作，把事故造成的损失降到最低点；调动一切积极因素，做好稳定教育教学秩序和伤亡人员的善后及安抚工作；对应急工作中发生的争议采取紧急处理措施；向当地上级或当地有关部门通报应急救援行动方案，并提出要求支援的具体事宜，配合上级部门做好各项工作。

当学校在救援时用到交通、消防、医疗救护等其他应急救援机构时，这些应急机构的指挥系统就会与学校的指挥系统构成联合指挥。学校应急指挥应该成为联合指挥中的一员。学校的应急指挥主要任务是提供救援所需的学校信息，配合其他部门开展应急救援。当联合指挥成员在某个问题上不能达成一致意见时，则由负责该问题的联合指挥成员代表做出最后决策。

（二）贯彻预防为主的方针

领导小组成员在突发事故前要做好以下工作：

1. 加强领导，健全组织，强化工作职责，制定应急预案和落实各项措施，完善工作机制和应急保障系统。

2. 办公室做好预案的发放、登记、修改和重新修订，定期组织教职工学习应急预案的内容；加强对教师师德规范教育，增强责任意识和法制意识。

3. 凡组织学生外出，都要经校长同意，校长要落实负责人员的安全工作职责，配备足够教师带队，使用符合安全规定的交通工具搭载学生；加强对学生行为规范教育、安全教育、守秩序教育，贯彻谁审批谁负责和谁组织谁负责的原则。学生野外活动，人数达到 50 人以上时，要派随队校医，带应急药物，组织者要带照相机。

4. 后勤部门要经常进行对校车的安全检查，发现隐患要立即整改。

5. 后勤部门确保校车在校，司机值班，校医室常备一定应急医疗物资；德育部门确保医生值班。

6. 值日行政履行值日工作职责，坚守学校，有事外出必须告知另外的值日行政，或请其他行政代为履行值日工作职责。

7. 办公室印制全校教师通讯录，年级组印制年级班主任通讯录，并定期核对电话号码，所有行政、年级主任、班主任、值班人员确保 24 小时能在通讯录中有一个电话畅通。年级组收集各班学生家长通讯录，并送交电子文档到校医室，输入计算机储存，交一份复印件到学生宿舍。班主任要在身边常备家长通讯录。

（三）启用应急预案的情况

1. 重伤 2 人以上；

2. 死亡 1 人以上。

二、应急响应过程

（一）接警与通知

事故发生后，在场人员（包括行政、教师、职工、临时工、学生）必须立即将所发生的事故情况报告校长和拨打 120 急救电话。如果是交通事故，当事人还应及时拨打 110 向交警队报告；如果是火灾事故，当事人还应及时拨打 119 向消防部门报告，准确报告事故发生详细位置。校长必须掌握的情况有：事故发生的时间与地点、种类、程度、危害；在基本掌握事故情况后，首先通知副组长，然后通知各工作组组长立即启动应急预案。值日行政和德育部门领导必须立即赶赴现场组织抢救。

校长还要将事故有关情况上报教育局和医疗机构，通报应该包括以下信息：通报人的姓名和电话号码；事故发生的时间与地点、种类、程度、危害；伤亡学生属哪一所学校；已采取和准备采取的应急行动。

（二）现场应急抢救、现场保护

组　长：×××

副组长：×××

成　员：组织活动的干部、教师、年级主任、班主任、校医、司机。

1. 在场人员（包括行政、教师、职工、临工、学生）应首先检查学生受伤情况。根据先重后轻的原则立即对受伤学生进行应急处置。同时，叫旁边教师或学生联系校长和拨打120急救电话，校长接到报警后，马上通知组长赶赴现场，组长在赶赴现场的同时通知抢救组成员迅速到现场。在场最高负责人在抢救小组到达前应根据事态确定是等待急救车还是马上使用路过车辆，派在场教师随车参与救治。组长到达后负责现场指挥和控制。校医到达后，马上接替在场行政、教师对受伤学生进行处置，尽快确认伤者中哪些还需要送医院救治，组长根据医生意见确定送到哪一所医院，并派班主任随车参与救治。

2. 班主任及时通知家长发生什么事故和学生被送往的医院地址，请家长到医院。

3. 德育处主任派年级主任将没有受伤学生送返学校，并调查事件发生的过程，用分隔调查形式，不诱导；并实事求是做好书面记录，被调查人员要签名。德育处主任派在场行政留守现场，严格保护事故现场，因抢救伤员、防止事故扩大等原因需要移动现场物件时，必须做好标记、拍照，详细记录和绘制事故现场图，并妥善保存现场重要痕迹、物证等。

（三）联络、教育

组　　长：×××

副组长：×××

成　　员：×××、×××、年级主任和班主任

1. 接到校长通知启动预案后，办公室在24小时内写出书面报告，报告内容包括：发生事故的时间、地点；事故的简要经过、伤亡人数；事故原因、性质的初步判断；事故抢救处理的情况和采取的措施；需要有关部门和单位协助事故抢救和处理的有关事宜；事故报告部门、部门负责人和报告人。报告内容经校长审查同意后送交教育局。属校方责任保险事故的，还要及时报知保险公司。之后随时将事故应急处理情况报上级主管部门。

2. 办公室主任和年级主任、班主任分别做好教师和学生教育工作，稳定师生情绪，要求各类人员绝对不能以个人名义向外扩散消息，以免引起不必要的混乱；对情绪反应较大者安排心理教师进行辅导；如有新闻媒体要求采访，必须经过校长或上级部门同意，由小组统一对外发布消息。未经同意，任何单位和个人不得接受采访，以避免报道失实。

3. 办公室参与事故调查处理工作，负责写出书面报告。

（四）接待家长和后勤支援

组　　长：×××

副组长：×××

成　　员：年级组长和班主任

1. 组长根据校长通知启动本组工作。

2. 看望、援助、救助伤亡学生家庭。如有个别家长来访，德育处副主任、年级副主任、班主任要做好家长的思想工作和接待工作，根据学生事故处理条例的有关条款规定，总务主任协助伤亡学生的善后工作，安排住院学生的家长的食宿。

3. 要依法调解安抚，不要信口开河、随心所欲，要掌握合法、合理、合情的原则。不留尾巴；不搞分段解决。学校在无力调解学校学生意外伤害事故处理时，组长报请上级部门介入调解解决。

4. 事故处理结尾阶段，起草《协议书》。《协议书》要写清协议双方的身份；学生事故的简要经过，包括事发时间、地点、双方达成的补偿协议；双方签名等内容。整理病历卡复印件、医药费发票原件和复印件报保险公司理赔。

5. 总务主任组织保安人员严格核查外来人员身份，不准非当事人家长和闲人进入校园，保证校园的治安秩序的稳定。根据教育部《学生伤害事故的处理办法》有关条款规定，在事故处理过程中，受伤害学生的监护人、亲属或其他有关人员，在事故处理过程中无理取闹，扰乱学校正常教育教学秩序，或者侵犯学校、学校教师或者其他工作人员权益的，应当报告公安机关依法处理。

（五）事故调查

组　长：×××

成　员：上级指派的领导、事件涉及的部门领导。

1. 配合上级部门进行事故处理及调查工作。调查事故原因，整理事故记录，形成书面报告。

2. 并向教育局报告事故处理结果。对违反本预案、不履行应急救援工作的、发布假消息的、不服从应急救援指挥的人员进行处分，构成犯罪的，移送司法机关依法追究刑事责任。

3. 总结经验教训，查找制度、政策、设施等存在的问题，制定防范措施。

案例 4-3-4

×××中学公共卫生安全应急预案

学校突发公共卫生事件是指在学校内突然发生，造成或可能造成师生员工身体健康严重伤害的传染病疫情，群体性不明原因疾病、群体性异常反应、食物和职业中毒以及其他严重影响师生员工身体健康的公共卫生事件。

根据《中华人民共和国传染病防治法》、《中华人民共和国食品卫生法》、《突发公共卫生事件应急条例》等法律法规，结合我校实际情况，制定本预案。

一、工作目标

1. 普及各类突发公共卫生事件的防治知识，提高广大师生员工的自我防范意识。

2. 完善突发公共卫生事件的信息监测报告网络，做到早发现、早报告、早隔离、早治疗。

3. 建立快速反应和应急处理机制，及时采取措施，确保突发公共卫生事件不发生及不在校园蔓延。

二、工作原则

1. 预防为主，常备不懈。

宣传普及突发公共卫生事件防治知识，提高全体师生员工的防范意识和校园公共卫生水平，加强日常检测，发现病例及时采取有效的预防与控制措施，迅速切断传播途径，控制疫情的传播和蔓延。

2. 依法管理，统一领导。

严格执行国家有关法律法规，对突发公共卫生事件的预防、疫情报告、控制和救治工作实行依法管理。在市教育局、卫生局的统一领导下，成立学校突发公共卫生事件防治领导小组，落实校内突发公共卫生事件的防治工作。

3. 快速反应，运转高效。

建立预警和医疗救治快速反应机制，强化人力、物力、财力的储备，增强应急处理能力，做到早发现、早报告、早隔离、早治疗。

三、组织管理

（一）突发公共卫生事件应急处置工作领导小组

组　长：××××

副组长：××××

组　员：办公室、德育处、体卫处、教务处、总务处、各年级等部门负责人、医务室校医。

（二）学校职责

学校成立由校长负责的学校突发公共卫生事件工作领导小组，具体负责落实学校的突发事件防治工作。主要职责如下：

1. 根据当地政府和教育行政主管部门的突发公共卫生事件防治应急预案，制订本校的突发事件应急预案。

2. 建立健全突发事件防治责任制，检查、督促学校各部门各项突发事件防治措施落实情况。

3. 广泛深入地开展突发公共卫生事件的宣传教育活动，普及突发事件防治知识，提高师生员工的科学防病能力。

4. 建立学生缺课登记制度和传染病流行期间的晨检制度，及时掌握师生的身体状况，发现突发公共卫生事件早期表现的师生，应及时督促其到医院就诊，做到早发现、早报告、早隔离、早治疗。

5. 开展校园环境整治和爱国卫生运动，加强后勤基础设施建设，努力改善卫生条件，保证学校教室、宿舍、食堂、厕所及其他公共场所的清洁卫生。

6. 确保学生喝上安全饮用水，吃上放心饭菜。

7. 及时向当地疾病预防控制部门和上级教育行政主管部门汇报学校的突发公共卫生事件的发生情况，并积极配合卫生部门做好对病人和密切接触者的隔离消毒、食物留存等工作。

四、突发公共卫生事件的分级

（一）特别重大突发公共卫生事件（I级）红色

学校发生的鼠疫、肺炭疽、传染性非典型肺炎、群体性不明原因疾病、新传染病以及我国已消灭传染病等达到卫生部确定的特别重大突发公共卫生事件标准的。

（二）重大突发公共卫生事件（II级）橙色

1. 学校发生集体食物中毒，一次中毒人数超过100人并出现死亡病例，或出现10例及以上死亡病例。

2. 学校发生鼠疫、肺炭疽、霍乱等传染病病例，发病人数以及疫情波及范围达到省级以上卫生行政部门确定的重大突发公共卫生事件标准。

3. 学校发生传染性非典型肺炎、人感染高致病性禽流感疑似病例。

4. 乙类、丙类传染病在短期内暴发流行，发病人数以及疫情波及范围达到省级以上卫生行政部门确定的重大突发公共卫生事件标准。

5. 发生群体性不明原因疾病，扩散到市以外的学校。

6. 因预防接种或群体性预防服药造成人员死亡。

7. 因学校实验室有毒物（药）品泄露，造成人员急性中毒在50人以上，或者死亡5人以上。

8. 因学校周边环境污染造成的各类急性中毒事件，一次中毒师生人数在50人以上，或死亡5人及以上。

9. 发生在学校的，经省级以上卫生行政部门认定的其他重大突发公共卫生事件。

（三）较大突发公共卫生事件（III级）黄色

1. 学校发生集体性食物中毒，一次中毒人数超过100人，或出现死亡病例。

2. 学校发生鼠疫、肺炭疽、霍乱等传染病病例，发病人数以及疫情波及范围达到地市级以上卫生行政部门确定的较大突发公共卫生事件标准。

3. 乙类、丙类传染病在短期内暴发流行，疫情局限在市域内的学校，发病人数达到地市级以上卫生行政部门确定的较大突发公共卫生事件标准。

4. 在一个市域内的学校发现群体性不明原因疾病。

5. 发生在学校的因预防接种或预防性服药造成的群体性心因性反应或不良反应。

6. 因学校实验室有毒物（药）品泄露，造成人员急性中毒，一次中毒人数在10～49人，或死亡4人以下。

7. 因学校周边环境污染造成的急性中毒事件，一次中毒师生人数在10～49人，或死亡4人以下。

8. 发生在学校的，经地市级以上卫生行政部门认定的其他较大突发公共卫生事件。

（四）一般突发公共卫生事件（Ⅳ级）蓝色

1. 学校集体性食物中毒，一次中毒人数30～99人，无死亡病例。

2. 学校发生鼠疫、霍乱病例，发病人数以及疫情波及范围达到县级以上卫生行政部门确定的一般突发公共卫生事件标准。

3. 因学校实验室有毒物（药）品泄露，造成人员急性中毒，一次中毒人数在9人以下，无死亡病例。

4. 因学校周边环境污染造成的急性中毒事件，一次中毒师生人数在9人以下，无死亡病例。

5. 发生在学校的，经市级以上卫生行政部门认定的其他一般突发公共卫生事件。

6. 鉴于学校公共卫生事件涉及未成年人身体健康和安全，社会关注度较高，未达到一般突发公共卫生事件标准的公共卫生事件，均按照一般突发公共卫生事件进行应急反应。

五、学校突发公共卫生事件信息报告

（一）责任报告单位和责任报告人

责任报告单位：××××中

责任报告人：×××、校医

（二）突发事件报告

1. 严格执行学校重大公共卫生报告程序，学校一旦发生集体性食物中毒、甲类传染病病例、乙类传染病暴发以及其他突发卫生事件时，相关知情教师或部门应立即向学校医务室报告，学校医务室在第一时间向学校突发公共卫生事件领导小组报告，学校突发公共卫生事件领导小组应在2小时内用书面传真形式（或电话）向市教育局报告，并同时向市疾病预防控制中心报告（集体食物中毒事件向区卫生监督所报告）。

2. 任何部门和个人不得隐瞒、缓报、谎报突发事件。

3. 在学校传染病暴发、流行期间，对疫情实行日报告制度和零报告制度，并确保信息畅通。

六、应急处置措施

（一）一般突发公共卫生事件（Ⅳ级）的应急反应

1. 一般突发公共卫生事件发生后，现场的教职员工应立即将有关情况通知学校突发公共卫生事件责任报告人及学校领导。学校领导接到报告后，必须立即赶赴现场组织实施以下应急措施：将有关情况报告当地教育、卫生行政部门；通知本校司机或拨打120急救电话，对中毒或患病人员进行救治；追回已出售的可疑食品或物品，或通知有关人员停止食用可疑中毒食品、停止使用可疑的中毒物品。

2. 停止出售并封存剩余可疑的中毒食品和物品；控制或切断可疑水源。

3. 与中毒或患病人员家长、家属进行联系，通报情况，做好思想工作，稳定其情绪。

4. 积极配合卫生部门封锁和保护事发现场，对引起中毒的食品、物品等取样留验，对相关场所、人员进行致病因素的排查，对中毒现场、可疑污染区进行消毒和处理，对与鼠疫、肺炭疽、霍乱、传染性非典型肺炎病人有密切接触者实施相应的隔离措施；或配合公安部门进行现场取样，开展侦察工作。

5. 对学校不能解决的问题及时报告主管部门和教育、卫生行政部门以及当地政府，并请求支持和帮助；在学校适当的范围通报突发公共卫生事件的基本情况以及采取的措施，稳定师生员工情绪，并开展相应的卫生宣传教育工作，提高师生员工的预防与自我保护意识。

6. 严格执行进出入校门的管理制度。

（二）较大突发公共卫生事件（Ⅲ级）的应急反应

除按照一般突发公共卫生事件的应急反应要求组织实施应急措施以外，还应按照当地政府和上级教育、卫生行政部门的统一部署，落实其他相应的应急措施。

（三）重大突发公共卫生事件（Ⅱ级）的应急反应

除按照较重突发公共卫生事件的应急反应要求，组织实施相应的应急措施以外，应在当地政府的统一指挥下，按照要求认真履行职责，落实有关控制措施；信息报告人每天应按照要求向上级教育行政部门进行突发公共卫生事件的信息进程报告。

（四）特别重大突发公共卫生事件（Ⅰ级）的应急反应

除按照严重突发公共卫生事件的应急反应要求，组织实施相应的应急措施以外，信息报告人每天应按照要求向上级教育行政部门进行突发公共卫生事件的信息进程报告。

（五）联络、教育与接待家长、后勤支援等应急响应过程的各工作与校园踩踏事故应急预案同。

七、应急保障

学校要安排必要的经费，用于增添相关设备，配备所需药品，改善学校卫生基础设施和条件，尤其是改善学生食堂、厕所、宿舍卫生条件，为学生提供安全卫生的饮用水和洗漱设施，在人力、物力、财力方面给予充分的保障，确保学校公共卫生防控措施的落实。

八、善后与恢复工作

突发公共卫生事件应急处置完成后，工作重点应马上转向善后与恢复行动，争取在最短时间内恢复学校正常教学和生活秩序。

1. 会同有关部门对所发生的突发公共卫生事件进行调查，并根据调查结果，对导致事件发生的有关责任人和责任单位，依法追究责任。

2. 根据突发公共卫生事件的性质及相关单位和人员的责任，学校和教育行政部门应认真做好或积极协调有关部门做好受害人员的善后工作。

3. 对突发事件反映出的相关问题、存在的卫生隐患问题及有关部门提出的意见进行整改。加强经常性的宣传教育，防止突发事件的发生。

4. 尽快恢复学校正常教学秩序。对因传染病流行而致暂时集体停课的，必须对教室、阅览室、食堂、厕所等场所进行彻底清扫消毒后方能复课；因传染病暂时停学的学生，必须在恢复健康并经有关卫生部门确定没有传染性后方可复学；因水源污染造成传染病流行的学校，其水源必须经卫生部门检测合格后，方可重新启用。

九、责任追究

学校有关部门对所发生的突发公共卫生事件进行调查，并根据调查结果，对导致事件发生的有关责任人和责任单位，依法追究责任。对在学校突发公共卫生事件的预防、报告、调查、控制和处理过程中，有玩忽职守、失职、渎职等行为的，依据有关法律法规追究有关责任人的责任。

案例 4-3-5

×××中学校园暴力事件应急预案

为确保发生校园绑架、杀害事件时各项应急工作高效、有序地进行，最大限度地减少人员伤亡和财产损失，稳定社会秩序和校园秩序，根据相关法律法规，结合我校工作实际，特制定本预案。

一、应急机构与职责

（一）组织与领导

组　　长：×××

副组长：××××

成　　员：全体中层干部、年级主任

小组成员将分别担任应急预案中各工作组负责人或成员，上一级行政领导因外出公干等特殊情况无法到达现场或不能履行职责的，经授权由下一级行政（副组长）代为履行职责。

校长是应急预案的总指挥，他根据事故等级启动应急预案和发布解除救援行动的信息，各小组按统一指挥、分级响应、岗位责任、互相配合的运行原则，采取一切必要手段，组织各方面力量全面进行救护工作，把事故造成的损失降到最低点；调动一切积极因素，做好稳定教育教学秩序和伤亡人员的善后及安抚工作；对应急工作中发生的争议采取紧急处理措施；向当地上级或当地有关部门通报应急救援行动方案，并提出要求支援的具体事宜，配合上级部门做好各项工作。

当学校在救援时用到医疗救护等其他应急救援机构时，这些应急机构的指挥系统就会与学校的指挥系统构成联合指挥。学校应急指挥应该成为联合指挥中的一员。学校的应急指挥主要任务是提供救援所需的学校信息，配合其他部门开展应急救援。当联合指挥成员在某个问题上不能达成一致意见时，则由负责该问题的联合指挥成员代表做出最后决策。

（二）贯彻预防为主的方针

领导小组成员在突发事件前要做好以下工作：

1. 加强领导，健全组织，强化工作职责，制定应急预案和落实各项措施，完善工作机制和应急保障系统。

2. 办公室做好预案的发放、登记、修改和重新修订，定期组织教职工学习应急预案的内容；加强对教职工安全教育，增强责任意识和法制意识。

3. 德育部门要加强对学生行为规范教育、安全教育、增强学生的自我保护意识。加强对学生干部教育，切实执行报告制度。

4. 后勤部门要经常性地对学校保安进行教育，严格执行保安巡逻制度和进出校门的规定，严防不法分子进入校内。

5. 德育部门加强对宿舍教师、宿舍保安的管理，要求他们坚守岗位，提高警惕，严禁外人进入学生宿舍。

6. 后勤部门确保校车在校，司机值班，校医室常备一定应急医疗物资；德育部门确保医生值班。

7. 教学部门加强课堂和晚自习的管理，执行考勤制度；值班教师发现有学生缺勤要及时登记，并通知班主任。

8. 值日行政领导履行值日工作职责，坚守学校，有事外出必须告知另外的值日行政领导，或请其他行政代为履行值日工作职责。

9. 办公室印制全校教师通讯录，年级组印制年级班主任通讯录，并定期核对电话号码，所有行政领导、年级主任、班主任、值班人员确保24小时内通讯录中能有一个电话畅通。年级组收集各班学生家长通讯录，并送交电子文档到校医室，输入计算机储存，交一份复印件到学生宿舍。班主任要在身边常备家长通讯录。

（三）启用应急预案的情况

1. 重伤2人以上；

2. 死亡1人以上；

3. 外来人员对本校学生实施绑架。

二、应急响应过程

（一）接警与通知

事故发生后，在场人员（包括行政领导、教师、职工、临时工、学生）必须立即将所发生的事故情况报告校长。校长必须掌握的情况有：事故发生的时间与地点、种类、强度、危害；在基本掌握事故情况后，首先通知德育副校长、值日行政赶赴现场，拨打110电话报警，通知门卫封锁大门。然后通知各工作组组长立即启动应急预案。值日行政和德育部门领导必须立即赶赴现场组织处理。

校长还要将事故有关情况上报教育局、医疗机构。通报应该包括以下信息：发生事故的学校名称和地址；通报人的姓名和电话号码；事故发生的时间与地点、种类、程度、危害；已采取和准备采取的应急行动。

（二）现场应急抢救、现场保护

组　　长：×××

副组长：×××

成　　员：保卫干部、保安、年级主任、班主任、校医、司机、在场教职工。

1. 组长在赶赴现场途中，为保不会疏漏，应再次拨打110报警电话和门卫电话，并拨打电话通知小组成员赶赴现场。

2. 如果正在实施绑架，那么在场人员（包括行政领导、教师、职工、临时工、学生）应再次拨打110报警电话，命令其余学生迅速回到宿舍或教室，关好门窗，不得围观。尽可能通过谈判，组织保安人员与绑架人员对峙，拖延时间，等待警察到达现场。如果绑架人员威胁要杀人并要求放行时，要记下车牌号码和绑架人员特征，为保学生生命安全应予放行。

3. 如果凶手已逃走，学生已受重伤，在场行政领导、教师要对受伤学生进行救护处置，抢救小组组长马上通知本校司机或拨打 120 急救电话将学生送往医院救治；受伤人员较多时，由副组长通知本校教师动用其私人小车运送学生。在急救车到达前，校医负责对受伤学生救护处置。组长通知学校门卫要确保急救车进校后有人引导。急救车到达后，组长应立刻向急救人员报告情况，派班主任和校医随车参与救治。在抢救的同时，要严格保护现场，妥善保存现场重要痕迹、物证，拨打 110 报警电话，等待警察到来。班主任应及时通知家长事故的情况和学生被送往医院的地址，请家长到医院。

4. 如果经校医诊断学生已死亡，则主要是严格保护现场，妥善保存现场重要痕迹、物证，拨打 110 报警电话，等待警察到来。

（三）联络、教育

组　　长：×××

副组长：×××

成　　员：年级主任和班主任

1. 接到校长通知启动预案后，办公室要在 24 小时内写出书面报告。报告内容包括：发生事故的时间、地点；事故的简要经过、伤亡人数；事故原因、性质的初步判断；事故抢救处理的情况和采取的措施；需要有关部门和单位协助事故抢救和处理的有关事宜；事故报告部门、部门负责人和报告人。报告内容经校长审查同意后送交教育局。属校方责任的保险事故还要及时报知保险公司。之后随时将事故应急处理情况报上级主管部门。

2. 办公室主任和年级主任、班主任分别做好教师和学生教育工作，稳定师生情绪，要求各类人员绝对不能以个人名义向外扩散消息，以免引起不必要的混乱；对情绪反应较大者安排心理教师进行辅导；如有新闻媒体要求采访，必须经过校长或上级部门同意，由小组统一对外发布消息。未经同意，任何单位和个人不得接受采访，以避免报道失实。

3. 办公室参与事故调查处理工作，负责写出书面报告。

三、家长接待和后勤支援

组　　长：×××

副组长：××××

成　　员：年级组长和班主任

1. 组长根据校长通知启动本组工作。

2. 看望、援助、救助伤亡学生家庭。如有个别家长来访，德育处副主任、年级副主任、班主任做好家长的思想工作和接待工作，根据教育部《学生伤害事故的处理办法》的有关条款规定，总务主任协助处理死亡学生的善后工作，安排住院学生家长的食宿。

3. 要依法调解安抚，不要信口开河和随心所欲，要掌握合法、合理、合情的原则。不留尾巴；不搞分段解决。学校在无力调解学校学生意外伤害事故处理时，组长可报请上级部门介入调解解决。

4. 事故处理结尾阶段，起草《协议书》。《协议书》要写清协议双方的身份；学生事故的简要经过，包括事发时间、地点、双方达成的补偿协议；双方签名等内容。整理病历卡复印件、医药费发票原件和复印件报保险公司理赔。

5. 总务主任组织保安人员严格核查外来人员身份，不准非当事人家长和闲人进入校园，保证校园的治安秩序的稳定。根据教育部《学生伤害事故的处理办法》有关条款规定，在事故处理过程中，受伤害学生的监护人、亲属或其他有关人员，在事故处理过程中无理取闹，扰乱学校正常教育教学秩序，或者侵犯学校、学校教师或者其他工作人员的权益的，应当报告公安机关依法处理。

四、事故调查

组　　长：×××

成　　员：上级指派的领导，事件涉及的部门领导。

1. 配合上级部门进行事故处理及调查工作。调查事故原因，整理事故记录，形成书面报告。

2. 并向教育局报告事故处理结果。对违反本预案，不履行应急救援工作的、发布假消息的、不服从应急救援指挥的人员进行处分；构成犯罪的，移送司法机关依法追究刑事责任。

3. 总结经验教训，查找制度、政策、设施等存在的问题，制定防范措施。

第四节　紧急疏散演练

一、对全体师生（幼儿）进行紧急疏散知识培训

各学校（幼儿园）要定期进行安全教育，注重普及安全知识。学校（幼儿园）应对年级组长和班主任进行有关紧急疏散知识的培训，安排年级组向学生（幼儿）讲解紧急疏散的具体要求和注意事项，安排班主任讲解逃生技巧，指导、示范学生（幼儿）如何避灾。班主任应组织学生（幼儿）学习疏散预案，组织学生（幼儿）熟悉疏散路线。临时紧急疏散的一个基础条件是对环境的熟悉。学校（幼儿园）要通过各种宣传教育手段，告知学生（幼儿）本校园的建筑结构情况、疏散通道的位置、疏散路线、疏散设施等；明确地告诉学生（幼儿）在灾难来临时需要做什么、该怎样做。学校（幼儿园）通过定期组织演练，模拟不同的危险情境，可从中获取经验和心得，形成一套可操作的、可以共享的安全知识管理体系。

二、制定紧急疏散预案

各学校（幼儿园）在紧急疏散演练前，应制定紧急疏散演练预案。制定紧急疏散预案的目的在于，使灾难预防及救援能够协调、有序、高效地进行，最大程度地减少人员伤亡，减轻经济损失和社会影响，使学校（幼儿园）能在最短的时间里恢复正常工作秩序，保障师生心理健康。成立指挥中心，校长（园长）任总指挥。指挥中心负责指导学校突发性事件的应急处理工作，其职责具体包括：

（1）指导师生做好日常安全教育和宣传工作。

（2）发生事故时，指挥有关人员立即到达规定岗位，并根据事件性质，报请上级部门迅速依法采取紧急措施。

（3）协调有关人员开展相关的抢险排危或救助工作，并根据需要对事件现场采取控制措施。

（4）配合有关部门，做好事故施救和善后处理工作。

三、定期进行有效的紧急疏散演练

制定预案是非常关键的，但真正能让学校（幼儿园）师生了解、熟悉预案，知道自己在应急行动中该干什么、怎么干的最有效途径是进行演练。学校（幼儿园）紧急疏散的科学性和可操作性也是靠疏散演练来检验和评价的。各学校（幼儿园）每年都要举行1~2次紧急疏散演练，每次演练后，学校的指挥中心都要对孩子们的疏散情况进行考评，对在演练过程中发现的预案中的不足之处进行修订和完善，使预案更具有可操作性和使用性。演练使学校（幼儿园）各部门、各机构、相关人员之间的配合更加协调和规范，同时也提高了学校（幼儿园）师生的应急反应能力，培养了师生的安全意识，使师生掌握了自救、互救的基础知识和技能。

四、进行有效的疏散指挥

紧急疏散演练要在校长（园长）的指挥下，在各个班级上课教师组织下，按照紧急疏散预案的安排，有序地开展自救逃生。在预案中，要明确规定哪个班级从楼梯走，哪个班级从疏散通道走；哪些学生从前门走，哪些学生从后门走。学生通过平时的演习，可以熟悉自己逃生的路线；同时，各个楼层都有负责教师，各楼梯口、安全出口、转弯处均有教师在指引疏散路线，使学生（幼儿）快速而有序地从教室的前后门撤离，最后集中到学校（幼儿园）操场的安全地带。随后各年级清点人数，了解学生（幼儿）受伤的情况，并逐班向总指挥汇报。

五、设置必要的疏散设施

中小学（幼儿园）的疏散设施应包括足够数量和足够宽度的安全出口、应急照明、事故广播系统等。学校需要根据本校师生（幼儿）的数量，在适当的位置设置足够多的安全通道，避免太多的人同时奔向一个安全出口。安全出口的宽度要根据需要疏散的学生（幼儿）的数量进行设计。

六、紧急疏散演练实例

汶川地震中，不少学校师生出现伤亡；而地处重灾区的安县桑枣中学 2200 多名师生，在不到 2 分钟时间里全部疏散至操场，无一人伤亡，桑枣中学校长叶志平在中小学校长暑期专题培训现场透露了其成功的安全教育模式。

叶志平提出，"保护学生安全是校长的天职"，这种话教育主管部门年年说、校长天天说，但关键在于做。"教育局交代的安全工作认真执行了吗？别人没做或没认真做，我认真做了，所以我们学校安全。"从教 33 年的叶校长说，他特别重视安全的理由非常简单："安全问题上，学校犯不起错误。"正是对孩子和家长的这份责任，让叶校长在担任桑枣中学校长 13 年的时间里，严格执行上级要求，从未间断过学校安全建设。

桑枣中学每周二结合实际开展安全知识教育，每天晚上教师对学生宿舍床位进行 2 次安全检查，每学期开展一次逃生演练。逃生演练时，教师护卫学生先逃；"地震"一来先钻到桌子底下防止被落物砸伤；打开教室门以防变形无法逃出；楼下学生快跑、楼上稍许慢些，以免发生踩踏……正是 4 年来每学期坚持演练，全校师生在地震真正来临时，才能够有序撤离。叶校长建议，上海学校可能更应关注台风、坏人劫持人质等突发事件，进行有针对性的防范演练。

为学校安全工作，叶校长曾两次打乱出差计划：一次是买好机票去拉萨，教育局将其安全值班表排在出差后，叶校长觉得不妥，立即退票。2004 年暑假本来订好票去苏州，为了防洪安全又退票。校长的这份认真劲，为师生们做出了示范。

第五节　国外校园安全管理经验

美国如何加强校园安全管理？美国在校园安全管理方面，注重校园安全立法，强调校园安全管理的系统性、有序性和事故防范的主动性。

一、注重校园安全立法

美国高度重视学校安全，在立法上把建设安全的学校作为国家的教育目标。1994 年，国会通过了《美国 2000 年教育目标》，将国家教育目标增加为 8 项，其中第 7 项目标是"安全的学校"，该项目标的主要内容是：美国的每一所学校都将没有毒品和暴力，不能出现未经授权的枪支和酒精；为学生提供一种秩序井然、有益的学习环境。1994 年，国会通过的《学校安全法》是专门为实现这项目标而制定的法律，这是联邦第一次拨专款用于地方学区以帮助学区实现更为安全的联邦计划。

国家对校园安全问题的关注，促使联邦、各州、各地区尽力完善解决校园安全问题的立法工作。联邦立法者制定各种具体法案并要求地方政府积极贯彻法案来保障校园安全。如《校园禁枪法》要求所有接受联邦教育基金的州通过《改善校园环境法》，否则将被取消领取联邦教育基金的资格。

2001 年，布什总统签署了《不让一个孩子掉队法案》，该法案要求学区对校园暴力事件进行详细统计，并将结果公之于众；每个州必须对"长久处于危险境地的学校"作出说明和认定，以保证学生的知情权，国家允许每个州对"长久处于危险境地的学校"制定不同的标准。

二、校园安全管理的系统性

由于学校各种安全事件的发生及其处理都会受到社会诸多因素的影响，因此，保证校园安全不能仅仅依靠学校，还需要教育行政部门、公安司法部门、社区组织、社会媒体、学生家长等多方面的支持。主要表现为：

一是教育行政部门对学校安全管理的支持。美国的各级教育行政部门都将学校安全保障作为自己的一项重要职责，为学校在人力、物力、财力等方面提供较为充分的支持，帮助学校避免或减少各种事故。

二是当地警方的支持。学校聘请当地的警察帮助制定适合其特点的校园安全计划，处理校园安全事故，组织对学生的校园安全教育和培训，把警察局的各种观点、方法介绍给学生。一些警察甚至协助或负责组织课外活动及社会活动，使警察成为学校教职员的一部分。在美国，学校和警察局合作已有多年，警察在校园里除了维持秩序外还负责督学工作。这种合作计划在处理多变的校园事件中被证明是一种非常成功的策略。

三是学校与法律实施机关，学区代理人，检测鉴定部门，未成年人案件负责部门，社会、健康、福利部门等形成联盟，签订有关校园安全管理的"参加力量协议"或"了解备忘录"。

四是学校所在社区的支持。美国十分重视构建强大的社区安全网络，积极争取社区内的每一个人——学生、家长、教师、职员和管理者的支持。

三、校园安全管理的有序性

美国在解决校园安全问题时通常遵循"五步走"的原则：

第一步，评估学校的实际安全需求。实施评估时，学校安全人员要考虑到影响校园安全的方方面面，要与相关的学生、教职工以及社区居民进行面对面的交流，倾听他们对校园安全问题的看法，以获取较深层次的安全信息。然后，安全人员对学校的安全措施及规章制度进行分析，检查校园的相关安全设备。如果可能，还可以参照其他学校或社区的情况进行对比分析。

第二步，争取社会各方的支持。学校应当积极争取政府部门、法律部门、市民团体、企业实体、社区以及家长的支持，集中进行商讨，就校园的安全问题达成协议，明确各方在事故预防和事故处理中应当承担的责任。

第三步，组建领导团队。为强化校园安全管理的有序性，学校都会组建防治事故的领导团队，负责整个校区的安全工作，制定学校安全目标和管理方案，制定校园安全管理的中长期及近期规划，落实安全管理运行机制，制定事故应急预案，强化事故危机管理和应急演练，提高校园安全意识等。

第四步，组织教育和培训。美国学校非常注重对师生员工的安全教育和培训。只有通过教育和培训活动，才能使师生员工真正理解与支持覆盖全校的校园安全计划。

第五步，评价校园安全计划。安全人员根据成本分析的原理对整个校园安全计划进行分析评价，查看哪些安全项目发挥了应有的作用，哪些项目耗费了资金却没有发挥作用，进而确定应当加强、保留或删除的项目。

四、校园事故防范的主动性

（一）学校注重安全措施及硬件配备

根据美国教育部的调查，美国学校中常采用的安全措施的比例是：96%的公立学校要求来客登记，80%的公立学校实行封闭的教学环境管理，不允许学生在午餐时间外出；53%的公立学校对在校内设建筑物实行严格的限制。

在硬件配备上，美国约有39%的城市学校配备金属探测装置，由于这类设备可以检查出一些金属器件，包括枪支和匕首等，因而备受校方的青睐。一些较大的学校还会安装一种名为SchoolLobby的高科技系统。该系统能够储存学校员工、学生的全部资料和相片，还可以为学生、员工以及来访者制作有一定权限的ID卡，每张卡上面都有一个磁条，以便学校对学生的行踪进行追踪。一些较小的学校则使用一种名为TIMEbadge的系统，这种系统仅对来访者的出入进行限制，一旦来访者在学校停留的时间过长，该系统就会自动报警。

随着高科技的发展，美国学校在安全硬件设施的配备上也日趋现代化。例如：2006年，美国的一些公立学校安装了价格约为15000美元的虹膜识别仪安全系统，无论是教师、学生、家长或是访客，如果在校园的安全网络里存有虹膜记录，那么学校的大门就会对他们自动开启，倘若没有记录，就只能和学校的保安部门联系。虹膜识别仪可以精确地识别来访者的身份，使校园更加安全。目前美国学校正努力凭借高科技手段建立和完善多功能的防火、防盗、交通安全、报警等监控严密的安全防范体系，使校园安全防范系统成为一个纵横交错、点面结合的严密网络。

（二）注重师生员工的安全训练

美国要求每一个学区和每一所学校都要制定师生员工的安全训练计划，学校行政人员、教师、职工、学生都需要定期在危急状态中进行训练和实践，以增强师生预防突发事故的意识，培养师生在突发安全事故中临危不乱、沉着自救的能力，同时也有利于评估和改善学校安全规划。注重师生员工的安全训练，取得了明显的成效。以美国学校的防火演习为例，"当课堂上突然响起防火警报时，教师和学生会立即秩序井然地走出教室和校园，等待消防人员的到来。没有人会去顾及自己的东西，也没有人拥挤"。

（三）按时公布学校不安全境况

美国学校强调管理者要注意学校和学校附近的危险性人员，注意具有危险倾向的学生的转入或在学区内的就学情况。联邦允许各州通过了支持学校公布具有违纪历史的学生信息的地方法规，"公布这种信息的目的不是给学生打上什么烙印，只是为了确保不对他人构成危害的督导和教育政策的运用"。

（四）聘请权威机构对学校进行安全评估

美国的学校还十分注重通过权威性机构如学校安全服务署对校园安全进行权威性的评估。学校安全服务署是美国著名的为学校提供安全咨询、相关培训、学校安全评估以及其他有关未成年人安全服务的专门组织。学校安全评估主要是对申请这项服务的学校进行一对一的考察、评估，并提供一套经济、可行的建议。学校安全服务署评估的重心并非一味集中在关乎学校安全的硬件或人力配备上，而是力求使学校通过对现有资源的充分利用改善安全状况。

评估的主要方面有：学校的防暴措施、校警的工作情况、安全规范和细则、技术性防范能力、安全教育和实训、预防和调停工作、内部安全以及与社区的合作程度等。在评估工作中，学校安全服务署更注重事实和数据：分析学校安全工作的政策及其实施的合理性，对师生进行学校安全方面的调研，对学校以往发生的犯罪和违纪事件进行分析，检测安全设备的运行情况，分析其他的公共信息（如整个社会的犯罪率），采用专门的分析模型。

（五）经常与学生接触，了解不安全因素

美国学校在防范安全事故时，注重保持与学生进行接触。美国教育督导者曾做过这样的总结：当糟糕的事情要在学校发生时，学生总是说"我担心这种事情发生"。这表明，如果你知道了学生担心的事，就可能防止悲剧的发生。为此，美国政府要求学校管理者在学生中进行经常性的走访，与学生交谈，观察学生的生活，了解他们担忧的事情，并鼓励家长和教师也去做这些事情。"对于警方和学校而言，如果能够取得学生的支持，他们就可以获得大量可靠的信息。"

第五章 学校安全典型案例分析

第一节 学生伤害事故概述

近些年来，校园伤害事故迭出，因校园伤害引发的诉讼也越来越多。而且教育领域的权益侵害牵扯宪政领域、行政法、民法领域，许多案例引发了广泛争议，无不透露出教育领域法律问题的多样性。关于学校与学生之间的法律关系，纷繁复杂，观点不一。学校究竟应当承担什么样的责任就成为难以回避的问题。

长期以来，学生家长错误地认为，只要是发生在学校的事故，均是学校的责任，造成很多事故难以处理，甚至引发严重后果。主要原因是处理校园内学生伤害事故没有一种专门的法律依据，都是参照《民法》进行处理，《民法》则以谁有过错谁负责来认定责任，在处理过程中往往是校园内学生伤害事故，作为校方很难提供无过错的证据，例如：学生在游戏过程中，学生在上学、放学路上，学生擅自外出等造成伤害的，校方就很难提供无过错的证据。自从教育部 2002 年 6 月 26 日颁布《学生伤害事故处理办法》以来，处理学生伤害事故才有了自己专门的法律依据。下面是学生伤害事故处理应关注的几个方面。

一、学校与学生之间的法律关系

学校与学生的法律关系直接关系到学生伤害事故中的责任分担问题，所以搞清学校与学生之间的法律关系是决定学校和学生在学生安全事故中如何划分责任的一个重要前提。当前，我国公立中小学校与学生的关系主要包括两个方面：管理关系与契约关系。公立中小学校对于学生享有支配性与强制性的管理权，这种权力为我国的法律所明确授予，涉及学籍管理及日常管理等方面。其中，学籍管理包括入学与注册、成绩考核、升级与留、降级、休学、停学、复学与退学、学业证书的发放等方面。日常管理主要指公立学校通过教师具体的教育教学行为实施，对学生的日常行为进行管理。管理关系是公立学校与学生关系的主要方面。公立中小学校与学生的契约关系表现为：公立学校作为独立法人，可以参与民事活动，享有民事权利并承担民事义务。公立学校与学生之间在学校设施的使用、一般买卖交易等方面存在的关系就是这种带契约性质的民事关系。

二、学校应负的法律责任

学校对学生负有以下 3 项法律责任。

1. 教育责任

学校应当依照法律规定，根据学生的身心发展规律和实际情况，使用合理的教育方式。

2. 管理责任

学校应加强学生、门卫、校舍、教学仪器设备、食品卫生等管理，严防事故发生。

3. 保护责任

学校与教师应当照顾到不同年龄阶段的学生特点，履行照顾责任。小学生大都是 6～13 岁的儿童，依照我国《民法通则》规定，不满 10 周岁的儿童为无行为能力人，10 周岁以上的未成年人为限制行为能力人。对于 10 周岁以上的未成年人，如学校不能证明自己没有过错的，都应承担责任；而对于在校的不满 10 周岁的学生，学校有监护责任，如学生受到伤害，学校均应承担责任，而不是因有过错才承担责任。高、初中生因大多具有相应的独立生活、辨认是非的能力，并具有相应民事行为能力，为此学校与学生的关系主要是教、学关系与管理关系。由此，学校对校园内的安全保障责任应区分内外情况。如果不是发生校外闯入的情况，在受伤害学生为 18 周岁以上的，学校有过错才承担责任；不满 18 岁的学生受到伤害，如学校不能证明自己没有过错的，应当承担责任。

在这 3 类责任中，教育责任是主要的责任，管理和保护责任附属、服务于教育责任。

三、学校责任的性质及救济途径

关于学校责任的性质，立法上经历了由监护责任到过错责任的转变。一般认为，这种责任的转变是给学校"松了绑"，甚至很多人会担心这种转变会帮助学校找到逃避责任的借口。但实际上，法律虽然否定了学校的监护责任，但无力改变公众对于学校的过错观念——如果学校尽到了义务，人身伤害事故就不会发生，只不过监护责任变成了教育、看护责任而已。如果学校只强调读书学习，忽略安全教育，尤其是事故发生后没有其他救济途径，不论法律条文如何改进，社会舆论最终难以转变。因此，一是要加强与自我保护有关的安全教育课程。包括突发灾难性事件时的逃生技巧和技能实践、面对可能受到的伤害应当采取的正确态度以及如何正确求援、预防和处理人身伤害事故的实用措施等。二是要寻求公平的社会救济。学校投保是规避和转移校园安全风险的最好办法，有必要建立类似社会保险的非盈利性、强制性保险责任，或者将社会保险的相关制度扩展到校园伤害事故。要使公众观念得以转变，就必须让所有的家庭看到学校为此付出的努力以及他们得到救济的希望。

四、事故的处理程序

1. 及时报告

无论是谁的责任，只要发现学生受到伤害，学校都有义务救治受伤学生，并及时告知学生的监护人和向当地政府、学校的主管部门报告。事件发生后千万不能隐瞒，否则造成事态扩大，将追究主要领导人员的责任。

2. 组织调解

组织调解可以求助各乡、镇、街道司法所、派出所、人民法庭等。调解时要讲究方法，不能蛮干，无论学校是否有责任，首先应表现出对受害人（及其家属）的同情，绝不能得理不饶人，因为受害的毕竟是自己的学生。针对学校和当事人没有过错，受害学生家庭经济也比较困难的情况，《学生伤害事故的处理办法》第三十七条规定："当事人对学生安全事故均无过错的，学校、其他当事人根据实际情况，对受伤害学生给予适当的经济补偿。"同时，由于我国农民文化素质低、法律观念淡薄，处理事故时往往比较冲动，提出的要求往往是不现实的。此时我们更要有耐心，讲话更要小心，要将事实和法律的规定给受害人及其监护人人讲清、讲透。如果受害人的监护人不肯接受调解，或者调解不成，要尽可能引导受害人及其监护人向法院起诉。如果受害学生的监护人、亲属和其他有关人员，在事故处理过程中，出现无理取闹，扰乱学校正常教育教学秩序，或者侵犯学校、教师或者其他工作人员的合法权益的，学校应当报告公安机关依法处理，造成损失的，可依法要求赔偿。

3. 事后总结

事故处理结束后要及时进行总结，吸取教训，亡羊补牢，严防此类事故再次发生，以确保学生安全。

五、事故处理的法律依据

我们处理学生伤害事故的法律依据主要是教育部颁布实施的《中华人民共和国民法通则》、《学生伤害事故处理办法》等。

第二节 饮食卫生安全

常说病从口入，饮食卫生安全是公共安全中重要的内容之一。而学校的食堂又是学生卫生安全事故高发地带，因为就餐人数多，中小学生判断能力差，有些学校食堂存在无卫生许可证、从业人员无健康体检证明、食堂后厨工艺流程不合理、环境卫生差等问题，学校食物中毒事件的发生严重影响着学生的身心健康。为此，教育行政部门和学校领导要以对学生健康高度负责的精神，采取积极有效措施，切实加强学校饮食卫生工作。

一、饮食卫生安全事故案例

诸多关于饮食卫生安全影响学生健康发展的事件，主要原因来源于学生自身、学校、家长以及商家。通过下面的案例进行详细的展示，以期待吸取教训获得知识。

案例5－2－1

校内食品不安全造成的学生伤害

[事件回放]

2008年11月3日，新疆昌吉市第七中学初中班三年级的部分学生在自习课上陆续出现头晕、恶心、腹痛等症状，个别学生伴有呕吐现象。之后，当天中午在该校食堂吃过拉条子的393名学生中，有100名学生不同程度地出现了类似症状。随即，这100名学生被紧急送往昌吉州人民医院、昌吉市人民医院及昌吉市第二人民医院进行救治。在医院救治期间，昌吉州、昌吉市卫生监督部门的工作人员在现场检查并结合住院学生的临床症状，初步认定为学生食用未炒熟豆角引起的中毒。

2006年10月9日，吉林省吉林市船营区第四小学85名学生午餐后陆续出现恶心、呕吐现象。这些学生立即被送往附近的几所医院进行观察救治。经初步确认，事故系因学生在午餐中食用豆角所致。

2004年1月，信阳市第九中学分校43名同学就餐后出现恶心、呕吐、腹痛、头晕、乏力等症状，流行病学调查发现发病学生均食用过芸豆，经检验，在剩余食物中检验皂甙阳性，呕吐物皂甙也为阳性。根据以上情况认定本次食物中毒事件是因学校食堂加工芸豆时未加工熟透引起的食物中毒（皂甙毒素中毒）。

2004年3月，信阳市罗山县楠杆初中21名学生发生食物中毒，原因为食用了没有炒熟的芸豆，主要表现为头晕、胸闷、呕吐、腹疼。

2004年9月，安阳市林州市桂林镇第一初级中学发生食物中毒，中毒26人，主要临床表现为头晕、恶心、呕吐、腹痛。经调查，本次食物中毒事件为食用霉变大米所致的微生物性食物中毒。

2004年9月，安阳市安阳县白璧镇中棉所子弟小学发生食物中毒，发病47例，经调查认定为食用未充分加工熟透的芸豆而引起的食物中毒。

2004年3月19日上午，辽宁海城兴海管理区所属站前、前教、后教、钢铁、铁西、兴海、银海、苏家8所小学3936名学生、260名教师分批集体饮用了由鞍山市宝润乳业有限公司生产的"高乳营养学生豆奶"。当日上午10时20分，部分学生陆续出现了腹痛、头晕、恶心等症状。截至4月11日中午，共有2556名学生出现不同程度的不良反应，有44名学生在当地医院接受治疗，85名学生在外地接受治疗。

2001 年 12 月 7 日下午四点三十分许，桥头镇某学校发生 83 人中毒事件。经英德市卫生监督所对呕吐物进行化验，证明是有机磷农药中毒。经对该校饭堂检查，卫生状况差，没有必备的洗、冲、消三级用池及洗菜、洗肉的专用池，不具备学校饭堂及集体饭堂的条件。

2001 年 9 月 5 日，东北某地 11 所学校的 2300 多名学生发生集体中毒事件，起因是某公司向学校提供的、并且学校要求学生必须服用的豆奶中的志贺氏杆菌超标，因而造成学生产生恶心、呕吐、腹痛、发烧等症状。

[评析]

我国不仅颁布了《中华人民共和国食品安全法》，明确规范了学校饮食卫生，同时，我国还制定了《学生集体用餐卫生监督办法》，从更详细、更周到的角度使学校饮食卫生有法可依，具体法规有：

第七条　学生集体用餐生产经营人员应按规定经体检合格后方可上岗。

学生营养餐生产经营单位除应符合上款要求外，还应配备专（兼）职营养师（士），或经培训合格的营养配餐员。厨师须经食品卫生和营养知识培训，取得合格证后方可上岗。

第八条　学生集体用餐必须采用新鲜洁净的原料制作，严禁使用《食品卫生法》第九条规定禁用的食品制售学生普通餐、学生营养餐和学生课间餐。食品包装材料或容器必须符合卫生标准和规定，膳食要保持一定的温度。

学生集体用餐不得直接供应未经加热的仪器制售凉拌生食菜肴，要保证卫生质量。

学生营养餐每份所含的热能和营养素达到营养要求，学生营养餐的烹调应注意减少营养素的损失。

学生课间餐的食品每份应当单独包装。

第九条　实行学生集体用餐的中小学校应设专（兼）职人员负责学生用餐管理工作，管理人员应掌握必要的食品卫生和营养知识，应重视学生对饭菜质量的要求，发生食物中毒时应及时向卫生行政部门报告并积极采取控制措施。

学生订购集体用餐时，应当确认生产经营者有效的食品卫生许可证。订购学生营养餐时，应确认卫生许可证注有"学生营养餐"的许可项目，不得订购无卫生许可证生产经营者的学生普通餐、学生营养餐和学生课间餐。

学校应当设有学生洗手、餐具清洗设备和符合卫生标准的饭菜暂存场所。

负责分发学生集体用餐食品的人员每年要进行体检。凡患有痢疾、伤寒、病毒性肝炎等消化道传染病（包括病原携带者），活动性肺结核、化脓性或者渗出性皮肤病以及其他有碍食品卫生的疾病的人员，不得进行学生集体用餐的分装、发放工作。

在上述几起案例中，大多是因为学校缺乏对饮食卫生方面法律法规的学习，对学生集体用餐卫生不够重视，从而导致师生集体中毒。因此，学校负有很大一部分责任。受害人有权要求事故责任人给予一定的经济补偿。

教师在此类案件中，应当加强对学生饮食安全的教育，同时有条件的学校，教师可以对学校有关管理者进行法律培训，帮助学校管理者提高安全意识。

二、校园饮食卫生常识

（1）就餐应选择在校内食堂及取得卫生许可证的饮食店或商店，尽量减少到校外就餐，不去卫生条件较差的马路餐桌或个体摊点进餐或购买食品。

（2）生吃的蔬菜、瓜果梨桃之类的食物要去皮或洗净表皮上的残留农药，最好在开水里烫 3～5 分钟再食用。

（3）在商店选购食品时，应注意生产厂家及生产日期，不食用无标签或非正规生产厂家的包装食品，不食用过期变质食品和病死的禽、畜肉。

（4）食用鱼、虾、肉、蛋、奶等食品必须保证选料新鲜、干净，不要吃隔夜变味的饭菜。此类食品应高温加热后食用，不要生吃。

（5）存放食品的容器要清洁无毒，食品特别是熟食要存放在清洁、干燥、通风条件好的地方，并要防止老鼠、蚊蝇、蟑螂等污染食品，避免化学药品与食物混放在一起。

（6）要注意个人卫生，养成饭前便后洗手的良好习惯，尽量不要用手直接接触食物。

（7）到食堂用餐要使用经过严格消毒的统一餐具或自备餐具。宿舍内每人应有自己的餐具，饭后应清 洗干净，妥善保存，如条件允许，一个星期要用 50% 高锰酸钾溶液水浸泡餐具 10～15 分钟，然后用自来水冲洗干净。

（8）坚持一日三餐，做到有规律进食，不暴饮暴食，聚会时切勿过量饮酒，尽可能根据气候特点和个人身体状况合理安排饮食，特别要注意患病期间的饮食卫生。

第三节　交通安全

近年来，我国每年死于交通事故的少年儿童约 8000 人。在少年儿童意外死亡中，交通事故已经成为比战争、疾病、洪水、地震以及其他自然灾害等危害更大的、真正的"头号杀手"。交通事故已经引起了全社会的普遍关注。有关学校交通安全事故的大量案例都已经证实了我们加强交通安全教育的重要性。提高学校的交通安全意识，学习交通安全知识，做好交通安全的预警工作，是保障我们学校健康发展的前提条件。

一、交通事故案例

"人最宝贵的是生命，生命对于每个人只有一次。"这是《钢铁是怎样炼成的》中的一句话，是保尔发自内心的感想。现实生活中，许多人在一系列交通事故中丢失了生命。

首先，学生和交通之间出现了一种不和谐的现象。下面的案例回放中就列举了大量的交通事故来证实，如黑校车、无视交通规则横穿道路等。其次，司机的违规操作、超载或车辆本身的故障等，都会引起交通事故，造成对人身的伤害。再次，一些黑校车所引发的交通事故导致学生的伤害是不可忽视的。因而，遵守交通法规已经被人们广泛关注，让更多的人了解、学习、遵守并运用交通法规已刻不容缓。

案例 5 - 3 - 1

沁源县某中学学生被撞案①

[事件回放]

2005 年 11 月 14 早晨 5 点 40 分，沁源县第二中学初二、初三 13 个班的 900 多名学生来到汾屯公路上跑操，在公路上调头返回时，初三 121 班转弯时，一辆车号为（晋）D13513 的东风带挂大货车像疯了一般突然碾压过来，学生们纷纷倒地。东风带挂车"扫"倒一大片学生后，撞断路边的大树又驶上公路斜横在路上才停了下来。当场有 18 人死亡，21 人受伤，其中 32 岁的班主任姜老师也在此次事故中丧生。死亡学生中，年龄最大的 18 岁，最小的 15 岁。

11·14 特大交通事故遇难者家属获得 432 万元赔偿及抚慰金，这笔钱先由沁源县垫付。鉴于肇事司机所在单位黎城县某汽车运输有限责任公司暂无赔偿能力，沁源县委、县政府决定由县民政局先行承担损害赔偿垫付责任。

按照国家有关政策和法律法规，本着就高不就低的原则，给每个遇难学生家庭补偿丧葬费、死亡赔偿金、其他费用合计 16.5 万元，县政府补偿精神抚慰金 3.5 万元，共计一次性给每个家庭赔偿 20 万元。遇难教师姜某因家中有老人，姜华获得赔偿 32 万元。赔偿金已经送到遇难者家中。

[评析]

一、学校开展一切体育活动的目的，都是为了促进学生的身心健康发展，在体育活动过程中首先要高度重视学生的生命安全，要切实树立安全第一的指导思

---

① 参见《教育部关于加强学校体育活动安全防范工作的紧急通知》，http://www2. upweb. net/in-dex208 – img/index. php? 49533，访问于 2005 年 11 月 28 日。

想，各级教育行政部门和各级各类学校要立即开展一次学校体育工作安全隐患大检查，彻底消除隐患，防患于未然。

二、城镇学校的早操、跑步等体育活动要尽量安排在校园内进行，严禁学校组织学生在主要街道和交通要道上进行集体跑步等体育活动。农村学校如确因体育场地欠缺，只能安排在校园外开展体育活动的，可以组织在附近的安全场所内进行，应避开交通要道，要选择适宜的路线确保学生的生命安全。

三、学校开展大型体育活动以及其他大型学生活动，必须经过主要街道和交通要道的，应事先征得公安交通管理部门的同意和支持，采取必要的安全防护措施。

四、学校对体育活动时间要合理安排，校内活动场地不足的，要采取错开体育活动时间、开展不同形式的活动内容等措施，寄宿制学校要合理安排早操时间。

五、学校要加强学生上学、下学交通安全的教育，切实增强学生的交通安全意识，教育学生严格遵守交通规则，防止交通安全事故的发生。

另外，11·14沁源的恶性交通事故虽具有偶然性，但是，让学生上公路跑步出操，危险很大，出事故是偶然中的必然。教育法规定应把中小学的规划纳入城乡建设规划，统筹安排学校的建设用地；政府有义务、有责任把已有的相关法律法规落到实处，给中小学生创造良好的环境。同时，城乡教育也失衡，事故所在省城乡中小学教育存在失衡问题，尤其表现在不同城乡和城乡之间不平衡。沁源学校的事故处理，主要是要加大投入，改善学校的活动场所。再则，一些政府领导过度关注政绩工程、形象工程，而对学校设施建设非但不重视，还屡屡侵占。政府应引导和重视学校等公益活动场所的建设，考察官员的成绩，不能光看GDP的增长，要注重社会公益事业建设，注重以人为本、和谐发展。

案例 5 - 3 - 2

学生放学途中遇车祸身亡赔偿案[①]

[事件回放]

2006年6月的一天，从贵州来浙江嘉兴打工的许某的7岁女儿没有乘坐学校的校车，而是自己步行回家。但孩子在途中不幸遭遇车祸，经抢救无效死亡。事后，许某同时向肇事司机和学校要求赔偿，但遭到学校的拒绝，于是便将学校告上了法庭。

---

① 中国教育新闻网 http://www. jyb. cn/fz/fzsx/t20070114_ 60340. htm. 2007 - 5 - 16

许某认为，是学校当初承诺"专车接送"等优惠条件，自己才将女儿送到这所学校，但发生车祸的当天，学校并没有将女儿用校车送到原先约定的地点，才导致孩子在车祸中丧生，因此许某要求学校赔偿医疗费、死亡赔偿金和精神抚慰金等共计10万余元。

但学校认为，孩子遭遇车祸的直接原因是由于她违反交通法规横穿马路，这与学校不存在任何直接关系。此外，学校只有在未尽到职责范围内的义务，致使未成年人在校遭受人身损害时，承担赔偿责任，因此学校不负有赔偿责任。

嘉兴市南湖区人民法院经审理后认为，在这个案件中，许某与学校之间存在教育服务合同关系，学校对未成年学生负有教育、保护和管理的义务。许某的女儿在事发时是一名只有7岁的儿童，其认知和自我保护意识较弱，学校放任孩子沿着交通繁忙的公路步行回家，从而使她处于危险境地。学校不履行义务的行为与孩子因发生事故而死亡的结果间存在一定的因果关系。但另一方面，许某没有对女儿尽到充分的教育义务，也负有相应的责任，因此法院最后判令学校承担部分责任，向许某赔偿各种费用共计31266.87元。

[评析]

首先，在这个案件中，许某与学校之间存在教育服务合同关系，学校对未成年学生负有教育、保护和管理的义务。

其次，学校不履行义务的行为与孩子因发生事故而死亡的结果间存在一定的因果关系。

再次，另一方面，许某没有对女儿尽到充分的教育义务，也负有相应的责任。

对此我们的预防与对策是：学校对未成年学生负有教育、保护和管理的义务，学校要增强法制观念，依法治校。《中小学幼儿园安全管理办法》第二十四条规定：学校应当建立学生安全信息通报制度，将学校规定的学生到校和放学时间、学生非正常缺席或者擅自离校情况、以及学生身体和心理的异常状况等关系学生安全的信息，及时告知其监护人。

二、交通安全基本常识

1. 从小养成良好的交通习惯

交通事故的发生都是因为人在交通活动中不重视交通安全、不遵守交通规则引起的。因此，为了预防交通事故的发生，我们每个人都应该重视交通安全，遵守交通法规。中小学生应该从小养成良好的交通习惯。文明的交通行为，是中小学生良好的精神风尚的体现，也是社会公共道德的要求。中小学生要养成良好的交通习惯，应该树立交通安全意识、掌握交通安全知识、掌握交通规则、增强交通法规的自觉性。

2. 道路交通基本规则

在我国，道路上既有汽车、摩托车、拖拉机等机动车和自行车、人力车等非机动车行驶，还有行人在行走。为了交通安全，减少它们发生冲突，要想办法把它们分开。我国道路交通有两个基本规则：

一是车辆靠右行驶。即在道路上行驶的车辆（包括机动车和非机动车）需靠右行驶。如果靠道路左侧骑自行车，就成了逆行，是一种交通违章行为。

二是人车各行其道。即机动车、非机动车和行人都应在自己行驶的路面范围行驶，而不能随意行驶到别人的路面上去。交通警察在管理交通时，采用隔离带、隔离护栏等物理隔离或划设交通标线把道路路面划分成几个部分。道路中间部分供机动车行驶，叫机动车行车道；在机动车行车道旁边为非机动车道，供自行车等非机动车行驶；最靠边的部分为人行道，行人走路需在人行道上行走。在没有划分中心线和机动车道与非机动车道的道路上，机动车在中间行驶，非机动车靠右边行驶。行人须走人行道，没有人行道的靠路边行走。

3. 道路交通标志

交通标志，是用一定的形状、颜色、符号组成的标志牌。它们被埋设于道路两边，或架设于道路上空，向车辆驾驶员和行人传递道路或交通管理信息。我们理解了以下标志的意思，就能明白道路或交通的有关情况：

（1）警告标志。是警告车辆、行人注意前方危险地点的标志。其颜色为黄底、黑边、黑图案；形状为等边三角形，其顶角向上。

（2）禁令标志。是禁止或限制车辆、行人交通行为的标志。其颜色除个别标志外，为白底、红圈、红杠、黑图案，图案压红杠；形状有圆形、八角形和顶角向下的等边三角形。

（3）指示标志。是指示车辆、行人行进的标志。其颜色为蓝地儿、白图案；形状有圆形、长方形和正方形。

（4）指路标志。是传递道路方向、地点、距离信息的标志。其颜色除个别标志外，一般道路为蓝地儿白图案，高速公路为绿底白图案；形状通常为长方形和正方形。

4. 道路交通标线

交通标线和交通标志一样，被人们称为"无声的交警"，在交通管理中起着重要作用。我们应该理解交通标线的含义并遵守标线的规定，这对维护交通秩序，保障交通安全具有十分重要的意义。

我们可把其概括为：交通标线路面划，人车分流作用大；路中黄色中心线，双向车流分界线；白色虚线车道线，同向车道分隔线；车道边缘白实线，汽车自行车界线；车道横放白实线，汽车让人停车线；斑马条纹横道线，行人过路安全线；

面对所发生的各种各样的交通事故案例，结合上述对交通安全基本常识的介绍，我们应该清楚地认识交通安全教育的重要性。因为交通事故既有必然的因素也具有偶然的突发性，所以，应培养学生交通安全意识，加强交通安全知识的学习，从已发生的相关案例中吸取经验教训，时刻确保我们的身体健康和生命安全，为学校的教学提供井然有序的环境，为学生的健康成长和学习提供良好的环境。

第四节　溺水事故

2007 年 5 月 15 日，教育部在其官方网站发布《教育部办公厅关于做好预防中小学生溺水事故工作的通知》。通知中指出，在每年发生的中小学生安全事故中，溺水是造成广大中小学生，尤其是农村中小学生非正常死亡的主要杀手之一。据教育部等单位对北京、上海等 10 个省市的调查显示，目前全国每年有 1.6 万名中小学生非正常死亡，平均每天约有 40 多名学生死于溺水、交通或食物中毒等事故，其中溺水和交通仍居意外死亡的前两位。

一、学生溺水事故案例

学生溺水事故频频发生，有学生私自下水游泳的，有在河边玩水嬉戏的，有未成年人救落水者的，等等。从表面上看，溺水悲剧缘于学生的安全意识薄弱、自我保护意识不强，但另一侧面表明家庭、学校对于学生生存能力培养的缺失。这些案例给了我们沉痛的教训，也给我们敲响了警钟，我们要切实提高和加强对中小学生涉水安全教育重要性的认识，将安全工作重心切实转移到预防上来，采取有效措施，强化学生安全教育和日常管理工作，坚决防止此类事故的再度发生。

案例 5 - 4 - 1

因学校疏于管理学生校外溺水死亡案[①]

[事件回放]

2005 年 8 月 22 日 08：20，广西壮族自治区都安瑶族自治县的一个小学生在

---

① 资料来源于《学生校外溺水亡学校要赔两万三　管理有疏漏要担责》，http://news.tom.com/1006/20050822 - 2406919.html，访问于 2005 年 8 月 22 日。

校外溺水死亡，学校由于对学生的安全管理上有明显疏漏而要承担责任。都安县人民法院对此案作出一审判决，学校被判赔偿被害人死亡补偿费 2.3 万余元。

家住该县的小韦事发时年仅 11 岁，生前系该小学四年级在校内住宿生。该校舍结构呈四合院式，师生进出校园必须经过学校大门，学校大门安装有铁门，但未设立门卫值班。校内安装有一个师生共用的自来水龙头，建有一间简易洗澡房。

2005 年 5 月 12 日下午放学后，小韦与本校学生文某（外宿生）因嫌学校洗澡房卫生太差，而私自到距学校约 100 多米的刁江码头洗衣、洗澡，两人不慎意外溺水死亡。事发后，学校及时组织群众打捞和安排丧葬，支付了相关费用 6991.5 元。

事故发生后，小韦的父母悲痛不已，经与该小学协商经济赔偿问题未果，于今年 5 月 17 日向法院起诉，请求法院判令被告赔偿原告女儿死亡补偿费等共计 3.6 万余元。

法院审理后认为，原告的女儿小韦生前系被告该小学在校住宿生，学校对未成年在校学生负有进行安全教育、管理和保护的责任。该小学虽然平时也对学生进行安全教育，制定了一些安全管理规章制度，但其对在校内宿生实际采取的管理措施有明显疏漏，对小韦违反校规，擅自到河边洗衣、洗澡没有及时发现和制止，留下了安全隐患，并导致事故的发生，被告永富小学在对学生的安全管理上有过错，对原告女儿的死亡负有不可推卸的责任。2005 年 8 月 10 日，都安县法院对此案作出一审判决，学校赔偿该学生父母死亡补偿费 2.3 万元。

小韦是年满 11 周岁的限制民事行为能力人，根据其自身的年龄、认知能力，对其违反校规、擅自到河边洗衣、洗澡可能引起的危险后果应当有一定的认知，却擅自到河边洗衣、洗澡，本身也有过错，应当承担一定的民事责任。原告请求被告赔偿原告女儿死亡的死亡补偿费，合法有据，合理部分，法院予以支持。

[评析]

《中小学幼儿园安全管理办法》第四十一条第三款规定：学校应当根据当地实际情况，有针对性地对学生开展到江河湖海、水库等地方戏水、泳游的安全卫生教育。而学校往往注重对学生教学工作的开展，对其生活上的安全教育常常疏忽，安全管理意识相当缺乏。

其次，学校在加强管理措施的同时，学校的设施设备也要加强，要保障学生能正常地生活和学习，要根据实际情况改善师生的生活条件，如该学校能改善用水条件，失事学生也不会出校，这次悲剧也不会发生。

再则，广西壮族自治区都安瑶族自治县学校值班人员没有尽到职责，这是造成悲剧的另一主要原因。所以，学校应该承担相应的责任。

案例 5－4－2

女学生溺水身亡谁担责案①

[事件回放]

原告朱先生、刘女士的女儿朱某生前是某中学高一年级的住校生。2004 年 6 月 10 日下午 5 时许，朱某因胃部不适需到校外就医，门卫因其无相关手续不让其离校，朱某在无法与其班主任取得联系的情况下，由其语文老师张某带出校门。6 月 15 日，班主任发现朱某多日未到校上课，便按照朱某入学时提供的电话号码与其家长联系，但号码有误，与其家中联系未果。此后，原告见女儿长期未回家而到学校寻找，此时，双方才知道朱女失踪。于是，原、被告便刊登了寻人启事并报了案。在此期间，朱某已溺水身亡，县公安局经鉴定以此案没有犯罪事实发生而不予立案。原告诉至法院，要求判令被告赔偿因其未尽到管理责任所造成的各项损失 273720 元。

法院经审理认为：本案中被告怠于通知和查找学生的行为存在一定的疏漏，但此疏漏与朱女的死亡之间不存在法律上的因果关系，不符合侵权责任构成要件，因此，被告不应当承担过错赔偿责任。而鉴于被告工作中存在一定疏误，为平衡双方的利益，被告应当给予原告一定的经济补偿。法院依法判决被告某中学补偿原告经济损失 15000 元。

[评析]

学校与朱女之监护人间争议的焦点主要是学校在其职责范围内是否已尽到管理的义务，被告应否承担过错赔偿责任？

一、某中学对入校学生应在何种范围内承担安全保障义务。我国《未成年人保护法》第十六条及《教育法》第八条赋予了学校教育、管理、保护的职责，即学校与教师应当根据不同年龄段的学生特点履行相应的教育和照管责任，这是一种法定义务。最高法院在审理人身损害赔偿案的司法解释中对学校未尽其职责范围内的相关义务致使未成年人遭受人身损害应承担的法律责任进行了界定。朱某所就读的学校如果存在违背法律为其设定的教育、管理、保护义务的行为而导致未成年学生受到伤害，应当承担与其过错相适应的赔偿责任。

二、学校应否按过错责任原则对朱女的死亡承担赔偿责任。学校对在校学生所尽的管理责任应当理解为学生在学校能力控制范围内接受其照管和约束的责任。朱某所在的学校并未采取封闭的管理模式，学校门卫已对朱某在上课期间申请离校看病尽到审查和管理的责任。从朱某的行为能力上看，朱女虽是未成年人

---

① 参见王建红：《女学生溺水身亡谁担责》，江苏法制报，2005 年 9 月 6 日。

但离校时已接近 17 岁，在校精神、智力均属正常，经常自己往返住家与学校，该年龄阶段亦能判断是非并具有一定的应变能力，其自己外出看病属于其能力所及范围，与其年龄、智力状况相适应。且朱女病情尚未达到专人陪护、护理的程度，学校在其能力所控制的范围内已尽到与朱女年龄、智力相适应的管理责任，换言之，朱某意外溺水身亡与学校允诺其出校就医之行为间不存在法律上的因果关系，学校不应承担管理不到位的侵权赔偿责任。更何况，意外事件的发生不以人的意志为转移，学校怠于通知和寻找学生与朱某的意外死亡之间不存在必然的因果关系，学校对此意外事件不应承担法律上的责任。但鉴于学校在工作中有疏忽，为平衡双方的利益关系，根据《民法通则》第一百三十二条关于公平原则及相关法律规定应当补偿原告所遭受的损害，是公平、公正的，但这种补偿绝不是过错责任赔偿。

[关于溺水事件的评析]

纵观上述溺水事件，普遍存在三大特征：

(1) 学生自身安全意识较差，外出自主性较大，不能及时预见潜在的危险。对此，学校应该加强安全教育知识的传授。让学生在生活、学习的同时掌握求生技巧、增加其安全防范意识，才能有效避免意外的发生。

(2) 遇难者的监护人对被监护人的教育、监护严重不到位。换言之，二者都有失职之处，这也是造成悲剧发生的主要原因之一。对此，学校、家长都要从教育学生的本质出发，在提供良好的生活、学习环境的同时，在管理范围内要对学生进行精心的监护。

(3) 有关组织学生集体活动活动的单位，必须加强对学生安全的管理，只有加强管理措施，认真实施，才能对学生安全负责，把安全隐患扼杀在萌芽中。

二、防溺水安全常识[①]

1. 基本要求

独自一人不在江河湖海游泳；身体患病不游泳；强体力劳动或剧烈运动后，不立即游泳；水况不明的江河湖海不游泳；恶劣天气不外出游泳；下水前不做准备活动不游泳。

2. 发生事故要求

出现事故，要立即呼救，对溺水者，儿童少年不应贸然下水营救；溺水者救起后，要清除口鼻喉内异物，排出溺水者胃肺部水，必要时进行人工呼吸。同时，迅速拨打急救电话。

---

① 参见《游泳和防溺水安全及常识》，http://www.beibaoke.com.cn/n6815c38.aspx，访问于 2005 年 7 月 29 日。

3. 游泳安全要点

（1）下水时不要太饿、太饱。饭后一小时才能下水，以免抽筋。

（2）下水前试试水温，若水太冷，就不要下水。

（3）若在江、河、湖、海游泳，则必须有伴相陪，不可单独游泳。

（4）下水前观察游泳处的环境，若有危险警告，则不能在此游泳。

（5）不要在地理环境不清楚的峡谷游泳。这些地方的水深浅不一，而且凉，水中可能有伤人的障碍物，很不安全。

（6）跳水前一定要确保此处水深至少有3米，并且水下没有杂草、岩石或其他障碍物。以脚先入水较为安全。

（7）在海中游泳，要沿着海岸线平行方向而游，游泳技术不精良或体力不充沛者，不要涉水至深处。在海岸做一标记，留意自己是否被冲出太远，及时调整方向，确保安全。

4. 溺水急救方法

溺水是常见的意外，溺水后可引起窒息缺氧，如合并心跳停止的称为"溺死"，如心跳未停止的则称"近乎溺死"，这一分类以病情和预后估计有重要意义，但救治原则基本相同，因此统称为溺水。急救方法如下：

（1）将伤员抬出水面后，应立即清除其口、鼻腔内的水、泥及污物，用纱布（手帕）裹着手指将伤员舌头拉出口外，解开衣扣、领口，以保持呼吸道通畅，然后抱起伤员的腰腹部，使其背朝上、头下垂进行倒水。或者抱起伤员双腿，将其腹部放在急救者肩上，快步奔跑使积水倒出。或急救者取半跪位，将伤员的腹部放在急救者腿上，使其头部下垂，并用手平压背部进行倒水。

（2）呼吸停止者应立即进行人工呼吸，一般以口对口吹气为最佳。急救者位于伤员一侧，托起伤员下颌，捏住伤员鼻孔，深吸一口气后，往伤员嘴里缓缓吹气，待其胸廓稍有抬起时，放松其鼻孔，并用一手压其胸部以助呼气。反复并有节律地（每分钟吹16~20次）进行，直至恢复呼吸为止。

（3）心跳停止者应先进行胸外心脏按摩。让伤员仰卧，背部垫一块硬板，头低稍后仰，急救者位于伤员一侧，面对伤员，右手掌平放在其胸骨下段，左手放在右手背上，借急救者身体重量缓缓用力，不能用力太猛，以防骨折；将胸骨压下4厘米左右，然后松手腕（手不离开胸骨）使胸骨复原，反复有节律地（每分钟60~80次）进行，直到心跳恢复为止。

第五节　消防安全

火是人类从野蛮进化到文明的重要标志。但火和其他事物一样具有两重性，一方面给人类带来了光明和温暖，带来了健康和智慧，从而促进了人类物质文明的不断发展；另一方面火又是一种具有很大破坏性和多发性的灾害，随着人们在生产生活中用火用电的不断增多，由于人们用火用电管理不慎，或者设备故障、或者放火等原因而不断产生火灾，对人类的生命财产构成了巨大的威胁。

一、消防安全案例

校园消防安全关系着师生们的生命安全，特别是学生生活最频繁、最集中的教室、寝室等场所，更是要严格加强这方面的管理和监督，因此消防管理是校园安全的重要任务。由于人员大量集中，校园里用电、用火频繁，因此，校园消防安全工作尤其重要。然而，近几年由于对校园消防安全工作重视不够，教师、学生缺乏必要的防火、灭火和火灾自救知识，一些学校消防管理机制不健全，极易引发火灾。

下面对近几年发生的消防事故进行回顾，以让学校和与学校有关的组织和个人提高警惕，加强对学生、教师的消防安全教育，加强消防安全意识，学习消防安全知识，并积极采取消防安全预警措施，确保学生的安全健康成长，促进学校的平安和谐发展。

案例 5 - 5 - 1

云南省三元庄村小学火灾案①

[事件回放]

2002 年 6 月 9 日晚 23 时 30 分，云南省昆明市寻甸回族彝族自治县羊街镇三元庄村小学发生火灾。由于起火房屋为土木结构旧房，过火较快，扑救工作难度较大，至次日 2 时 30 分大火才被扑灭，从火场中救出 9 名学生。大火将住在该校同一宿舍内的 8 名男生烧死，烧毁面积约 330 平方米的教室 4 间，学生宿舍7 间。

2002 年 8 月 1 日，羊街镇政府、三元庄小学与 8 家父母签订了《政府对"六·九"火灾受害家属处理协议》，在已对每户原告补助 5000 元费用和各级部门已经进行物品慰问的基础上，羊街镇政府又对每户原告给予一次性民政救济（生活困难补助等）人民币各 5 万元，原告方已领取了该款。

经查，三元庄小学原校长余长所在 2002 年 4 月至 2002 年 6 月 9 日违反寻甸教育局和羊街教管会不准小学生上晚自习的规定，组织小学生上晚自习，在无住宿条件的情况下让部分小学生住校，又未采取能够保障学生安全的相关措施，疏于管理，致使火灾发生后造成严重后果，余长所因公司、企业、事业单位人员失职罪，被判处两年有期徒刑，缓期两年执行。

---

① 参见《一名小学教师纵火烧死 8 学生　校长被公诉》，http://www.zjol.com.cn/gb/node2/node2352/node65661/node67170/userobject15ai1865853.html，访问于 2003 年 9 月 23 日。

其真正的原因在于班主任不满学校领导而纵火行凶，2002年6月30日下午，民警查获了李文福作案的主要证据，并立即对其提审。在大量证据面前，李文福终于交待了其犯罪事实：时年25岁的三元庄小学五年级班主任李文福，由于心胸狭隘，一直认为自己怀才不遇，在校不但不被领导重用反而经常被学校领导批评，加之与其他老师关系不甚融洽，早就对学校心怀不满。6月9日晚，李文福与另一名教师发生口角而受到学校领导不点名批评。当晚其看完电视回到宿舍后越想越气，随后从自己的摩托车内抽出汽油约200毫升灌入一可乐瓶中。在观察到院内无人后，迅速潜入学校会议室，将汽油浇在沙发上，用火柴点燃汽油后迅速返回宿舍。在宿舍注意听到燃烧发出"劈啪"声后，李文福即起身救火并呼叫，试图造成他主动扑救大火的假象。

法院认为，8名孩子在火灾中被烧死，虽然各级党委、政府采取相应措施，对8家人给予了关怀和民政救济，司法机关追究了有关责任人的刑事责任，但这并不能免除学校应承担的民事赔偿责任。学校在完成教学及相关任务的同时，负有预防和保护学生生命健康不受侵害，并且在危险发生时及时采取措施救助学生的义务。本案中，直接导致8名孩子死亡的原因是火灾，虽然目前引发火灾的原因尚未确定，但8名孩子的死亡与三元庄小学在学生住宿管理方面存在过错有一定的关系。这种过错表现在：一是违反寻甸教育局和羊街教管会的规定，组织小学生上晚自习；二是在无住宿条件的情况下让部分小学生住校，亦未采取足以保障学生安全的相关措施；三是火灾发生时未及时采取措施进行救助。因此，三元庄小学应对其过错承担相应的民事责任，对8名死亡学生的父母应给予相应的赔偿。

另外，法院认为，被告羊街教管会和寻甸教育局虽然在三元庄小学的行政管理当中做了一些工作，但没有对三元庄小学在学生安全管理工作当中的过错予以监督纠正，负有行政管理责任，但不属于民事责任范畴。原告要求羊街教管会和寻甸教育局承担民事责任的请求没有事实和法律依据，法院不予支持。

[评析]

该校违反寻甸教育局和羊街教管会的规定，组织小学生上晚自习；该校在无住宿条件的情况下让部分小学生住校，亦未采取足以保障学生安全的相关措施；该校火灾发生时未及时采取措施进行救助。

《中小学幼儿园安全管理办法》规定：

第十九条：学校应当落实消防安全制度和消防工作责任制，对于政府保障配备的消防设施和器材加强日常维护，保证其能够有效使用，并设置消防安全标志，保证疏散通道、安全出口和消防车通道畅通。

第二十条：学校应当建立用水、用电、用气等相关设施设备的安全管理制度，定期进行检查或者按照规定接受有关主管部门的定期检查，发现老化或者损毁的，及时进行维修或者更换。

第三十四条：学校不得将场地出租给他人从事易燃、易爆、有毒、有害等危险品的生产、经营活动。

第四十条：学校应当针对不同课程实验课的特点与要求，对学生进行实验用品的防毒、防爆、防辐射、防污染等的安全防护教育。

学校应当对学生进行用水、用电的安全教育，对寄宿学生进行防火、防盗和人身防护等方面的安全教育。

第五十六条：校园内发生火灾、食物中毒、重大治安等突发安全事故以及自然灾害时，学校应当启动应急预案，及时组织教职工参与抢险、救助和防护，保障学生身体健康和人身、财产安全。

一是学校应当落实消防安全制度和消防工作责任制，对于政府保障配备的消防设施和器材加强日常维护，保证其能够有效使用，并设置消防安全标志，保证疏散通道、安全出口和消防车通道畅通。

二是学校应当建立用水、用电、用气等相关设施设备的安全管理制度，定期进行检查或者按照规定接受有关主管部门的定期检查，发现老化或者损毁的，及时进行维修或者更换。

三是学校应当制定应急预案，消防安全知识应该作为中小学和幼儿园的课堂教学内容，加强学校消防安全教育刻不容缓。

二、消防安全基本常识

1. 为什么要对学生进行安全教育

首先，对学生进行安全教育，是当前火灾形势和安全工作的需要，是提高全校火灾预防能力的一项群众性基础工作。其次，开展学生安全教育是保护在校学生人身财产安全和合法权益的需要。在发生火灾时，在校学生由于生理、心理等客观因素，更容易受到危害。再次，在校学生在学校安全工作中具有重要地位和独特作用。学校发生的火灾，60%～70%在学生宿舍等人员活动较为集中的场所。学生是宿舍的主人，预防学生宿舍火灾，学生起着十分重要的作用。如果学生消防安全意识淡薄，消防常识缺乏，扑救初起火灾和逃生自救互救能力低下，一旦发生火情，势必酿成火灾，造成严重后果。因此，要对学生进行消防安全教育，提高他们的消防安全意识。

2. 关于火警的有关常识

一是为什么把火警电话号码定为"119"。

（1）国际标准化管理的需要。20 世纪 70 年代国际电报电话咨询委员会根据国际标准化管理的要求，建议世界各国火警电话采用"119"号码。

（2）为了避免火警电话用"0"号开头与其他通讯服务相互影响。

（3）火灾具有突发特点，为保证通讯畅通无阻，应将其并入"11"号开头的特别服务中去。

（4）"119"号码便于记忆，发生火灾时，想到"要要救"，以便联想到"119"拨火灾报警电话。

二是怎样正确使用"119"电话。

（1）报警时，首先要沉着冷静，不要惊慌。

（2）要讲清楚起火单位、地址、燃烧对象、火势情况，并将报警人姓名、所用电话号码告诉消防队以便联系。报警后，本人或派人到通往火场的交通路口、厂门口和街道巷口接应消防车。

（3）要早报警，为消防队灭火争取时间，减少损失。

3. 火场避险原则和逃生方法

火灾发生，在大火威胁着在场人员生命安全的情况下，保存生命，迅速逃离危险成为人的第一需要。自救是常用的逃生方法，在实施自救行动之前，一定要强制自己保持头脑冷静，根据周围环境和各种自然条件，选择自救的方式。

（1）首先要熟悉所处环境。这里所讲的环境，是指我们经常或临时所处的建筑物内部环境。对我们经常工作或居住的建筑物，熟悉环境已不在话下，但也不能麻痹大意，可事先制定较为详细的逃生计划，以及必要的逃生训练和演练。如确定逃生的出口，可选择门窗、阳台、室外楼梯、安全出口、室内楼梯等作为在火灾时逃生的通道，同时也应明确每一条逃生路线及逃生后的集合地点。对确定的逃生出口、路线和方法，要让家庭和单位所有成员都熟悉和掌握，必要时可把确定的逃生出口和路线绘制成图贴在明显的位置，以便平时大家熟悉和在发生火灾时按图上标明的逃生方法、路线和出口顺利逃出危险地区。

当出差、旅游住进宾馆、饭店以及外出购物走进商场或到影剧院、歌舞厅等陌生的环境时，都应留心看一看太平门、楼梯、安全出口，以及灭火器、消火栓、报警器的位置，以便临警时能及时逃出危险区或将初期火灾及时扑灭，并在被围困的情况下及时向外面报警求救。这种熟悉是非常必要的，只有养成良好习惯，才能有备无患。

（2）其次要选择逃生方法。逃生的方法多种多样，由于火场的火势大小、被围困人员所处位置和使用的器材不同，所采取的逃生方法也不一样。火场上逃生有以下主要方法：第一是立即离开危险区域。一旦在火场上发现或意识到自己可能被烟火围困，生命受到威胁时，要立即放下手中的工作，争分夺秒，设法脱险，切不可延误逃生良机。脱险时，应尽量观察，判明火势情况，明确自己所处环境的危险程度，以便采取相应的逃生措施和方法。第二是选择简便、安全的通道和疏散设施。逃生路线的选择，应根据火势情况，优先选择最简便、最安全的通道和疏散设施，如楼房着火时，首先选择疏散楼梯、普通楼梯、消防电梯等。尤其是防烟楼梯，更安全可靠，在火灾逃生时，应充分利用。如果以上通道被烟火封锁，又无其他器材救生时，可考虑利用建筑的阳台、窗口、屋顶、落水管、避雷线等脱险。但应注意查看落水管、避雷线是否牢固，防止人体攀附上以后断裂脱落造成伤亡。第三是准备简易防护器材。逃生人员要经过充满烟雾的路线，才能离开危险区域。此时，如果浓烟呛得人透不过气来，可用湿毛巾、湿口罩捂住口鼻（无水时干毛巾、干口罩也可以）。在穿过烟雾区时，即使感到呼吸困难，也不能将毛巾从口鼻上拿开，一旦拿开就有立即中毒的危险。在穿过烟雾区时，除用毛巾、口罩捂住口鼻外，还应将身体尽量贴近地面或爬行穿过危险区。如果门窗、通道、楼梯等已被烟火封锁，冲出危险区有危险时，可向头部、身上浇些冷水或用湿毛巾等将头部包好，用湿棉被、湿毯子将身体裹好或穿上阻燃的衣服，再冲出危险区。第四是自制简易救生器材，切勿跳楼。当各通道全部被烟火封死时，应保持镇静。可利用各种结实的绳索，如无绳索可用被褥、衣服、床单，或结实的窗帘布等物撕成条，拧成绳，拴在牢固的窗框、床架或室内其他的牢固物体上，然后沿绳缓慢下滑到地面或下面的楼层内而顺利逃生。

如果被烟火困在二层楼内，在没有救生器材或得不到救助而万不得已的情况下，有些人也可以跳楼逃生。但跳楼之前，应先向地面扔一些棉被、床垫等柔软物品，然后用手扒住窗台或阳台，身体下垂，自然下落。这样可以缩短距离，更好地保护人身安全。如果被火围困于三层以上楼层内，那就千万不要急于往下跳，因距离很高，往下跳时容易摔成重伤或死亡。

4. 学校消防安全应对措施

（1）组织开展消防安全检查治理工作，及时消除火灾隐患。当地教育行政部门要组织本地区的各级各类学校及幼儿园、托儿所等单位，要以学生宿舍（包括校外学生公寓）、学校校园内教职工宿舍、食堂、实验室、教室、图书馆、会议室等人群集中场所为重点开展消防安全检查，督促整改火灾隐患。电器产品的安装、使用和线路的敷设必须符合国家有关电气安全技术规定的要求，拆除私拉乱接的电气线路。

（2）严格规范用火、用电、用气等消防安全管理。纠正学生在宿舍内使用电炉、液化气罐等违章行为。

（3）清理学校人员集中场所内封堵和占用疏散通道上的杂物，拆除疏散通道和安全出口设置的障碍物，保持畅通。

（4）拆除在学生宿舍外窗安装影响安全疏散和应急救援的栅栏。

（5）学校图书馆、学生宿舍、公寓应设置火灾事故应急照明和应急广播系统，损坏的要立即修复，以确保有效使用。

（6）学校要利用暑假假期对学生宿舍电线、电话线、网络线进行改造。根据宿舍学生人数每人配备适当的固定插座，方便学生使用。有条件的学校，可以在宿舍中指定规定的区域，配备大理石等阻燃桌面，集中使用电器，减少或防止因使用伪劣电器等物品而引发火灾。

（7）加强硬件设施配备。安全有效的消防设施是师生人身安全和学校财产安全的重要保障，因此各地学校每年都需要投入一定的资金对消防器材进行维修和更新，比如添置灭火器、维修灭火器等。另外，消防通道必须保持畅通，学生宿舍应安装应急灯和安全通道指示牌。

一个个触目惊心的消防事故案件发生在我们周边的学校，让我们学校没有理由不对消防安全提高警惕，也要求学校必须坚持不懈地开展消防安全教育，加强教育宣传的力度和加大教育推广的宽度，普及消防知识，强化消防意识，使更多的老师、学生了解消防，重视消防。同时，通过学校、家庭、学生三方的努力，让消防意识伴随新生一代成长，让悲剧不再发生！

第六节 教育教学活动安全

教师是一种很神圣而且很重要的职位，古代孔子为了传播知识，创建了私学。在我国现代，也有很多杰出的教育工作者，如陶行之等。《朱舜水集·劝学》中有这样一句话："敬教劝学，建国之大本；兴贤育才，为政之先务。"

随着社会的发展，一些不好的现象也日益凸现出来。教师在教育教学活动中对学生实施体罚和变相的体罚，殴打和侮辱学生，甚至伤害学生的人格尊严；有的教师还利用教育教学之便利条件猥亵未成年女学生，这种行为需要法律手段去制裁；同时，有的老师教育方法不得当而侵犯了学生的隐私权，自己却还不知道已经违法，所以，必须加强教师的法制教育；在教育教学中还体现学校在聘用教师方面的问题，有些学校的老师在聘用之前就有精神疾病，学校却疏忽了，从而导致学生受伤害等。

教师某些违法违规行为不但不可能为人师表，反而对学生的健康成长产生不利影响。对这些现象，我们必须提高警惕，加强学校教育教学活动的安全教育，认真思考对策。只有这样，才能保证我们的学生们健康、快乐地成长，受到良好的教育。下面通过大量的案例来反映教育教学中的违法事件，以此起到警戒和教育的作用，让学生和教师能更好地维护自己的权利、履行应尽的义务。

一、教育教学活动安全案例

（一）教师体罚学生案例

体罚，是教师对学生肉体实施惩罚并使其受到伤害的行为，如殴打、罚站、下蹲、超过身体极限的运动、刮脸、打嘴巴等行为。变相体罚，是指采取其他间接手段，对学生肉体和精神实施惩戒并使其受到伤害的行为，如劳动惩罚、抄过量作业、脸上写字、讽刺挖苦、谩骂、烈日下暴晒等行为。《中华人民共和国义务教育法》规定：教师在教育教学中应当平等对待学生，关注学生的个体差异，因材施教，促进学生的充分发展。教师应当尊重学生的人格，不得歧视学生，不得对学生实施体罚、变相体罚或者其他侮辱人格尊严的行为，不得侵犯学生的合法权益。《中华人民共和国未成年人保护法》规定：学校、幼儿园、托儿所的教职员工应当尊重未成年人的人格尊严，不得对未成年人实施体罚、变相体罚或者其他侮辱人格尊严的行为。各级教育行政部门三令五申"不准体罚学生"。但是，还是有少数教师我行我素，照罚不误。为什么呢？这是因为，这些教师太迷信体罚的管理功能，忽视体罚给学生的身心带来了严重影响。

广大学生作为中华人民共和国的公民，他们的人身权利同样不可侵犯。随着社会的发展，学生人数不断增多，侵害学生权益的事件也多了起来。所以，国家和有关执法部门应当给予重视，维护学生的权利。

案例 5 - 6 - 1

教师打学生几耳光引发的纠纷案①

[案例回放]

某校是一所普通中学，一天，初中二年级 3 班第三节是张老师的地理课。上课刚开始，学生王某把书打开，脸藏在书后。这时张老师叫王某放下书本，注意听讲，但王某像没有听见似的，仍用书本挡着脸。张老师把王某叫到面前，见他嘴里嚼着饼干，张老师叫他把饼干吐出，但王某没听仍吃着。张老师火冒三丈，大声训斥后，仍觉得不解气，便用手打了王某几个嘴巴。王某不服，课后张老师把王某叫到办公室进行训斥，王某仍觉得委屈，还是不服，这时张老师又打了王某几个嘴巴。当天家长找到校领导，问老师为什么要打孩子，要求领导处理张老师，校领导耐心地做家长工作，并向家长赔礼道歉，还派一名主任同家长一起给孩子看伤，校领导又几次到学生家看望。

最后此事得到家长的谅解，但就领导怎样处理张老师却发生了不同的意见。学校意见：张老师要全部赔偿学生的医疗费；向全校做检查；半年不能评先进教师和文明职工等，如果张老师对自己的问题认识上不去，那么给予行政处分。但一部分教师认为：学校领导是小题大做，叫张老师下不了台，这样偏袒学生，老师的尊严没了；什么思想教育也不是万能的，虽然体罚重了一些，但是应该理解的；违纪就该惩罚，但学校跟张老师说一说就算了，何必兴师动众；等等。争论风波还在进行着。后来校领导进行了正确的引导，全体教职工进行了有关法规的学习，使法制观念增强了，认识提高了，还是按着学校的意见对张老师进行了处

---

① 参见《教师体罚学生之后引起的风波》，http://www.wqjyj.cn/shownews.asp? NewsID = 8480，访问于 2006 年 9 月 18 日。

理，争论的风波也平息下来了。

[评析]

本案是一起由于学生上课不遵守纪律，老师对学生进行体罚而引起的学生被打事件。张老师应对其不当行为承担相应的责任。理由如下：

一、体罚学生侵犯了学生的健康权、身体权。健康权是指自然人依法享有的以保持其身体机能安全为内容的权利。健康包括肉体组织和生理及心理机能三方面，无论对哪一方面的侵害都构成对自然人健康的侵害。所谓身体权，是指以自然人保持其身体组织器官的完整性为内容的权利。健康权和身体权是每一个人都拥有的基本权利。我国《民法通则》明确规定，公民享有生命健康权。未成年人正处于身心发育的关键阶段，保护未成年人学生的身心健康具有尤为重要的意义。我国不少法律都规定，教师应当关心、爱护学生。如《中华人民共和国教师法》规定教师的义务包括"关心、爱护全体学生，尊重学生人格，促进学生在品德、智力、体质等方面全面发展"。对于不听话，学习不上进的，教师应当耐心教育、帮助，而绝不能粗暴地采取打骂的办法。《中华人民共和国未成年人保护法》规定，学校应当关心、爱护学生；对品行有缺点、学习有困难的学生，应当耐心教育、帮助，不得歧视。健康权、身体权属于公民基本权利之一，我国法律规定，对侵犯健康权的，应当承担损害赔偿责任或者其他民事责任。

二、体罚学生侵犯了学生的人格尊严。人格尊严受我国宪法的保护，《宪法》第38条规定："中华人民共和国公民的人格尊严不受侵犯。禁止用任何方式对公民进行侮辱、诽谤和诬告陷害。"同时，我国《民法通则》也规定，公民享有名誉权，公民的人格尊严受法律保护，禁止用侮辱、诽谤等方式损害公民的名誉。体罚学生也是侵犯学生人格尊严的行为，我国有关教育法规和未成年人保护法都有专门规定禁止体罚学生的具体条款。《中华人民共和国义务教育法》规定，禁止体罚学生；《中华人民共和国未成年人保护法》规定，学校的教职员工应当尊重未成年学生的人格尊严，不得对未成年学生实施体罚、变相体罚或者其他侮辱学生人格尊严的行为。在本案中，学生王某上课吃东西，教师张某让他把东西吐出来，王某不听，这时张某就应对其进行耐心的说服和教育，晓知以理，动之以情，表现出一个文明教师的风范。可是张某没有这样做，而是打了王某几个嘴巴；课后把王某叫到办公室训斥时，再次责打王某。张某的行为侵犯了学生的人格尊严，违反了法律的规定，应当承担一定的责任。

三、学校应当承担一定的民事责任。"有损害就有赔偿"。我国《民法通则》规定，公民、法人侵犯他人人身、财产权利，具有过错的，应当承担民事责任。《中华人民共和国未成年人保护法》规定，侵害未成年人合法权益，对其造成财产损失或者其他损害、损失的，应当承担赔偿责任或者其他民事责任。在本案中，教师张某管教不遵守课堂纪律的学生，属职务行为，所以应由学校直接承担赔偿责任和其他民事责任。在学校赔偿后，可以向张某追偿，因为张某的行为是存在过错的。

四、教师张某应当承担一定的行政责任。教育部《学生伤害事故处理办法》规定，发生学生伤害事故后，经调查认定学校负有责任的，教育行政部门可以依法对学校及有关责任人员予以行政处分、行政处罚；我国《义务教育法》、《〈义务教育法〉实施细则》也规定，体罚学生的，视其情节轻重，予以一定的行政处分。在本案中，教师张某的行为是属于体罚学生的行为，虽然算不上非常严重，但是毕竟这样处罚学生确实有点过度了，违反了法律的规定，因此，本案中张某应当受到一定的行政处分，该校对教师张某所作的处罚决定还是比较合适的。依据相关的法律法规：

《中华人民共和国宪法》规定："中华人民共和国公民的人格尊严不受侵犯。禁止用任何方式对公民进行侮辱、诽谤和诬告陷害。"

《中华人民共和国民法通则》规定："公民享有生命健康权。"

《中华人民共和国未成年人保护法》规定："学校、幼儿园的教职员应当尊重未成年人的人格尊严，不得对未成年学生和儿童实施体罚、变相体罚或者其他侮辱人格尊严的行为。"

《中华人民共和国未成年人保护法》规定："侵害未成年人的合法权益，对其造成财产损失或者其他损失、损害的，应当依法赔偿或者承担其他民事责任。"

《中华人民共和国义务教育法》规定："………禁止体罚学生。……对违反第1款、第2款规定的，根据不同情况，分别给予行政处分、行政处罚；造成损失的，责令赔偿损失……"

案例 5-6-2

学生受教师体罚致人身损害赔偿纠纷案①

[事件回放]

原告张某原系被告学校学生，苗某曾任原告所在班级体育教师。苗在任教期间，曾因原告违反课堂纪律对其进行过两次体罚（用脚踢及橡皮筋崩脸）。1994年4月15日上午上体育课时，原告私自到其他年级军训场地玩耍，苗某追过去用手拽住张的红领巾推搡，并杵其一拳。张当时感到胸部发闷，中午回家后全身抽搐。经送鸡西市卫校附属医院诊断被确认为植物神经功能紊乱。因治疗效果不佳，又先后去矿总院、省康复医院等医院治疗。原告治疗先后共花医药费 5655.6

---

① 参见《教师体罚学生学校"埋单"》，http：//blog. chinacourt. org/wp - profile1. php？author = 4098&p = 27693，访问于 2006 年 6 月 20 日。

元，去外地治疗住宿费 146 元、交通费 39.2 元，药品邮资费 24 元。事后，原告父亲多次要求学校处理未果，代理原告向鸡西市鸡冠区人民法院提起诉讼，要求被告赔偿医疗费、交通费、护理费等 8038.68 元。

被告鸡西市某小学及苗某辩称：原告所诉与事实不符。因原告扰乱课堂秩序，苗某只拽其巾推搡两下，有在场同学及其他老师证实。原告患有先天性癫痫病，就学期间一直治疗。

鸡西市鸡冠区人民法院受理案件后，委托鸡西市中级人民法院法医室鉴定，结论为：原告在治疗期间用药基本合理，可以去外地治疗；无法认定原告被打前是否有心脏病存在；解除精神刺激因素后，不会出现后遗症等。鸡西市鸡冠区人民法院认为：苗某在任课期间先后三次对原告张某进行体罚，致原告植物神经功能紊乱，有证人证言及法医鉴定结论为证。苗某的行为属职务行为，故全部责任应由学校承担，第三人的责任，由学校按有关规定自行处理。被告未能提供原告患有先天性癫痫症的证据，其辩称理由不能成立。原告在药店及卫生所所购药品未经主治医生准许，不予支持。依照《中华人民共和国民法通则》第一百一十九条和《中华人民共和国未成年人保护法》第十五条、第四十六条、第四十七条规定，于 1995 年 4 月 14 日判决如下：

被告赔偿原告医药费 5321 元，住院营养费 150 元，伙食补助费 120 元，护理人员误工工资 150 元，外出治疗住宿费 146 元，交通费 39.2 元，药品邮资 24 元，总计 5950.2 元，于判决生效之日起 5 日内给付。

[评析]

本案的焦点是如何确定被诉主体，根据本案情况，应当将学校作为被告。教师以第三人的身份参与诉讼。理由分析如下：

一、教师体罚学生属法人侵权行为

鸡西市某小学作为事业单位法人，其民事行为能力主要通过两种途径实施，其一，学校的重要民事活动由校长作为法定代表人，以学校的名义进行；其二，教师按学校安排从事日常的教学活动，学校从事教学活动的法人行为分解成教师直接开展教学活动的职务行为。苗某为维护教学管理秩序对学生进行体罚，学校应当对教师的职务行为承担民事责任。

二、教师体罚学生，在学校与学生间构成了特殊侵权损害赔偿责任，由此引起的人身损害赔偿诉讼，应由学校作为被告。

侵权损害赔偿责任包括损害事实、违法行为、主观过错和因果关系四个构成要件。本案从损害事实看，苗某在行使职务过程中的体罚行为导致了张某的人身伤害；从违法行为看，教师的体罚行为违反了未成年人保护法、教师法及民法通则的有关规定；从主观过错看，教师体罚学生存在主观上的故意，也体现了主管学校对教师监督管理的疏忽和懈怠；从因果关系看，学生受到人身损害是由于教师在执行职务过程中造成的，其最终原因是学校未对学生尽到保护责任。综上所述，学校由于教师的体罚行为而与学生之间形成了特殊侵权损害赔偿责任，学生可以对学校提出人身损害赔偿诉讼，学校作为侵权方，理应以被告身份参与诉讼。

三、教师体罚学生，在学校和教师之间不形成连带责任，教师只能以无独立请求权的第三人身份参与诉讼。

连带责任是指在共同责任中，每一个责任人都有义务承担全部的民事责任，全部承担了连带的人，有权向其他共同责任人追偿超过自己应承担的部分。本案中，因教师的体罚行为，学校与学生之间形成了侵权损害赔偿责任，但教师与学校不负同一侵权损害赔偿之责，不形成连带责任，更不能作为共同被告参与诉讼。学校作为侵权的法人主体，因其没有尽到监管职责而作为被告参与诉讼。实施体罚的教师，因案件的处理结果同他有法律上的利害关系，故只能作为无独立请求权的第三人参与诉讼。如果可以证实学校已尽到了监管职责，教师是因教学活动以外的原因实施侵害行为，则可由教师作为被告承担民事责任。学校在承担责任之后，可根据教师的过错和经济状况，在学校内部责令其承担部分损失。《教师法》规定了教师应承担的法律责任，即体罚学生，经教育不改的，由所在学校、其他教育机构或教育行政部门给予行政处分或解聘；情节严重，构成犯罪的，依法追究刑事责任。

所以，学校应加强对教师的教育，而作为教书育人的老师更应做模范守法公民，在教学中讲求方式方法，不应给学生带来心灵和身体上的创伤。学生被体罚后，可以及时向学校、家长、警方报告，并保存好病历。如果诉诸法律，还要搜集相关证据，比如校方对此事的处理记录等。

（二）教师侵犯学生隐私权案例

案例 5 - 6 - 3

班主任曝光学生"早恋"日记被判侵权案①

[事件回放]

老师撕走学生日记并曝光———市一中院终审判决：老师行为已侵害了学生的名誉权，被判向学生公开赔礼道歉，并赔偿精神损失费 2000 元。这是重庆市首例学生诉老师侵犯名誉权案。

身高 1.79 米的小余是个"小帅哥"，某中学的体育尖子，班上的体育委员。2001 年 11 月 30 日下午放学后，16 岁的小余和其他同学一起打篮球。同班女生王某看见小余脸上有汗珠，上前用餐巾纸为他擦汗。这一亲昵的动作被班主任汪

---

① 人民网. http://people.com.cn/GB/shehui/44/20020920/827337.html. 2007 - 4 - 8.

老师看见，她认为两个学生"恋"上了，当即将王某喊到办公室。她递给王一张写满字的纸——这是汪老师私下从小余放在课桌内的笔记本上撕下的两页日记，上面记录了小余对另一名女生的好感。

王某看日记时，汪老师在一旁语重心长地"劝戒"："小余对你不是真心的，他很花，脚踏两只船。"第二天，汪老师不准小余进教室上课。小余的家长多次到学校，恳求让孩子上课，都被汪拒绝。

几天后，汪老师又将小余的日记拿给班上另几个学生看，并说小余很坏，"告诫"学生不要和小余交朋友。小余的父母很着急，找到学校领导，并请律师向县委宣传部、教育局和孩子所在学校写了法律建议书，要求让孩子复课。

学校和县教育局给汪做工作，汪老师仍然不准许小余上课。直到12月5日，在学校校长的命令下，小余才进了教室。但此时，小余的心理承受力已到了崩溃的边缘，当天离家出走。第二天下午，家长和学校才在重庆市区将小余找回。

7日，小余恢复了上课，但很多学生对他指指点点。鉴于此，小余父母要求汪老师在一定范围内赔礼道歉，消除影响，但汪拒绝了。无奈之下，小余与班主任对簿公堂，要求汪老师赔礼道歉，并赔偿精神损失费。

庭审中，汪老师在法庭上表达了自己的主要观点——她履行教师之责，检查学生笔记，从而知晓该生早恋违反校规的行为，不具有侵犯他人隐私的过错。汪老师说，小余日记不具有隐私权的保密性；隐私内容是早恋，严重违反了《中学生守则》，这种隐私内容受公共利益的限制，是不诚实的表现，看小余笔记也是教师知情权的一部分……

汪老师还认为，自己和小余间形成纠纷的主要原因在学生家长，因为家长不配合学校教育，不纠正小余吸烟、上课不专心及早恋等不良习性。因此，汪老师认为她以校方身份对小余进行全面教育，对其违反校规进行批评、停课、写检查等方式，是正当教育范畴，是善意的，不具有贬损小余名誉权的性质。

对此，小余的代理人、重庆弘平律师事务所律师喻某、王某认为，汪老师对隐私权的辩解是自创法律。大量证人证实，汪从小余的课桌内翻出日记本，并撕走两页，还让一些师生传阅。他们认为，小余作为一名未成年人，在其年龄段对异性产生爱慕的感情或一种向往是非常正常的健康心理，作为一名教师，对这种现象应该是正确引导并理解这一行为，而不是以肆意侮辱、歧视性语言四处宣扬，并告诫其他学生孤立小余。另外，汪以知情权对自己偷看学生日记的行为进行辩解，把纠纷责任推到学生家长身上，是曲解法律，没有任何法律依据。

璧山县法院经审理认为，汪老师未经学生小余同意，偷看余的日记并让他人传阅，还在学生中讲有损小余名誉的话，其行为已损害了小余的名誉和隐私权。汪以小余早恋要求其写检讨等为由，不准小余上课学习的行为，侵害了小余的受教育权。虽然汪老师教育帮助学生的出发点是好的，但由于采取方式不当，致使小余精神受到损害，导致其离家出走的严重后果，使其身心健康和学习受到严重影响。因此，汪老师应该向小余赔礼道歉，并给予一定的精神损害赔偿。

一审宣判后，汪不服上诉，于 2002 年 9 月 16 日，市一中院下达驳回上诉、维持原判的终审判决。

[总评]

通过上述的案例可以看出，教师在教育教学活动中侵犯学生权利的事件时有发生，侵权的形式也是多种多样。

首先，体罚和变相体罚学生是最常见的，这与中国的传统文化有密切的联系，但是，随着法制社会的不断建立和完善，这种现象会被逐渐地遏制。

其次是教师猥亵、强奸学生的案件，其多发地点主要是在偏远的农村学校。需要加强三方面的教育：一是对教师进行严谨的师德教育；二是对学生进行切实可行的性教育；三是对学生进行自我保护意识教育，《未成年人保护法》不能仅仅贯彻宣传到成年人那里，那些被保护者主体，对自己的权益保护内容不应该一无所知。

其次是教师对学生隐私权的侵犯。在以前，教师私自扣押学生的信件，非法阅读学生的信件，非法收查学生的书包、衣柜等私人物品，这些都被默认为是赋予教师的特别权利，学生只有顺从的权利。但是，随着各项法律的制度和落实，学生的隐私权也逐步得到了尊重，学生学会了自我保护，增强了自己的维权意识。

二、教师体罚学生的预防

1. 禁止体罚学生的相关法律

体罚学生，无论是教师出于为了提高学生成绩和维护课堂秩序，还是学生家长认为"棒头底下出好人"，但这种以暴力的方法或以暴力相威胁、以其他强制性的手段，侵害学生的身体健康的侵权行为，都有其违法性。法律是不认同"打是亲、骂是爱"的古训的，也不认同"民不告则官不纠"，犯了法就会受到法律制裁。

我国颁行的法律：《中华人民共和国教育法》、《中华人民共和国未成年人保护法》、《中华人民共和国义务教育法》、《中华人民共和国教师法》都对体罚学生的违法性问题作出了明确的规定。不管是否产生了严重的后果，体罚学生的行为属性肯定是违法的。具体而言，体罚学生在如下几个方面侵犯了学生的权利：

（1）侵犯了学生的身体权。法律规定：身体权是指自然人主体依法享有自己身体的权利，身体权的内容为权利主体依法享有或支配自己的身体，他人不得非法防碍。体罚中侵犯身体权的情形最为多见，如罚站、罚抄、罚跪、扯头发、打手心、打嘴巴、拧耳朵、打耳光等，虽未危及学生生命、损害其生理功能，但却侵犯了其身体，构成了违法。

（2）侵犯了学生的健康权。法律规定：健康权是有生命的主体依法享有的保障其自身机体生理功能健康的权利。正处于身体发育期的未成年人，其各种身体器官的发育还不成熟，采用暴力的方式体罚学生，轻者会造成学生身体器官的损伤，重者可能造成学生终身残疾。

（3）体罚和变相体罚均侵犯了被罚学生的人格尊严。法律规定：人格尊严是公民的一项基本权利。我国《宪法》明确规定："中华人民共和国公民的人格尊严不受侵犯。禁止用任何方法对公民进行侮辱、诽谤和诬告陷害。"教学过程中的体罚行为，虽然只是触及学生皮肉，但其实质是教师侮辱学生人格的一种表现，体罚会对学生心灵造成伤害，这种心灵的伤害是永久的、难以愈合的，会影响到受到体罚的学生一生的心理健康。

（4）体罚侵犯了学生的人身自由权。我国《宪法》规定："中华人民共和国的人身自由不受侵犯，任何公民非经人民检察院批准或者人民法院决定，并由公安机关执行，不受逮捕、禁止、非法拘禁和非法剥夺或者限制公民的人身自由，禁止非法搜查公民的身体。"人身自由权是宪法所规定的公民的一种基本权利，学生也不例外。教学中对学生罚站、罚抄、罚跪、扯头发、打手心、打嘴巴、拧耳朵、打耳光等，或放学后留学生长时间的做作业、面壁等，在某一时间内限制了学生的人身自由，无疑侵犯了学生的人身自由权，这是一种严重的违法行为。

（5）体罚侵犯学生的受教育权。我国法律规定了受教育权是公民的一项基本权利。《中华人民共和国宪法》规定："中华人民共和国公民享有受教育的权利和义务。"《中华人民共和国未成年人保护法》规定："学校应当尊重未成年学生的受教育权。"《中华人民共和国义务教育法》规定："国家实行九年制义务教育，国家、学校和家庭依法保障适龄儿童少年接受义务教育的权利。"老师对学生罚站、罚抄、罚跪、扯头发、打手心、打嘴巴、拧耳朵、打耳光等，直接影响了学生听课；被逐出教室、被罚站、被罚劳动等不让学生听课的做法，更是剥夺了学生在教室听课的机会，其实质就是使学生不能进行正常的听课和学习活动，从而侵犯了学生的受教育权。

2. 教师体罚学生的现象

（1）教师违规授课

《中华人民共和国教师法》明文规定："教师是履行教育教学职责的专业人员，承担教书育人，培养社会主义事业建设者和接班人、提高民族素质的使命。教师应当忠诚于人民的教育事业。""各级人民政府应当采取措施，加强教师的思想政治教育和业务培训，改善教师的工作条件和生活条件，保障教师的合法权益，提高教师的社会地位。全社会都应当尊重教师。"现在我们一再强调提高教师素质，但是什么是教师素质呢？所谓教师素质，就是教师在教育教学活动中表现出来的、决定其教育教学效果、对学生身心发展起直接而决定性影响的心理品质的总和。教师素质在结构上，至少应包括以下内容：教师的敬业精神、教师的知识水平、教育信念、教师的教学监控能力以及教师的教学行为与策略。

因此，提高教师素质的基本前提就是教师必须按照法律法规授课，不得做出违反法律法规的行为。

（2）教师侮辱学生人格和侵犯学生权利

"人格是个体内在心理物理系统中的动力组织，它决定人对环境顺应的独特性""人格是个体内在的行为上的倾向性，它表现一个人在不断变化中的全体和综合，是具有动力一致性和连续性的持久的自我，是人在社会化过程中形成的个人特色的身心组织。"学生也有人格，而现实生活中，教师的某些行为就对学生的人格造成侮辱。

《法理学》中称权利为"规定或隐含在法律规范中、实现于法律关系中的、主体以相对自由的作为或不作为的方式获得利益的一种手段"。公民的人身权利是公民最基本的要利，它包括的内容比较广泛，但主要指人的生命、健康、人格、名誉和人身自由等权利，以及与人身直接有关的权利。

学生作为中华人民共和国的公民，他们的人身权利同样不可侵犯。随着社会的发展，学生人数不断增多，侵害学生权益的事件也多了起来。所以，国家和有关执法部门应当给予重视，维护学生的权利。

3. 中小学教师体罚学生的成因

体罚学生是我国法律明令禁止的行为，但休罚和变相体罚学生的现象却时有发生，且屡禁不止。原因何在呢？

第一，受传统教育观念的影响。中国几千年的封建教育所总结的成功之道是：棍棒之下出孝子；教不严，师之惰。特别是面对调皮学生，似乎是除了体罚，别无选择。甚至连许多家长也认为，适当的体罚是应该的，只要不太过分。

第二，教师的心态不健康。经常体罚学生的教师往往都是权威意识和名利意识很强的人。或者是师道尊严，认为教师对学生具有生杀大权；或者是名利心太强，不允许学生有错误。这种不健康的心态往往导致对个别不听话的学生"恨之入骨"进而"大打出手"。

第三，教师的心理健康不佳。教师的心理状况受很多因素影响。例如教师的经济状况、家庭状况、社会地位、职称评定、工作业绩、年龄、性格等。有的教师由于经济基础不好，工资与其他行业相比又低，以至于工作缺乏动力，不热爱教育事业，不热爱学生而体罚学生；有的教师家庭负担重，上要照顾老、下要照顾小，家庭事务忙，觉得比较累，比较烦，上课有学生调皮就火上浇油，所以学生就可能挨揍；有的教师可能职称没评上，就把火发在学生身上；有的教师为了在激烈的竞争中工作业绩考核成绩显著，就对学生管"严"了一点；还有的教师由于年轻气盛、性情暴烈，不了解学生的特点而教育不得法，这也会使体罚学生的发生率增加。

第四，教师的侥幸心理。当人民教师体罚学生时，其理智并没有完全泯灭，法律观念、法律意识尚未完全丧失，只是在内心深处有一种侥幸心理。不少教师明明知道体罚学生违纪违法，却自认手段高明、隐秘，无人知晓，背地里进行体罚，就是查起来，还可来个死无对证，死不认账；有些教师认为自己的心是好的，只不过是好心办了坏事，问题不大，何况自己还相对于学生是强势群体，自然会大事化小，小事化了；同时，家长授意——壮了胆。"严是爱，松是害"的观念还很流行，不少家长都要求教师管严些，教师认为体罚学生似乎是分内之事；不少教师还误认为敲一敲，打一打，给他个警告，这也没什么大不了，况且别人就没事，自己也不会那么倒霉。

第五，教师法制意识淡薄。这类教师认为：中小学生注意力稳定性不高、易分散、自制力差，因此易调皮捣蛋，演"新节目"、玩"新花样"，他们对这些调皮学生就采用"严师出高徒"的教育方法。如对懒惰的学生用教鞭打手掌；对撒谎的学生就用掌嘴的方法；对上课讲小话的学生就用黑板刷刷嘴巴的方法。这类教师有这种行为主要是因为法制意识淡薄，没有意识到体罚学生的危害。

第六，学生为诱因。中小学学生年龄小不懂事，加之在家里是"公主"、"皇帝"，特别是农村大量留守孩子的涌现，城市里也多了"流动的花朵"。这些学生由于家庭的种种特殊原因，常常造成管理的"盲区"，因此很多学生忘乎所以，给学校管理带来了严重危机。同时，被体罚的学生往往是不听话、调皮的成绩稍差的学生，他们的言行有时实在太过分，令许多教师感到"教师难当，书难教"，稍不理智，就容易酿成体罚事件。

第七，学校领导对教师体罚学生的行为处理不严。首先，有些学校领导认为：体罚学生的老师工作责任心都较强，是学校的骨干教师，并且教学效果好，自然一俊遮百丑，只要不出大事，家长、教育局不来学校找麻烦，就随他去。其次，少数学校领导认为，如果某个教师因体罚学生而受到处分，可能会影响其他教师的工作责任心，因为其他教师会误认为那个体罚学生的教师为了更好的教学成绩而受处分不值得，而且如果教师因体罚学生而受到处分的事被那个班的学生知道了，那么这位教师在此班级的威信就会下降，不利于这位教师今后在此班级开展工作。所以学校领导就对教师体罚学生的行为睁一只眼闭一只眼。

4. 治理中小学教师体罚学生现象的对策

教师体罚学生可能会对学生造成生理伤害，压抑学生的聪明才智，伤害学生的自尊心，影响学生个性的健康发展，使学生形成冷漠孤僻，敌视和心理闭锁等畸形变态心理；体罚还可能造成师生间的隔阂、学生对老师的反感和对抗情绪，不利于施教。因此，建议中小学教师莫向学生"伸手"，而是努力去营造宽松、民主、平等、和谐的教学氛围。

（1）加强教师的法制教育，启迪教师的民主意识

各级教育行政部门和学校的领导应有计划、有步骤地组织教师学习国家已经颁布的各种教育法规，尤其对一些具体的有关严禁教师体罚学生的法律条款，如《义务教育法》第二十四条、《教师法》第三十七条、《未成年人保护法》第二十一条等，更应当反复强调，增强教师的法制观念和守法意识，提高教师对"法"的规范性和约束性的认识，引导教师自觉地约束自己的行为，形成依法施教的良好风气。此外，要清除教师思想意识中的封建残余以及旧的教育传统遗留下来的有害偏见，加强教师的民主思想教育，启迪教师的民主意识，重视强调教学过程中师生之间的民主与平等，从而避免教师体罚或变相体罚学生这种违法行为的发生。

（2）提高教师的整体素质水平

学校领导首先应当以《教师职业道德规范》为准则，加强教师的职业道德教育，提高教师的师德境界和敬业精神，使教师真正做到热爱事业、热爱学生、为人师表。其次，还要帮助教师努力提高教学水平和管理水平，在教育方法上坚持正面教育，以疏导、表扬为主，不断吸收成功的教育经验，使教师们在实践中不断提高教育素质和教育艺术。另外，学校领导要帮助督促教师尤其是青年教师培养和锻炼他们的自制能力，无论在何种情况下都不允许教师失去理智而体罚学生。

（3）提高教师心理健康水平

首先，教育主管部门聘请专业人员成立专门机构，运用专用检测量表对教师进行心理健康状况的测验，将结果告知教师，使其了解自我，完善自我。其次，让教师接受专门的心理健康教育，帮助教师了解心理科学知识，使教师掌握必要的心理调节技术，让其进行心理上的自我调节。另外，为教师开展心理咨询和治疗服务，减轻教师的心理负担。

（4）建立严格的教师管理制度和有效的监督机制

为督促教师教育行为的规范化，教育行政部门和学校都应建立起配套完整并切实可行的教师管理制度和有效的监督机制。特别是教育行政部门要建立真正意义上的教育督导机构，以便有效地监督教育法律的执行情况。要有能经常检查的、严格的工作制度，以避免恶性事件的发生。

（5）更新教育观念，端正办学思想

学校、教育行政部门以及社会各界要大力宣传党的教育方针政策，从"应试教育"中解放出来，实现向素质教育的真正转轨。同时注意纠正教师管理中的一些不当做法，使教师具有正确的教育行为，从根本上遏止教师体罚和变相体罚学生现象的发生与蔓延。

（6）要使全社会尤其是广大教育工作者充分理解禁止教师体罚学生的社会

意义

教师体罚学生是教师不尊重学生人格、师生地位不平等的表现，也是教师教育能力低下的表现。从建设和谐社会的角度看，必须禁止教师体罚学生，因为体罚是通过暴力压服学生，是让学生屈服于"强权"。从某种意义说，体罚压制学生的个性和民主意识的发展，甚至严重伤害学生的自尊心，侮辱学生的人格，也易诱发学生的暴力行为和仇恨心理。在我国基础教育改革的新理念中，也特别强调学生的主体地位，强调尊重学生的人格和个性，强调师生间是平等的合作关系。所以，从教育和社会发展的层面看，必须禁止教师体罚学生的行为，这也是现代社会发展对教育所提出的要求。为此，各级政府和学校要坚定不移地推进素质教育，进一步完善教育评价制度，健全学生权益保障制度以及对教师行为的监督与权益保障制度等。[①]

（7）正确对待教师的处罚权或惩戒权。禁止教师体罚学生，不等于禁止教师处罚学生

正如有学者所认为的：处罚与奖励都是中性的教育手段，本身无所谓好坏，奖励与处罚的教育性实现与否，取决于教育工作者对于这一手段的具体运用是否符合教育科学和儿童发展的规律性。从实践的层面看，不是每个学生都需要处罚，但对学生的某些不良行为进行适时的处罚还是有必要的。对教师而言，处罚也是一种重要的教育手段。教师所选择的处罚方式不仅要符合教育科学和儿童发展的规律性，而且还要符合社会道德和法律的要求。教师科学地使用惩戒权与杜绝体罚行为是相辅相成的。

（8）加强对教师进行"爱心"和"责任心"的教育，加强教育能力的培养

有教育能力而缺乏"爱心"和"责任心"的教师与有"爱心"和"责任心"而缺乏教育能力的教师一样，都容易采取简单粗暴的教育方法。只有实现教师高水平的专业化，才能从根本上杜绝教师体罚学生的现象，才能使他们真正担负起培养未来社会人才的重任。

第七节　教学设施设备安全

近几年来，中小学校教学设施设备安全事件频频发生，已经在学校中埋下了很严重的安全隐患。根据不完全统计 2004 年全国中小学幼儿园发生案件、事故共计 148 起，其中煤气中毒、触电、拥挤踩踏、房屋倒塌等人为因素造成的事故共 17 起，死亡 38 人，伤、病、中毒 258 人。其中学生踩踏事故占 1.79%，房屋倒塌事故占 0.89%。

---

① 摘自伍德勤：《中小学教师体罚行为论析》[J]，教育研究，2006 年第三期。

学校的教室、体育场馆和其他建筑设施是学生学习必不可少的基本条件，但是，在现实生活中，这些必不可少的条件往往隐藏着巨大的隐患，一旦发生倒塌，危及的往往不是一个人的生命安全，而是多个人的安全与健康。学校建筑物的安全与否，关系到在学校生活、学习的学生的人身安全能否得到保障的大问题。学校和具体的施工单位都应该给予足够的重视，切实加强对学校建筑物的安全管理工作。

事故的发生虽然不是我们所愿，但我们可以从其中吸取教训，只有这样，我们才有可能远离危险，学生才可以踏踏实实地在学校学习、生活。下面从几个方面谈一下教学设施设备所引起的人身伤害问题。

一、教学设施设备安全事故案例

学校作为一种公众场所是学生活动最频繁的地方，所以学校的各种设施、设备都必须保持其安全性、稳定性，才能保证学生正常的学习和生活。下面的案例中，涉及学校建筑等设施的垮塌事故。学校由于楼梯狭窄、照明出问题等原因造成的学生踩踏事件，这些事故的发生，不排除天灾，但更重要的是人祸。如果能够防微杜渐，及早地修缮，及早地排除安全隐患，就不会酿成严重的后果。

案例 5 - 7 - 1

内蒙古丰镇某中学楼梯护栏坍塌 21 名学生死亡案[①]

[事件回放]

2002 年 9 月 23 日 18 时 50 分，内蒙古乌兰察布盟丰镇市某中学发生一起教学楼楼梯护栏坍塌事故，造成 21 名学生死亡，47 名学生受伤。

事故发生在当天的晚自习结束后，1500 多名学生从东西两个楼道口蜂拥下楼。由于没有任何照明条件，在西边楼道接近一楼的台阶处，楼梯护栏突然坍塌，前面的学生纷纷扑倒在地，后面的学生看不清，仍然往前拥挤，造成事故。该中学是市属重点中学，现有初中三个年级 19 个班，共 1509 名学生。

事故发生后，丰镇市和乌兰察布盟党政领导立即赶赴现场，迅速开展抢救工作。他们紧急协调大同市第三医院、大同市 120 急救中心、乌兰察布盟医院、丰镇市医院等 8 家医疗单位，调集了 260 多名医护人员、12 台救护车进行现场急救，并连夜将 47 名受伤学生分散送到各医院接受治疗。

[评析]

事故发生地的楼梯 12 盏灯有 1 盏没有灯泡，11 盏不亮。事故发生当天下午

---

① 参见《学生拥挤造成 21 人死亡 内蒙某中学校长被判 3 年》，http://news.sina.com.cn/c/2004 - 02 - 27/07361909895s.shtml，访问于 2004 年 2 月 27 日。

17 时，有老师向校长反映灯泡照明问题，校长以"管理灯泡人员不在"为由，没有及时处理潜在的安全隐患，结果在当天 18 时 50 分就发生惨剧。该中学严重忽视安全管理。在当天没有照明的条件下，如果学校安排两个老师在楼梯口值班，疏导放学的 19 个班级的学生或者组织学生分期分批走出楼道，也不至于酿成特大伤亡事故。

该中学违反国家规定，擅自延长一个课时为学生补课，造成新学期的第一天补课结束就酿成了这样的惨剧。校长樊启严重渎职，在事故发生的当天，校长应该带班却不在岗。他此时正与教委、本校和其他学校的 18 位老师在丰镇市春江饭店喝酒。

事故发生后，学校老师给他打电话说学校发生重大事故，要求他立即返校，他却安排与其一同喝酒的副校长回去先看看，自己仍在喝酒。直到副校长返回学校，看到惨不忍睹的场面后再次给他打电话，他才赶到学校。

该中学去年 9 月落成使用的新教学大楼，建筑面积 5370 平方米，其中一层为商业门市房，二层三层为教室、办公室和学生宿舍（120 名学生住宿），全楼共有东西两个宽 3.3 米的楼道出口。按照设计容量，全楼只能容纳 800 多名师生，但该中学违规扩编，使在校学生人数增加到了 1509 名，严重超员造成不堪设想的后果。

按照图纸设计，丰镇二中的教学楼楼梯护栏应该是直径为 16 毫米的一级圆钢，但技术监督部门怀疑，实际使用的钢筋强度不够。另外，学校在这座教学楼未经验收的情况下，就投入了使用。

根据上述事实，公安机关依法对丰镇二中校长樊启、副校长邢志强、政教室主任贾四民、生活安全保卫老师吕全有、内蒙古第三建筑公司 38 项目部负责人马雁实行了刑事拘留，同时对丰镇二中前任校长胡增雨依法实行监控。

案例 5-7-2

浙江一中学发生教学楼塌顶事故 1 人死亡 14 人受伤案[①]
[事件回放]

2005 年 6 月 5 日天气格外好，但对宁海县某中学高一（5）班的全体同学来说却是最灰暗的一天，这天早上，因教室顶发生屋梁倒塌事故，17 岁的尤同学永远离开了这个世界，另外 14 名同学则住进了医院。

老师回忆说："大约是 8 点 05 分左右吧，我正在黑板上写一个英语句子，当

---

① 资料来源：《浙江一中学发生教学楼塌顶事故 1 人死亡 14 人受伤》，浙江青年报，2001 年 6 月 8 日。

写到右边准备换行时，突然身后传来一阵异样的声音。我还以为是哪个学生在做什么恶作剧呢。刚转过身来，就发现右前方的天花板一片灰尘弥漫，在几秒钟间哗地全塌下来了。我立即叫学生快跑，并跑到走廊上，说房子要塌了，让其他班的学生也快跑。政教处主任马上拨通了110。"

据学校的其他老师介绍，出事时大家都往楼上冲，一边疏散学生，一边抢救伤员。一时间，县里各部门的人来了，当地的群众也来了，学生家长也赶来了。据宁海县车辆管理服务站的胡成峰说，8点10分左右，一辆车的司机说学校的房顶踏了，他立即就往学校跑，跑到学校，发现到处是人。"当时最后被抢救出来的一位重伤同学，被五六个老师抬着，正紧急送往医院呢。"

[评析]

《义务教育法》规定：

第十六条　学校建设，应当符合国家规定的办学标准，适应教育教学需要；应当符合国家规定的选址要求和建设标准，确保学生和教职工安全。

第二十四条　学校应当建立、健全安全制度和应急机制，对学生进行安全教育，加强管理，及时消除隐患，预防发生事故。

县级以上地方人民政府定期对学校校舍安全进行检查；对需要维修、改造的，及时予以维修、改造。

第五十二条　县级以上地方人民政府有下列情形之一的，由上级人民政府责令限期改正；情节严重的，对直接负责的主管人员和其他直接责任人员依法给予行政处分：

（一）未按照国家有关规定制定、调整学校的设置规划的；

（二）学校建设不符合国家规定的办学标准、选址要求和建设标准的；

（三）未定期对学校校舍安全进行检查，并及时维修、改造的。

《中小学幼儿园安全管理办法》规定：

第十八条　学校应当建立校内安全定期检查制度和危房报告制度，按照国家有关规定安排对学校建筑物、构筑物、设备、设施进行安全检查、检验；发现存在安全隐患的，应当停止使用，及时维修或者更换；维修、更换前应当采取必要的防护措施或者设置警示标志。学校无力解决或者无法排除的重大安全隐患，应当及时书面报告主管部门和其他相关部门。

学校应当在校内高地、水池、楼梯等易发生危险的地方设置警示标志或者采取防护设施。

《未成年人保护法》规定：

第二十二条　学校、幼儿园、托儿所应当建立安全制度，加强对未成年人的安全教育，采取措施保障未成年人的人身安全。

学校、幼儿园、托儿所不得在危及未成年人人身安全、健康的校舍和其他设施、场所中进行教育教学活动。

据宁海县质检等部门的初步检查，确定事件的起因为：1983 年建起的这幢教学楼，因屋顶的下水不畅，造成积水渗水，特别是前几年又起了天花板，对上面的隐患无法检查到位，结果靠后墙一侧的屋梁烂穿，并最终导致了事故的发生。

学校对教学楼、学生宿舍、图书馆、食堂等建筑物都应定时检修，排除隐患，避免灾难的发生。

这些因学校设施设备的不完善而导致的学生伤害事故，反映了少数地方和学校领导安全意识淡薄，责任心不强，工作不到位，学校安全工作还存在严重疏漏和隐患。

所以，要切实加强学校安全工作。各级教育行政部门和各级各类学校要高度认识做好学校安全工作的重要性和紧迫性，大力强化教育行政部门干部和学校校长、广大教职工和学生的安全教育，牢固树立"安全第一、预防为主"的思想。同时，要完善学校完全工作责任制，对酿成重大伤亡事故的直接责任人要严格追究责任，情节严重的要依法查处，同时追究主要领导的责任。此外，要增强学生的安全意识，对其进行安全教育和防范意识的训练。

二、学校设施设备安全事故的预防措施

（一）中小学生踩踏事故的分析与对策

各级教育行政部门和中小学校积极采取各种措施，深入开展安全管理专项整治行动，取得了显著成效。但是，近一段时间以来，发生在校园的学生拥挤踩踏事故急剧增加，对中小学生生命安全构成了严重威胁，中小学安全管理工作面临的形势依然比较严峻，必须引起各级教育行政部门和全体教育工作者的高度重视。

群体性挤踏事件是指在人员密集场所中，由于现场秩序失去控制，发生拥挤、混乱，导致大量人员被挤伤、窒息或踩踏致死的事故。易发生群体性挤踏事件的场所：影剧院、夜总会、录像厅、舞厅、卡拉 OK 厅、娱乐厅、保龄球馆、桑拿浴室等公共娱乐场所；旅馆、宾馆、饭店、大中型营业性餐馆；大中型商场、超市和室内市场；礼堂、大型展览馆、体育馆和 20 层以上的写字楼；摄影棚、演播室；大中专院校和中小学校、幼儿园；大中型医院。这些场所的建筑功能复杂、社会性强、人员集中，具备了群体性挤踏事件发生的客观条件，如果没有科学完善的管理措施，极有可能造成严重后果。

1. **中小学生踩踏事故发生的原因**

第一，群集现象是群体性挤踏事件发生的直接原因。

人群密度较大时会产生群集现象，即人员聚集成群的现象是事故发生的

主要原因。发生事故的教学楼通常仅有一个楼梯，而且不是很宽。楼梯狭窄，同时由于有的班的老师没有按学校规定提前下课，造成本应在不同时段上下楼的学生同时上下楼，在狭窄的楼道上形成冲突性拥挤，引发踩踏事故。

第二，硬件设施设计、使用不合理是造成群体性挤踏事件的客观原因。

群体性挤踏事件一般发生在出入口、狭窄的过道、看台、楼梯等处。这就要求在设计学校建筑及活动场所时要根据可容纳的人员数量，对这些重点区域进行科学规划。因此，各种学生聚集场所出入口不仅要有足够的数量并保证其畅行无阻，而且出入口的宽度也要满足人员快速通行的需要。在人员疏散走道上要尽量避免宽度的突然变化。

第三，应急准备不足也是造成群体性挤踏事件的管理方面的重要原因。由于学生聚集场所疏散走道的采光、照明不良以及路面不平、易滑或有台阶、斜坡等，不仅会降低人群行进的速度，而且有可能引发挤踏事件。

第四，恐慌心理的出现和扩散是灾难的放大器。

当公众聚集场所秩序失控时，由于对周围的环境情况缺乏全面的了解，人们只能自行进行评估、判断和决策。面对可能或确实存在的危险，人会感到不安，甚至绝望，本能的求生欲望驱使人采取措施迅速离开危险场所，导致拥挤情况的加剧。人群中的某些个体会由于过分不安而失去理智或感情用事，出现狂躁和冲动性行为，成为群体恐慌的导火索和爆发点。随后，少数人的恐慌心理迅速蔓延扩散为整个群体的恐慌。

第五，学生安全素质有待提高，是群体性挤踏事件发生的根本原因。

学生的安全素质包括两个方面的内容：一方面是安全意识，就是人们对周围可能存在的危险的正确估计和判断，安全意识可以使人们尽量远离危险；另一方面是安全知识和技能，就是当人们面对危险时，能够了解危险的性质和等级，并采取正确的措施保护自己和他人。

目前，学生的安全素质低不仅是引发事故的重要原因，也是造成损失扩大的主要影响因素。一旦发生危险，很多人由于缺乏安全知识和技能，不知所措，盲目恐慌，仓皇逃生，反而造成了更大的伤亡。

2. 中小学生踩踏事故的应对策略

教育部关于进一步加强中小学安全工作，预防学生拥挤踩踏事故的通知：要以检查教学楼楼梯、通道等拥挤踩踏事故多发地点为重点，认真开展校园隐患大排查。因为群体性挤踏事件的原因复杂，必须从人、场地、管理等方面研究预防此类事故的措施。

第一，改进学生聚集场所的硬件设施，避免群集现象。

增加安全出口的数量。通过增加出口的数量可以达到分流人群的目的，避免在出口处形成群集现象；保证安全出口的畅通。在大多数案例中，安全出口处存在的最大问题是安全出口被堵。几乎所有的建筑物都不同程度地存在安全出口被上锁、遮挡、封闭和占用的现象，由此酿成的悲剧也在一次次重复上演。利用栅栏、路障等固定物对大面积的开阔地进行分割，将拥挤的人群利用各种可能的手段进行分区，是减少挤踏事件发生的有效手段之一。路线设计。事先设计人群的进出场路线和行进路线，控制人群的行进方向，尽量保证单向行进。单向行进不仅可以保证人群的行进速度不受其他方向人群的影响，避免异向群集，而且在发生紧急情况时更容易进行有效的疏导控制。增设紧急照明设备，保证场所的亮度。照明不足不仅影响人群的疏散逃生速度，而且会造成人群的恐慌心理。建立现场信息传播系统。信息不充分是所有危机事件的共同特征。

第二，组织训练能够在紧急情况下快速、科学反应的人员队伍。

训练有素的疏散引导人员可以在人群初现群集现象时及时加以控制，是预防群体性挤踏事件的最后一道防线。这些人员可以通过适度反应遏制群体性挤踏事件的发生苗头。学校里要加强对学校管理人员和老师在这方面的训练，以防万一。

3. 预防校园拥挤踩踏事故应急预案

（1）以健全制度、落实责任为核心，加强安全管理工作。

健全各项安全管理制度，将各项安全工作的职责进行层层分解、落实到人，每个班主任、任课教师都要担负起对学生进行安全管理和教育的责任，并与其签订责任状。增强安全工作的责任感，切实负起责任，加强校园的安全管理工作。

（2）以检查教室、宿舍、通道等拥挤踩踏事故多发地点为重点，认真开展校园隐患大排查。

针对学校学生数多，建立预防踩踏事故制度。制定预防校园拥挤踩踏事故的应急预案，做好防范，避免发生此类事故。维桥中学从学生实际出发，在上操、集合等上下楼梯的活动中，分年级分班级逐次下楼，并安排教职工在楼梯间负责维持秩序、管理学生。定期检查楼道、楼梯的各项设施和照明设备，及时消除安全隐患。组织有关人员进行安全大检查，针对检查结果提出整改措施，及时整改。晚自习必须有教师值班，出现停电或楼梯间照明设施损坏时，要及时开启应急照明设备，同时学校领导与值班教师要立即到现场疏导。早操、课间操及体能训练时严禁擅自离开校园，要因地制宜开展好各项活动。

（3）以提高安全意识和防范能力为目标，深入开展学生安全教育活动。

开展各种丰富多彩的活动，主题班会、团队活动、黑板报等多种途径和形式对学生深入开展预防拥挤踩踏事故的专题教育，让学生充分认识发生拥挤踩踏事故的主要原因、严重后果及其防范措施，了解在楼梯间打闹、搞恶作剧的危险性。要在教室、宿舍、餐厅及楼梯间出入口设置指示、警示标志，告诫学生上下楼梯相互礼让、靠右行走、遵守秩序、注意安全。维桥中学制定应急疏散预案，每学期组织学生演练一次，提高学生应对突发事件的实际能力。

（二）学校设施设备安全的防范与应对策略

教育是社会主义现代化建设基础，而校舍和教育教学设施则是进行教育的最基本条件。校舍和教育教学设施必须符合一定的安全标准，这样才能保障正常的教学秩序和广大师生员工的人身安全。如果校舍和教育教学设施不符合安全标准，那么一旦发生教育教学设施重大安全事故，不仅会造成师生员工的重伤、死亡和国家财产的重大损失，而且还会扰乱正常的教学秩序，造成恶劣的社会影响。因此，对校舍、教育教学设施负有采取安全措施的主管人员和直接责任人员必须正确履行职责，维护教学活动的正常进行和师生员工的人身安全。

1. 学校设施设备安全隐患产生的原因

（1）校舍或教育教学设施有危险。

所谓校舍，是指各类学校及其他教育机构的教室、教学楼、行政办公室、宿舍、图书阅览室、厕所等，教育教学设施，是指用于教育教学的各类设施、设备，如实验室及实验设备、体育活动场地及器械等。

（2）学校管理不得力，不采取措施或措施不当。

不及时报告，是指根本没有报告，或者虽然作了报告但不及时。及时，在这里应当理解为一发现险情，就应当立即报告。不采取措施或不及时报告则视为不作为。明知存在危险，及时采取了措施；或在无力采取措施的情况下，及时作了报告，即使发生了重大伤亡事故，亦不能构成犯罪。能够采取有效措施而不采取有效措施而向有关人员报告的，亦应以本罪行为论处，而不能以及时报告为由推卸责任。至于具体方式则多种多样，如各级人民政府中分管教育的领导和教育行政部门的领导对学校的危房情况漠不关心，应当投入危房改造维修资金但不及时投入，或者虽然知道危房情况，不及时组织、协调各方面的力量进行维修、改造；学校校长和分管教育教学设施的副校长对校舍或教育教学设施的情况从不过问，不经常进行检查，发现了问题也不及时采取防范措施，对已经确定为危房的校舍仍然使用，对有严重隐患的，不安排人员进行加固处理，对学校解决不了的，不及时报告当地政府和教育行政部门，学校教师对出现的险情不及时报告，对有危险的教学设备、仪器、器械不及时更换，发生危险时，不及时组织学生撤离；有关维修人员不按自己职责对校舍等进行正常检查、维修或者对应该立即维修的危房拖延时间不立即采取维修措施等等。

（3）学校领导管理上疏忽大意，过于自信的过失。

这里所说的过失，是指行为人对其所造成的危害结果的心理状态而言。但是，对行为人不采取措施或者不及时报告的行为来说，有时却是明知故犯的。行为人明知校舍或者教育教学设施有危险，但却未想到会因此立即产生严重后果，或者轻信能够避免，以致发生了严重后果。

2. 学校设施设备安全事故的预防机制

为了加强各级各类学校设备设施的安全管理，确保设备在教育教学中的正常应用，防止出现因管理不善导致学校设备设施损坏，必须设立学校设施设备安全事故的预防机制。

（1）学校必须进一步加强设备设施的安全管理，建立健全各项管理制度，明确安全责任，设备实行专人管理，做好执班记录。

（2）学校必须对远程教育专用教室、计算机教室及设备的防盗、防火、防潮、防雷击及防其他自然灾害的设施进行一次彻底的检查，完善安全设施，消除安全隐患。

（3）学校在远教设备系统出现故障时，必须报告中心学校，并由中心学校指定专人进行系统恢复，不得自行找人进行排障处理；出现硬件故障，学校可以直接跟特约维修点取得联系，不得自行拆机或请非特约维修人员进行换件处理。

（4）学校发生安全责任事故后，学校要会同相关单位迅速展开调查，并将调查结果以书面形式报告教育局。凡因管理不善造成设备损坏和丢失的，视情节轻重追究相关人员的责任。

第八节　网络安全

21 世纪是知识经济的时代，信息化是当今世界经济和社会发展的大趋势。因特网作为传播的新媒介，以其全球性、开放性、综合性等特点给不同文化之间的传播带来了畅通渠道和交流机会，从而促进社会的全面进步，也推动了人类道德发展的进程。互联网已成为人们认识世界、了解世界的一个重要渠道，它正改变着人们的工作和生活方式，也改变着人们汲取知识和信息的渠道。它使得人们的生活更添趣味、活力。

目前，世界正处在网络化时代，信息的总量急剧增加，信息传递的方式在发生革命性飞跃。网络系统信息量非常大，各种信息良莠不分、泥沙俱下，大量的色情网站、黄色信息随时都可以进入学生的视野，但是学生，特别是中小学阶段的学生，他们的安全防范意识和自我控制的意识还很弱，需要学校、老师和监护人加强对他们在网络应用上的引导和教育，增强网络安全相关知识的学习，提高他们对网络安全的识别力和控制力。从下面的案例中，我们会认识到网络以及由网络带来的现实中的暴力事件给我们未成年人的危害和影响，以便懂得怎样才能正确地面对网络和利用网络。

一、网络安全案例

案例 5－8－1

中学生因网吧玩游戏认识后结伴劫杀案

[事件回放]

2005 年 10 月 6 日，一名高三男生在校门外高架桥下遭到 3 个年轻人抢劫，并因反抗被铁管击中头部。之后保安捉住了两个人，其中一个还穿着校裤。10 月 23 日晚，黄 X、阿彬等拦截一名高三学生，搜遍全身没有得到财物，大怒之下对其施行一番暴打。但是，这名学生受害后并没有报案。10 月 24 日上午 7 时，黄 X、阿彬、叶某、梁某某在西华路小桥涌基对上学路过的高三学生小何实施抢劫。据小何描述，抢劫他的 3 个人身高都只到他的肩部。当时一名男子用右手箍住他的脖子，左手拿着一把刀捅进了他的左腹部（后警方证实此名男子即主犯阿彬）。他被要求蹲在地上。对方随后强行搜出他的钱包，但在里面只找到几十元钱，于是又对他实施殴打。31 日，荔湾警方通报，这起系列恶性案已破获。在 7 名疑犯中，有 6 名是"90 后"，其中主犯之一 14 岁的阿彬在家长陪同下向警方投案自首。

阿彬，1993 年出生，现年 14 岁。身高约 1.65 米，广州某中学初二学生。阿彬说，他们几个人认识一年多，都是在网吧玩游戏认识的。

[评析]

通过上面的案例可见，网络对中学生造成的直接伤害主要是精神和心理上的依赖，而非身体上的伤害，目前最为普遍的是"网络成瘾症"，其主要症状为情绪低落、头昏眼花、双手颤抖、疲乏无力、食欲不振等现象，因此而退学的学生屡见不鲜。

从上面的案例归纳出常见的几种网络安全问题：

（1）陷入网络游戏中欲罢不能，玩了第一级，就想玩到第二级、第三级……玩者在游戏过程中为了获得荣誉、自尊，不惜出卖友谊、信誉，对同伴欺骗、讹诈甚至施暴。

（2）玩游戏不仅花费他们所有的业余时间，而且一旦上瘾就很难控制自己，甚至不想上学，经常旷课、逃学，成绩下降，导致退学。

（3）网络还隐藏着其他陷阱。网上聊天交友是中学生喜欢的"节目"，但在虚拟环境下交网友比现实生活中要更加警惕，以防上当受骗。

（4）过度使用互联网，使自身的社会功能、工作、学习和生活等方面受到严重的影响和损害。长时间的上网会造成不愿与外界交往，行为孤僻，丧失了正常的人际关系。

二、学生网瘾的预防

1. 树立网络交流中的安全意识，养成良好的利用网络习惯，提高网络道德素养。

网络社会已经悄然而至，我们既不能因为其强大的生命力和对中学生发展的巨大正面作用，而忽视它所带来的种种问题，也不能因为它的负面作用而敬而远之。我们应该加强对中学生上互联网的研究，探索新情况，创造新方法，解决新问题，增强中学生上网的成效。

我们要引导和规范相结合，使中学生养成良好的用"脑"和上网习惯。通过各种途径告诉中学生网络的虚幻性、信息的庞杂性，对其上网继续指导和适当规范，使其有防范意识，学会区分现实生活和网络世界的区别，培养他们的网络道德意识。对中学生进行网络知识的普及教育，增强他们的网络信息意识，同时给予适当的关心和爱护。

2. 树立不利用网络发送有害信息或进行反动、色情、迷信等宣传活动以及窃取国家、教育行政部门和学校保密信息的牢固意识。

未成年人很容易在网络上接触到资本主义的宣传论调、文化思想等，思想处于极度矛盾、混乱中，其人生观、价值观极易发生倾斜，从而滋生全盘西化、享乐主义、拜金主义、崇洋媚外等不良思潮。

此外，有关专家调查，网上信息47%与色情有关，60%左右的未成年人在网上无意中接触到黄色信息。还有一些非法组织或个人也在网上发布扰乱政治经济的黑色信息，蛊惑未成年人。这种信息垃圾将弱化未成年人思想道德意识，污染未成年人心灵，误导未成年人行为。

因此，加强对未成年人的网络安全教育已经迫在眉睫。教师应当帮助学生树立不利用网络发送有害信息或进行反动、色情、迷信等宣传活动以及窃取国家、教育行政部门和学校保密信息的牢固意识。

第九节 校园暴力

校园暴力各国都有发生，已成为世界各国共同关注的话题。所谓校园暴力是指发生在校园或校园周边地区的以口头、物体或身体任何部位而发出的侵犯他人人身权利和财产的攻击性行为。校园暴力应包括以下几个要素：①暴力行为是发生在校园或紧邻校园的周边地区；②暴力侵害的对象为校园里的人、事、物，包括教师、学生及其财产等，但以学生为主要目标；③校园暴力的结果是侵犯了他人人身权利、公私财产以及心理的伤害，并由此而引起的自杀、跳楼等；④校园暴力的发生往往极具突发性，虽然有些事件有预兆，但容易被有关部门和人员忽视。

　　未成年人犯罪研究会近期的一份统计资料表明：近年内，未成年人犯罪总数已经占到了全国刑事犯罪总数的 70% 以上，其中十五六岁少年犯罪案件又占到了未成年人犯罪案件总数的 70% 以上。校园暴力案件不断发生，在校学生的犯罪率呈上升趋势。

一、校园暴力事件案例

　　校园已经成了一些不法分子经常光顾的"领地"，校园刑事案件近年来时有发生。一方面是因为学生属于弱势群体，未成年人特别是低年级学生，心智发展尚未成熟，很容易上当受骗，成为犯罪分子侵害的对象。另一方面，校园刑事案件频发也暴露了学校在管理方面存在的漏洞，如防控保安力量不到位，平时缺乏应对校园安全突发事件的应急训练，有些学生面对不法侵害不知如何应对，这在一定程度上也助长了犯罪嫌疑人的嚣张气焰，使之屡屡得逞。因此，学校要举一反三，加强防范。同时政府部门应有专项资金投向校园安全，以让校园安全有财力、物力方面的保障。

　　另外，危害校园安全的很大一部分是在校不良少年。他们的世界观、人生观尚未完全形成，最容易受周围环境不良因素的影响。未成年人由于年龄小，缺乏法制观念，自我约束力差，是非观念不清，做事仅凭一时冲动，不计后果，因此作案动机不明确，有的仅仅是出于"哥们儿意气"、寻"刺激"而闯下大祸。

　　通过下面的案例来了解校园暴力事件的各种突发形式，分析其产生的原因进而提出建设性的对策，杜绝校园暴力的再次发生，保障校园周边环境的安全，为学生营造安全的学习和成长环境。

（一）校园内学生与学生之间发生的暴力侵害

案例 5 - 9 - 1

某中学学生在校内发生斗殴案

[事件回放]

　　2004 年 11 月 24 日中午 12：40 左右，某中学校 2005 级 3 班和 4 班 8 名学生，在该校教学楼四楼垃圾箱旁边因口角而发生打架，4 班学生曾某（男，15岁）用水果刀刺伤了 3 班学生田某（男，15 岁）和邓某（男，15 岁），整个打架事件只有 3~5 分钟时间。值班教师发现被刺伤的 2 位学生后，迅速通知学校，在张校长指挥下，立即拨打电话 120 和 110，并迅速通知双方学生家长。120 急救车将受伤的 2 位学生送往市急救中心，渝中区石板坡派出所的干警将其他学生带到派出所进行调查。2 名学生伤情稳定。事发后，学校立即召开全体班主任会，各班主任分别对学生进行了安全教育。

（二）校园内学生与社会人员之间发生的暴力侵害

案例 5-9-2

某中学四名学生在校内被社会青年刺伤案

[事件回放]

2005 年 1 月 1 日中午，某中学高中三年级一班学生段某与某职教中心学生谭某在踢足球时发生纠纷，学校教师对两名学生进行了教育，纠纷得以平息。下午 18 时许，该职教中心学生谭某却邀约几名社会青年乘某中学放学之机到该中学将该中学高中三年级一班学生段、丁、潘、淦 4 名学生刺伤。事发后，学校立即将四名受伤学生送往医院进行治疗。得知情况后，区相关领导立即赶赴学校，如开了紧急会议，对善后处置工作进行了全面安排。

[评析]

一、学生缺乏法制意识和控制能力

处于青春期的学生性情一般较暴躁，思考问题也较简单，往往容易用武力去解决问题，从而发生冲突，甚至是流血事件。本案例中，就是因为段某与谭某在踢足球时发生纠纷，就引来了严重的暴力事件。他们没有去思考用法律武器来解决问题，更没有想到过暴力事件发生后的法律后果，只是一味的运用暴力，消除心中的怨恨或委屈。

二、学校要加强安全管理

学校一向只把工作重心放在学习上，很少对学生的安全管理下功夫。在加强对学生安全教育和法制教育的同时，要实现学校安全责任制。

三、要教育学生用正确的渠道去解决矛盾

许多学生与他人发生矛盾时，不是向老师或家长求助，寻求解决问题的正确方法，而是私下自行寻人帮忙打架出气或忍气吞声。这种情况往往导致重大伤害事故发生，这种现象反映了在校学生纪律观念、法制观念普遍比较淡薄，学校法制教育和校规校纪教育严重滞后的问题。

总之，学校应当加强安全管理，保障校园的安全，防止学生之间或外来人员对学生的侵害。同时，对学生开展安全防范教育，使学生掌握基本的自我保护技能，应对不法侵害。另外要加强未成年人法制教育。学生也要学会互相谅解的道德观和文明礼仪观，遇事要理性的分析，不能凭着粗暴的用脾气简单的运用暴力解决问题，同时，要加强法制教育的学习，懂得法律责任的重要性。被害的学生不能忍气吞声，更不能同样采取暴力去还击，要运用法律的手段，及时地通知老师和家长，采取正确的方式去化解矛盾。

二、校园暴力事件的防范机制

（一）校园暴力事件产生的原因

中国未成年人犯罪研究会的统计资料表明，近年来，未成年人犯罪总数已经占到了全国刑事犯罪总数的 70% 以上，其中十五六岁少年犯罪案件又占到了未成年人犯罪案件总数的 70% 以上。教育专家分析说，心理上的狭隘、自私、惟我独尊、好占上风是未成年人走上犯罪道路的内因，而不良社会环境的熏染、错误的家庭教育方式以及心理健康教育的缺乏则是不容忽视的外因。对未成年人来说，对社会、他人以及自己危害最大的还是暴力犯罪。在不少未成年人暴力犯罪案件报道中，"狂砍"、"狂刺"、"锄杀"、"砍杀"、"刀劈"、"杀父"、"弑母"、"奸杀"、"勒毙"，等等，这些血腥的字眼随处可见。

那么校园暴力出现的原因是什么？根据众多未成年人犯罪的案例，结合有关专家的分析，发生校园内及其校园周边的暴力事件与肇事者和被害者的主观因素有根本的关联，也与社会环境、家庭环境等客观因素有直接的联系。

1. 主观原因

（1）性格严重内向

性格严重内向一般会导致与他人交流产生障碍。而从心理学的角度来说，与他人交流、向外界发泄自己的情绪，有利于人的心理问题自我调节。而由于自身性格过于内向，不喜欢或者难以与其他同学、老师、家长交流包括生活、学习、感情等各个方面的问题，而使所有事情全部积压于内心，其中有许多令人困惑、难以解决或痛苦的问题，得不到他人帮助，自己反复思索而无以解答，最终易导致钻牛角尖或思维扭曲。久而久之，容易造成看待其他问题过于偏激，而且一个人自身承受压力的程度是有限的，长久无法得到释放，一旦爆发极可能产生非常冲动的后果。

（2）具有好斗心理，非常强烈的好胜心，虚荣心极强

一般情况下，好胜应该是一种督促进步的心理状态，但由于有些同学性格孤僻，好胜心转变为好斗、绝不服人，进而发展成为了对比自己条件好或者学习等某方面比自己更强的同学的强烈嫉妒心理。由于家庭溺爱，很多孩子可能存在唯我独尊的心理，在学校中看到比自己强的、比自己更受老师同学喜欢的、比自己生活更优越的同学，就难以压抑自己的嫉妒心理，可能会采取暴力行为进行发泄。

（3）刚愎自用，不能接受他人意见

由于性格上的原因，加上周围环境的影响，使得有些同学性格非常孤傲，听不进去别人的意见和劝说，甚至不能接受老师和家长的批评，逆反心理又非常强，旁人提出不同意见，就情绪激烈，越说反抗情绪越强烈，甚至因为在一点小

问题上的不同意见就怀恨在心。

（4）凡事一根筋，做事不考虑后果，缺乏对法律的认识

有的同学考虑问题过于钻牛角尖，做事不多做考虑，认准了一点就无法想到其他问题，想不到可能导致的严重后果，做了以后才会发现问题的严重性，但往往这时候后悔就晚了。这与性格上的不成熟，个性不健全有关。现在的许多孩子在一些问题上，比如恋爱等方面，非常早熟，但在思维方式、多角度考虑问题、对法律的了解上，却往往表现得非常幼稚。这与家庭的溺爱和影视媒体的影响不无关系。

2. 客观原因

（1）个性张扬中的偏狭自私与冷酷

在市场经济环境下，社会的关键词为竞争与机遇、金钱与地位。受中国高考制度，再加上受中国传统文化——"万般皆下品，惟有读书高"等的影响，学生从小都是受这个氛围的熏陶，而且耳濡目染。学生从踏进校园，就要承受着为考高分、挣名次等学习压力。早上六点多钟就背着沉重的书包去学校，下午放学后被家长关在家里做作业。只为下次考试把别人打败，提高自己的排名，从而提高自己在同学和老师心中的地位，严重地影响了学生心理的健康发展。

在这种情况下多半被演化成了一种放纵——文化课学习之外的放纵。慢慢地养成了孩子个性中的偏狭自私与冷酷，使得孩子在处理问题时不能通过理性和规范来约束自己，而是率性而为，不顾后果。因为从小到大，在相当多的孩子的脑海中，就没有储存过关爱他人、与人为善的传统美德。写满他们人生词典的，都是竞争、残酷，是为了目的而不择手段。

正是这种极端的个人中心思想，养成了孩子惟我独尊的畸形心态，形成了遇事只考虑自身利益、漠视他人存在的偏狭性格。在这种心态的支配下，一旦自身利益受到了外界的侵犯，就立刻会采取一些极端行为来进行反击，其中就不乏通过伤害对方身体或者性命来发泄自身愤怒的残忍的"江湖仇杀"行为。

（2）教师权威地位颠覆后问题归属的误判

与教育惩戒功能的丧失同步的，是"师道"的尊严扫地。在中学生、特别是高中生的眼中和心中，教师仅仅成为了一种最没有用的读书人的代名词。教师失去了应该获得的尊重和感恩，师生间的关系、教师和家长间的关系也日趋微妙起来。在相当多的家长和学生心目中，老师成了单一的出售知识的人。家长和学生与老师间的关系，就是一种顾客和销售员的关系。这种价值取向，又反过来影响着老师们的工作情绪，使得一些教师也自动地进入家长和学生画定的这个"售货员"的角色中，成了除了教授知识外别的就一概不加过问的甩手掌柜了。

教师权威地位颠覆带来的后果是很明显的。首先是师生间丧失了一种相互的理解和信任。学生遇见了无法解决的问题，不再愿意去征询老师的意见，不愿意

向老师敞开自己的心扉；而老师也是只从表面上依照学校的量化条款来接近学生，心灵深处的空间中，却很少有一块领地能真正属于学生。学生和教师成了真正的被管理者和管理者的关系。其次是同学间发生纠葛时，似乎告诉老师并请老师帮助解决成了一种无能的体现。而且，大多数的孩子还认为老师根本就解决不了问题，要切实解决纠纷，依靠的只能是自己的力量和自己所归属的小团体的力量。可以说，学生们在推翻了教师的权威地位后，又依照自己的经验，确立起了通过强权来获取尊严并替代老师权威的新的地位观。

这种完全依照少年的懵懂而生发出来的新地位观，眼下正成为越来越多的中学生的价值信仰。在此信仰的操纵下，同学间的纠纷便有了新的"处理条例"，力量、财富和容貌等世俗社会用来评价判断人的地位的标准，成了这新的"处理条例"的基础，也成了裁定问题归属的新权威。这"法外法"撇开了所有发生矛盾时该走的正道，刻意地把原本简单的问题，上升到类似江湖纷争的地步，使得单纯的校园，平添了几分恐怖江湖的阴云。

（3）家庭不和睦

每个人的性格、行为、举动、思维都会受到周围环境的影响，首当其冲的就是他的家庭环境。一个温暖幸福和睦的家庭，无疑会对孩子的成长起到极好的影响；而一个冰冷分裂残缺的家庭，对孩子的心理极易产生不良影响。不少有暴力倾向的学生，家庭生活都不幸福，他们要么从小失去父母关爱，要么家庭生活不正常（如争吵，家庭暴力等），从而造成他们的极端性格。心理学家王加绵认为，家庭暴力是造成校园暴力的根源。家庭暴力有两种方式：一种是显性的，即"棍棒式的强制"；另一种是隐性的，即"温柔的强制"。它们都会给孩子带来心理压力。此时如果再遭遇父母离异、家庭"战争"、极度贫困等负面刺激，就很容易形成一种"攻击性人格"。为此他们往往通过欺凌弱小来释放压抑，获取一种心理上的平衡。

（4）家庭对子女教养上的骄纵

随着独生子女现象的出现，"4＋2＋1"的家庭结构形式，使得1个孩子处于6个成年人浓浓关爱的包围中。这6份关爱的交汇，织成了一张厚重而温柔的网，呵护起孩子从童年到青年的一切，遮挡住孩子可能遭受的挫折和坎坷。

但正是这爱的网，人为地割裂了个体的孩子和整个社会的有机交融，使得孩子的活动，绝大多数情况下被局限在这要风有风、要雨得雨的狭隘范围内。在这个狭小的家庭王国中，孩子是当然的国王，是可以左右家庭一切活动的最高权威。孩子的要求，无论是对的还是错的，多数情况下，总会获得满足。于是，一切的付出都开始扭曲了，成了一种理所当然的支出。孩子心灵的田园，丧失了感恩的思想。

当孩子的心中充彻了自我中心的思想意识之后，他的价值取向也就滑入了错觉的泥沼中。这种错觉，养成了他不能承受任何轻视嘲弄，更不能承受肉体和精神伤害的脆弱心理。而一旦这样的伤害成为了事实之后，他们总会或是无法应对，躲避退让，最终成为忍气吞声的被伤害者；或是恼羞成怒，愤然出击，选择他们认为最好的"江湖"方法来解决问题。

更严重的是，极端宠爱中长大的孩子，往往自觉不自觉中就形成了别人必须听从于我的错觉。他们把这种错觉带入了校园，在和同学交往的过程中，总是希望时时刻刻能站在上风，希望大家都能听命于自己，希望是"老大"。然而，有这样心态的孩子太多，"老大"却只能是一个，矛盾自然也就产生了。大家都要做"老大"，学校又不可能来排列这样的位次，家长对此也是无能为力，如何解决呢？只有用从小说和电视上学来的方法，通过"江湖决战"来解决问题。而这样的"老大"形成后，其自身又确实能体味到一种满足，其他弱小者为了不被欺凌，或主动或被迫地总要巴结讨好他们。如此，又反过来助长了他们的病态心理需要。

（5）热衷暴力和黄色网站及小说、影视等

泛滥的不良文化影响了许多身心尚未成熟的在校学生，许多大学中学在校生沉迷于网络，暴力影视、游戏，黄色网站。由于缺乏有效的自制力，他们往往沉陷其中而不能自拔。暴力影视节目能激起学生的好奇、模仿等心理反应，导致攻击和犯罪行为的产生，而一些带有色情内容的网站、书刊和影视，则易使未成年人的心理受到严重摧残，成为他们走向堕落和产生暴力倾向的诱因。

（6）个人英雄主义，崇拜偶像

许多同学都有英雄主义情结，崇拜影视作品中那些"除暴安良"的英雄人物或者是"以暴制暴"的强者，幻想自己也能像他们一样强大，能控制局面，不可侵犯，幻想自己当老大威风冷酷，受别人尊敬崇拜，显示自己的体力和勇敢，在别人面前用暴力表现自己的价值。而影视作品中的"英雄人物"经常以个人英雄主义的姿态出现，所有问题都是自己解决，而且绝大多数都是以暴力行为或者被迫以暴力行为来解决问题。

（7）极其喜欢刀具等危险器械

许多男生感觉刀具武器等非常具有男人气质，就像许多男生喜欢看枪战片、警匪片，喜欢这类电脑游戏一样，看它们或玩它们时，能感受到一种男子汉的自豪感，很可能也会觉得血腥和暴力也是体现男人风范的。大多数男生都玩过刀枪玩具，但当他们成长以后会认为具有危胁性的真实武器很有吸引力时，可能就具有潜在暴力倾向了。

（8）崇尚黑社会义气

不少同学崇尚黑社会所谓"义气"，称兄道弟，拉帮结伙，如果有人欺侮了

"他们的人"，那就是和整个团伙过不去，要讲兄弟义气，一个被欺侮了，其他人当然不能坐视不理，故而义愤填膺，集体出动，要为兄弟报一箭之仇。为了"哥们儿义气"，信奉"为朋友两肋插刀"的观念，不考虑打架斗殴可能造成的严重后果。而黑社会也看中了这一点，据报道，有黑社会团伙主动在校园内培养其"后备力量"。

（二）校园暴力事件的主要类型

结合目前所发生的校园暴力案例的情况，校园暴力事件大致可分为三类：

第一是在校园内或校园周边校外不法势力对在校学生实施的暴力。我们常常听到或看到校外的一些社会非法势力对在校学生勒索钱财，弄得这些学生往往害怕而不知所措的报道。学生上学受到社会非法势力的勒索和敲诈，这种现象已不是某所学校独有的现象，而是某些地区较为普遍的一种社会犯罪现象。

第二是在校园内或校园周边学生之间相互实施的暴力。在校学生之间的暴力行为在未成年人暴力犯罪案件中所占的比例很高。有的学生为了自身的安全，不得不加入不良群体，以此来反抗校园暴力侵袭；有的学生为了自卫，不得不带上刀具，以防不测；有的则采取以暴制暴的方法，走上违法犯罪道路。校园暴力不是近年来的产物，只是这种暴力行为已从一般的打架斗殴发展成为杀人、抢劫、强奸等刑事恶性犯罪案件。这一严重的发展趋势不能不引起全社会的高度重视。

第三是师生之间实施的暴力。校园师生之间的暴力日渐引起人们的重视。老师和学生是学校教育的主体，在学校教学的过程中，有些老师对学生经常进行体罚，动手打耳光、挥拳头和踢学生，对学生身心发育造成很大伤害。此外，有些道德品质恶劣的学生对老师的真诚批评教育怀恨在心，便纠集他人一起对老师实施暴力，动手殴打老师。

（三）校园暴力事件的防范机制

1. 学生自身方面

（1）学会克服青春期的烦恼，逐步学会调节和控制自己的情绪，抑制自己的冲动行为

情绪是指人对客观事物的态度体验及相应的行为反应，情绪不是一种单一的心理活动，它涉及人的内部态度体验、外部行为表现和机体的生理活动等多种身心过程。较常用的情绪分类方法是把情绪分为积极（正向）情绪和消极（负向）情绪两大类，把对人的行为起促进和增力作用的情绪如高兴、快乐等统称为积极情绪；把对人的行为起削弱和减力作用的情绪如紧张、悲哀等统称为消极情绪。情绪本身并无好坏之分，但应学会适时适度地表达情绪，防止长久陷入某种情绪而损伤身心健康。

学生应当学会控制自己的情绪，防止冲动起来犯错误，伤及同学或自己。尤

其是中学生，受一些不良信息的影响，可能会产生某种心理疾病，这个时候更应当学会控制自己，千万不能作出违法犯罪的事情。教师平时也应当加强这方面的教育。

（2）学会在与人交往中有效保护自己的方法，构筑起坚固的自我心理防线

随着年龄的增长，学生要逐渐学会与人交往，与家人交往、与同学交往，甚至包括与陌生人交往，但是在与人交往的过程中，自我保护尤其重要，既不能卑躬屈膝，也不能伤及自己的生命安全。面对与同学的争执，教师要教会学生谦让礼节。同时，教师要重视学生的心理安全意识，不能因为受挫就产生封闭的心理，甚至自杀。

（3）自觉抵制校园暴力，维护自己和同学的生命安全

校园暴力是一种普遍存在的世界性现象，在一些国家或地区，如南非、巴勒斯坦等，校园暴力事件非常频繁，给教育的发展带来极大危害。而校园欺负成为校园暴力最为经常的表现形式。目前校园欺负现象和校内暴力事件已经成为严重的问题，治理整顿时必须制定量化指标，下大力气解决。因此教师在平时的教育工作中，应当培养学生抵制校园暴力的意识，不仅自己不能参加暴力活动，更要抵制校园暴力，受到暴力伤害时要及时求助，维护自身权利。

（4）树立正确的安全道德观念，在关注自身安全的同时，去关注他人的安全，并提供力所能及的援助

决不能使学生形成为了自己的安全而不顾他人安全的想法，同时还应当使学生养成助人为乐的品质。助人为乐是一个人从小就应养成的习惯，尤其是在受教育阶段，教师更应该注重培养他们助人为乐的行为，要让学生们认识到还有人需要自己的帮助和关爱。同时，助人为乐可以使学生在日常生活中体验成功的感觉，获得成就感的体验。

2. 学校方面

（1）加强学校道德教育工作

首先对学校教职员工进行道德教育，做到教书育人、管理育人、服务育人，使学校形成一个良好的育人环境。努力提高教师素质，尤其注重教师政治素质和师德的培养。各级教育部门要坚持不懈地进行师德建设，选拔和任用有爱心、有责任感、正义感的教师到第一线工作，要根据学生、教师、家长的反馈信息及时对教师的师德进行评价，奖优惩劣，努力形成尊师爱生的教育观念，帮助老师们寻求解决问题的最佳途径，最大可能地实现教育目标，从而避免因老师在认识上的局限性而导致其采取一些违背教育规律的行为。加强《教育法》等法律文件的宣传和执行力度，在保证法律精神深入人心的基础上，对于违法行为予以坚决打击，以保护广大学生的合法权益。我国现已开始实行教师资格考试制度，应大胆改进教师制度，使教师能进能出，对那些品质低劣、不能为人师的，要及时将

其淘汰出局。其次对学生进行道德教育，帮助学生形成正确的人生观、世界观和价值观。尽管他们还处于识别能力和自控能力都比较差的阶段，但对于真善美、假恶丑还是有一定的分辨能力的，应当培养他们遵守法律、法规及社会公共道德规范的观念，树立正确的人生观、世界观和价值观，以及自尊、自律、自强的意识，增强辨别是非和自我保护能力，自觉抵御各种不良行为的诱惑和侵害。培养学生形成优秀道德品质，养成良好道德习惯，把社会公德的规范内化为自觉的行为。

（2）加强对学生理性的人生观、价值观的培养

学校教育应该是以育人为首要任务的，但长期以来"应试教育"的阴魂不散，校园生活中除了解题还是解题，分数成为了判断人的价值和品行的唯一尺码。在这种单一的生存空间内，自然容易产生出各样偏激的思想。这些思想再得不到及时的疏导，就会慢慢演化成更加极端的暴力倾向，催生出一起起校园暴力案件。从学校教育的角度来看，要消除校园暴力，首先就必须让学生在读书时能更多地接受中华传统文化精华的滋养，要能切实针对未成年人的喜好和身心发展规律来制定科学合理的学习内容。要在校园内大力倡导读书活动，通过广泛深入的读书来引导全体学生，使他们借助作品来了解社会、了解人生。要让所有的学生在读书中既养成理性思辨的能力，又生成出对真善美的追求和向往之情。

（3）开展丰富多彩的集体活动，培养同学间友爱互助的良好氛围

对他人的残忍，很大程度上也是由于缺乏集体关爱的原因。集体是个消解矛盾的最好容器，在集体活动中，通过同学间的友爱互助，可以把很多小的摩擦消除在萌芽状态中。多参加集体活动的孩子，就能够养成一种关注他人的良好品行。具有了这样的品行的人，就能够比同年龄段孩子多很多的包容，就可以忍受得下一些委屈，这方面的成功案例，可以从很多品学兼优的班级小干部身上看到。

（4）加强学校法制教育

增强和提高学生法律观念和法制意识，关键在于法制宣传与法制教育落到实处，使学生将法律与日常生活和行为规范融为一体。加强学生自我保护意识和学法用法能力的培养，法制课要作为必修课，配备专门的法制课教师，不仅要搞好课堂教学，同时还要利用课余时间，对学生进行丰富多彩的法制教育活动，使他们懂得自己的权利和义务，知道什么行为是社会提倡和法律允许的，什么行为是法律禁止的，做到知法、懂法和遵纪守法。

（5）开设心理咨询，对学生进行挫折教育，培养学生心理承受能力

现在许多学生由于长期处在应试教育和竞争的压力下，心理负荷沉重，长期受到压抑却得不到释放和疏导，很容易产生心理疾病，出现偏激行为。因

此，学校应对学生进行挫折教育。学校不仅要给学生正面教育，也要教给学生抗暴御辱的道理和方法。美国教育界不否认社会存在犯罪，存在罪恶，他们认为教给学生基本的生存防范意识，生存逃生技能，是教育工作者义不容辞的工作。我们应该教给学生在面对暴力时的策略与勇气、遭遇暴力以后应该如何对待等。如面对高年级同学以及校外人员的侵害要及时向父母和老师汇报；对于老师的侵害要及时向父母和学校领导汇报；对于严重的侵害行为可以向公安机关报案或者向人民法院起诉等。教给学生应对危险的方法，帮助学生学会生活，适应社会。

3. 家庭方面

（1）加强家庭教育职能和教育质量

家庭教育是教育的一种基本形式，是整个教育体系的重要组成部分。培养、教育子女是父母应尽的责任和义务。只养不教，是父母的失职；教子不善，则是父母的罪恶。一个家庭的环境，父母的教育方法、道德观念和行为规范，都直接影响着孩子的成长，对孩子良好品行的形成起着潜移默化的作用。因此我们要强化家庭教育职能，增强父母教育子女的责任感，重视父母对孩子的早期教育，培养健全的人格。

（2）全力实施家长培训制，营造健康科学的育儿观

这可以从根本上解决暴力思想的萌生。家庭因素对孩子世界观的形成和发展是至关重要的。作为孩子的"第一任教师"，父母的言行无疑是最具直观性和感召性的"教材"。要创设未成年人成长的最佳空间，就必须切实做好年轻家长的教育培养。现在的年轻父母亲，文化程度较之老一辈了不少。但是他们所了解的是不断的竞争，社会生活中的各种不平等现象以及投机钻营等等。这对他们教育子女的态度和方法上都会有表现，并对学生产生深远的影响。有一句俗语，叫做知子莫若父。其实，作为父亲他所能知道的只是孩子的脾气禀性，对孩子的愿望、想法、观点、能力等还是一无所知。现阶段家庭教育已经完全脱离了学校教育。

4. 社会方面

社会预防主要是指净化社会环境，给未成年人创造一个有利于其身心健康的良好的社会环境，动员社会力量，加强对未成年人的教育和保护，加大对不良现象和不良风气的打击力度，避免传媒的某些不良影响，发挥其积极作用，净化未成年人健康成长的社会环境。

（1）强化社会治安，落实犯罪必惩原则，形成强有力的法律威慑

校园暴力伤害案的增加，是和惩戒功能的丧失有着密切关系的。未成年人从本性上看，始终是存在着对法律的畏惧心理。他们之所以敢于实施暴力，多数情况下是并没有意识到这是一种违法犯罪，而是看成一种个体间的普通纠纷。因

此，要防范校园暴力，就必须强化社会治安，要让每个未成年人都知晓哪些行为是属于违法犯罪的，更要让他们知道违法犯罪后必须接受的严厉惩处。强有力的法律威慑，足可以消除相当多的江湖手段的暴力案件。当一个人心中拥有惧怕时，他的行动就会变得谨慎，每做一件事时，都会三思而后行。在这点上，当下的相当多的政策都是过于强调教育，而轻视了必要威慑的价值。

这种建立在非理性基础上的认同和膜拜，内化后又成为了部分"问题少年"处世的准则，使得他们在待人接物等多方面都体现出一种对主流社会的反叛和仇视。因为反叛，他们便只想依照自己的规矩行事；因为仇视，他们便采用极端的手段来对待他人。

（2）净化各种传媒，推行影视观赏等级制，减少污染源

未成年人的健康成长更离不开良好的社会环境，所以，净化传媒是推进未成年人道德建设的一个刻不容缓的任务。这个任务，需要国家通过建立具体的法律条文来落实，对此，已有相当多的有识之士有过深入细致的阐述，在此不再赘述。

总之，校园暴力问题已经成为一个严重的社会问题，应该引起有关部门的高度关注。我们的家长、老师，以及社会各界不妨从现在做起，用自己的言行诠释"爱国守法、明礼诚信、团结友善、勤俭自强、敬业奉献"的道德规范，争做孩子们效法的榜样，共同努力为孩子营造一个健康向上的成长环境。唯有如此，出现暴力及混乱的校园才会恢复应有的宁静，国家、民族与未来才会更加充满希望！

第十节 自然灾害

我国是世界上主要的"气候脆弱区"之一，自然灾害频发、分布广、损失大，是世界上自然灾害最为严重的国家之一。20世纪的观测事实已表明，气候变化引起的极端天气气候事件（厄尔尼诺、干旱、洪涝、雷暴、冰雹、风暴、高温天气和沙尘暴等）出现频率与强度明显上升，直接危及我国国民的生命财产安全。根据统计，2004年全国中小学幼儿园案件、事故共计148起，因自然灾害、意外等不可抗拒的力量导致的事故共16起，死亡28人，伤94人；2005年全国上报中小学幼儿园案件、事故中因自然灾害导致的事故1起，死亡105人（黑龙江沙兰镇），是2005年度一次事故死亡人数最多的，也是占全年死亡总数比例最高的；2006年，全国各省、自治区、直辖市上报的各类安全事故中，自然灾害（洪水、龙卷风、地震、冰雹、暴雨、塌方）占10%。

一、自然灾害案例

下面所列的案例也充分表明自然灾害对学校的危害程度，其中严重的会扰乱

学校的教育，甚至威胁生命。所以，努力改善我国的自然环境，同时加强政府和学校对自然灾害的认识和重视程度，建立自然灾害的预防机制，是迫在眉睫的。提高学生对自然灾害知识的认识能力和培养学生对自然灾害预防能力的安全知识也是必不可少的。

案例

重庆开县雷击事件造成 7 名学生死亡案①

[事件回放]

2007 年 5 月 23 日下午 4 时 34 分，重庆开县义和镇政府兴业村小学遭遇雷击，当时这所小学四年级和六年级各有一个班正在上课，一声惊天巨响之后，教室里腾起一团黑烟，烟雾中两个班共 95 名学生和上课老师几乎全部倒在了地上，有的学生全身被烧得黑糊糊的，有的头发竖起，衣服、鞋子和课本碎屑撒了一地。

雷击事件发生后的第二天，中国气象局召开紧急会议，派出工作队赶赴开县指导防雷减灾工作。重庆市委、市政府也在事故发生后的第一时间启动应急预案，开县成立了"5.23 雷击事故应急处置指挥部"，重庆市气象局专家也赶赴现场勘测，目前事故主要原因已基本查明：5 月 23 日下午 16：00～16：30，义和镇兴业村小学教室多次遭受雷电闪击，并伴有球形雷的发生，当雷电直接击中教室金属窗时，由于该金属窗未做接地处理，雷电流无处泄放，靠近窗户的学生就成了雷电流泄放入地的通道，雷电流的热效应和机械效应导致学生出现伤亡。

此次雷击事件共造成兴业村小学四年级和六年级学生 7 人死亡、19 人重伤、20 人轻伤。

重庆市气象局初步勘查后发现，发生事故的小学教室并没有采取避雷措施，23 日下午，遭受雷击后，由于教室金属窗没有接地，电流无处泄放，造成学生伤亡。专家还发现，兴业村本来就地处雷电多发区，而兴业村小学位于一个山包上，位置突出，周围又有水田和水塘，再加上教室前面种有大树，种种因素都增加了雷击事故发生的机率。

[评析]

一、开县雷击小学生事件产生的原因分析

经重庆市气象局专家现场勘踏测算，23 日下午 4 时至 4 时 30 分，义和镇兴业村小学教室多次遭受雷电闪击，并伴有球形雷发生。由于事发学校的教室金属窗未做接地处理，当雷电直接击中金属窗后，雷电流无处泄放，靠近窗户的学生便成为雷电流泄放入地的通道，雷电流的热效应及机械效应导致学生伤亡。而教

---

① http：//www. fyjs. cn/viewarticle. php? id = 96353. 2007 - 7 - 7.

室旁的钢质旗杆无明显雷击痕迹，可排除引雷的可能。

专家对此次雷击产生的原因分析表明，开县，特别是义和镇兴业村为雷电多发区。而义和镇兴业村小学地处山包上，位置相对突出，学校附近的水田、堰塘成为可能吸引雷电的诱因。同时，距事故教室约2米处，有3棵成排的大树，增加了教室遭受雷击的概率。

此外，气象专家根据事发教室的年预计雷击次数及建筑物高度，否定了该建筑物必须做防雷处理的说法。

二、防雷减灾的意识不够和法律责任不明确

大家对雷电灾害预防重视不够，预防的意识不强。同时，雷电监测预警能力还不能够满足需要。另外，就是对雷电等自然灾害的预防知识知之甚少。

在预防对策上：

第一，学校在建设选址时要避免建在雷电多发区或诱导雷电的地区。

第二，学校要安装避雷装置，以防后患。

第三，学校要提高对自然灾害的认识能力和重视程度，建立健全雷击等自然灾害的预防机制。

第四，学校要对学生进行自然灾害知识的教育和学习，培养他们应对自然灾害的能力，提高他们的安全意识和安全教育的质量。

二、自然灾害自救小常识

1. 洪水中的自救

暴雨来临时，如果处在地势低洼地区，可因地制宜采取"小包围"措施，如用红砖砌围墙、大门口放置沙袋、配置小型抽水泵等。如果处在底层则应将家中的电器插座、开关等移到离地1米以上的安全地方。一旦室外积水漫进屋内，应及时切断电源，防止触电伤人。

当受到洪水威胁时，如果时间充裕，应按照预定路线，有组织地向山坡、高地等安全处转移；在措手不及，已经受到洪水包围的情况下，要尽可能利用船只、木排、门板、木床等适合漂浮的物品，作水上转移。如果洪水来得太快，已经来不及转移了，要立即爬上屋顶、楼房高层、大树、高墙，作暂时避险。但千万不要游泳逃生，更不能攀爬带电的电线杆、铁塔，也不要爬到泥坯房的屋顶。同时利用各种渠道向外界求援，尽快与当地政府防汛部门取得联系，告诉对方自己所处的方位和险情，积极寻求救援。如洪水继续上涨，我们暂避的地方已难自保，则要充分利用身边的救生器材从水上转移逃生。找一根比较结实且足够长的绳子（也可用床单、被套等撕开替代），先把绳子的一端拴在屋内较牢固的地方，然后牵着绳子走向最近的固定物（例如树、水泥柱等），把绳子在固定物上绕若干圈后再走向下一个固定物，如此重复，逐渐转移到地势更高的地方。

如已被卷入洪水中，一定要尽可能抓住固定的或能漂浮的东西，寻找机会逃生。

2. 台风中的自救

台风在带来充足的雨水的同时，也总会造成各种破坏。由于它具有突发性强、破坏力大的特点，所以是世界上最严重的自然灾害之一。

台风到来时，要尽可能待在屋里，尽量不要外出行走，更不要去台风经过的地区游玩，不能在台风影响期间到海滩游泳或驾船出海，更不能去海边观潮。倘若不得不外出时，应弯腰将身体紧缩成一团，一定要穿上轻便防水的鞋子和颜色鲜艳、紧身合体的衣裤，把衣服扣扣好或用带子扎紧，以减少受风面积，并且要穿好雨衣，戴好雨帽，系紧帽带，或者戴上头盔。行走时，应一步一步地慢慢走稳，顺风时绝对不能跑，否则就会停不下来，甚至有被刮走的危险；要尽可能抓住墙角、栅栏、柱子或其他稳固的固定物行走；在建筑物密集的街道行走时，要特别注意落下物或飞来物，以免砸伤；走到拐弯处，要停下来观察一下再走，贸然行走很可能被刮起的飞来物击伤；经过狭窄的桥或高处时，最好伏下身爬行，否则极易被刮倒或落水。遇到危险时，及时拨打求助电话（当地政府的防灾电话、110、119等）求救。

台风中万一不慎被刮入水中，保持镇定是最重要的，落水时尽量抓住身边漂浮的木头、家具等物品；落水前深呼吸一口气，下沉时咬紧牙关，借助自然的浮力使我们浮上水面；大浪接近时可弯腰潜入水底，用手插在沙层中稳住身体，待大浪过后再露出水面；浪头来到时要挺直身体，同时抬头使下巴前挺，确保嘴露在水面上，保持双臂前伸或往后平放，让身体保持冲浪板状态。浪头过后一面踩水前游，一面观察后一个浪头的动向，然后借助波浪冲力不断蹬腿，尽量浮在浪头上跟随波浪的趋势往前冲，力争向岸边靠近。

3. 地震中的自救

地震很少发生，一旦发生将会造成房屋倒塌、大堤决口、大地陷裂等情况，就会给我们的生命和财产带来严重损失。为了能在地震发生时保护自己，应当掌握以下应急的自救方法：

突然发生地震时，如果在房内，要及时躲到两面承重墙之间，如厨房、厕所等。也可以躲在桌柜等坚固家具的下面以及房间内侧的墙角，同时用被褥、枕头、棉衣、脸盆等物品护住头部。千万不能在窗户、阳台附近停留，更不能试图跑出楼外，因为时间来不及。等地震间隙再尽快离开住房，转移到安全的地方。地震时如果房屋倒塌，应待在床下或桌下千万不要移动，要等到地震停止再移出室外或者等待救援。

发生地震时，如果在公共场所，不能惊慌乱跑。要冷静下来，观察周边环境，马上躲到离自己最近而且比较安全的地方，如桌柜下、舞台下，绝对不能停留在高楼下、广告牌下、狭窄的胡同、桥头等危险的地方，更不能跑进建筑物中去避险。

如果地震后不幸被埋在了废墟中，应先想办法清除压在身体腹部以上的物体；同时用毛巾、衣服等捂住口鼻，以防止烟尘窒息；设法找到食品和水，创造生存条件，听到外界有声音时，充分利用身边的各种器具向外界求援，例如用金属、石块等硬物相互撞击，或大声呼救，但要注意保存体力，以避免体力过早耗尽。

万一不幸被砸伤，对于少量流血的伤口，一般不需要进行处理。如果伤口出血较多，可用清洁的纱布、绷带或手绢等进行包扎，以达到止血的目的。

4. 雷电天气时的注意点

留在室内，关好门窗；在野外无法躲入有防雷设施的建筑物内时，要将手表、眼镜等金属物品摘掉，千万不要在离电源、大树和电线杆较近的地方避雨；尽量降低身体的高度，以减少直接被雷击的危险；双脚要尽量靠近，与地面接触越小愈好，以减少"跨步电压"；野外最好的防护场所是洞穴、沟渠、峡谷或高大树丛下面的林间空地。

不宜使用无防雷措施或防雷措施不足的电视、音响等电器，不要靠近打开的门窗、金属管道，要拔掉电器插头，关上电器和天然气开关。切忌使用电吹风、电动剃须刀等。不宜使用水龙头。

切勿接触天线、水管、铁丝网、金属门窗、建筑物外墙等带电设备或其他类似金属装置，不要收晒衣绳或铁丝上的衣服。不要从事电话或电线、管道或建筑钢材等安装工作。切勿处理开口容器承载的易燃物品。

不要或减少使用电话和手提电话，不宜停留在铁栅栏、金属晒衣绳以及铁轨附近，切勿站立于山顶、楼顶上或接近导电性高的物体。不宜进入和靠近无防雷设施的建筑物、车库、车棚、临时棚屋、岗亭等低矮建筑。

切勿游泳或从事其他水上运动或活动，不宜停留在游泳池、湖泊、海滨、水田等地和小船上。不宜进行室外球类运动，在空旷场地不宜打伞，不宜把锄头、铁锹、羽毛球拍、钓鱼杆、高尔夫球杆等扛在肩上。

如果在雷电交加时，头、颈、手处有蚂蚁爬走感，头发竖起，说明将发生雷击，应赶紧趴在地上，这样可以减少遭雷击的危险，并拿去身上佩戴的金属饰品和发卡、项链等，等雷电过后，呼叫别人救护。

不宜骑马、骑自行车、驾驶摩托车和敞篷拖拉机。汽车往往是极好的避雷设施，因有屏蔽作用，即使被闪电击中汽车，也不会伤人。

如果在户外看到高压线遭雷击断裂，此时应提高警惕，因为高压线断点附近存在"跨步电压"，身处附近的人此时千万不要跑动，而应双脚并拢，跳离现场。

如果在户外遭遇雷雨，来不及离开高大物体时，应马上找些干燥的绝缘物放在地上，并将双脚合拢坐在上面，切勿将脚放在绝缘物以外的地面上，因为水能导电。

在户外躲避雷雨时，应注意不要用手撑地，同时双手抱膝，胸口紧贴膝盖，尽量低下头，因为头部较之身体其他部位最易遭到雷击。

当在户外看见闪电几秒钟内就听见雷声时，说明正处于危险环境，此时应停止行走，两脚并拢并立即下蹲，不要与人拉在一起，最好使用塑料雨具、雨衣等。

5. 大雾天气如何加强防护

大雾天气应尽量减少户外活动，尤其是一些剧烈的活动，要多饮水，注意休息，如果必须外出，则一定要戴上口罩，外出回来后应该立即清洗面部及裸露的肌肤。大雾来临时，应暂停晨练。早晨一般是雾最浓的时候，此时锻炼将吸入大量有害物质，造成咽喉、气管和眼结膜病症；避免在雾中长时间跑动。由于雾中水汽多，氧气含量相对较小，而人长时间跑动时供氧需求激增，容易出现头晕、恶心、乏力等症状。

饮食要注意清淡，少食刺激性食物。如有不适，可以预防性地服用一些感冒冲剂或含片等。同时，还要警惕"湿冷"病，冬季低温下出现大雾，阻碍人体正常蒸发散热量，对肾病、结核病和慢性腰腿病都有不利影响，容易诱发关节炎。因而要多穿衣服，注意防潮保暖。

大雾天气容易造成一氧化碳中毒，靠室内煤炉取暖的人们要做好通风。

大雾天气也会影响人的心情。心理专家表示，天气阴沉、气压减低，人的心情确实会受到一定影响，感觉情绪忧郁。如果出现这些负面情绪，应学会自身调整和平衡，比如做一些让自己感觉快乐的事情等。

第十一节　校园周边安全

学校周边是学校的延伸，学校周边安全也是不容忽视的，因为虽非学校范围，属于"校外"，但同样是学生的主要活动场所之一。学生在课间、上学、放学的时候，往往要在学校周边活动一段时间，周边环境直接影响着学生的人身安全。实际上，学校周边是学校的延伸，学校周边的治安、交通、环境、产品等问题已经严重地影响着学校安全，学校周边的学生人身伤害事故时有发生。因此，妥善解决这一问题，不仅有利于学校安全保障落到实处，从而保证学校教育教学活动的正常进行，而且有利于学生的健康成长。

一、校园周边安全案例

案例 5 - 11 - 1

2008年9月2日，开学之际，由于新生报到人数众多，某学校发生一起人车相撞事件：两位新生骑自行车在路上并行，由于赶时间很匆忙，骑得很快，这时在拐弯处正好开来一辆低速行驶的汽车，两人及汽车司机发现要相撞后紧急刹车，但是由于反应时间太短，两辆自行车及汽车均没有刹住，发生相撞。其中一位同学头部受重伤，需要住院动手术，另一位同学腿部受轻伤，而汽车则前部受到轻度刮伤和局部凹陷。

案例 5 - 11 - 2

受侵害学生最严重者被砍九刀

2008年2月，广州东风中路附近的一所中学，该校开学以来共有数十名学生曾遭遇被抢、勒索等事件，而当中有两名学生被歹徒以利器致伤，最严重的学生身上有九处刀伤。"事件起发点在繁华路段，学生被8名青少年围住，并以刀柄'相挟'到偏僻陋巷，再遭受勒索及刀伤"。

案例 5 - 11 - 3

2007年11月13日，一个平凡的夜晚，本应该平凡地度过，但不幸的事情却发生了。途径某中学老校门口的大型土方车由于超载等原因，轮胎突然爆裂，轮胎钢圈飞向正在路边的三名学生，造成一名学生当场身亡，两名学生重伤被送医院。经抢救，一名学生又不治身亡。

[评析]

这场悲剧纵然是一场意外交通事故，但背后所折射出的，是学生对于交通安全意识的淡薄，是学校对于校园周边安全管理的漏洞和疏忽。校门口长期设摊招揽学生生意这一现象并不是一天两天了，但学校对此似乎采取默认的态度，致使校园门口长期处于危险高发之地。学生的生命应该高于一切，学生的安危应该是学校工作的重中之重。

二、校园周边安全事件的防范机制

校园周边安全整治工作是一项社会系统工程，各有关部门要各司其职，各负其责，量化工作目标，细化工作任务，责任到岗，任务到人；要结合本部门、本单位工作职责，制定出校园周边安全管理的实施方案和工作制度，使该项工作制度化、规范化，建立长效管理机制；部门间要通力合作，杜绝推诿扯皮现象，形成工作步调一致，齐抓共管的良好局面。对存在的难点、重点问题要及时研究解决。同时要积极拓宽渠道，认真受理群众的举报投诉，广泛收集群众意见建议，认真落实各项防范措施，超前化解各类矛盾。要按照条块结合的原则，强化日常监管，加强对校园周边的执法检查，确保校园周边安全整治工作取得实实在在的成效。

（1）宣传部门要充分发挥新闻媒体的舆论监督作用，加大宣传造势力度，坚持以正面宣传为主，政府应当加大校园周边安全整治的决心和工作举措，大力宣传校园周边安全整治工作的重要意义，大力宣传校园周边安全整治工作中涌现出的先进典型和工作经验，大力宣传学校周边的新面貌、新景观，营造全社会都来关心、支持和参与校园周边安全整治工作的良好氛围。对整治工作中未落实整改要求的，工作开展不力的，要协调新闻单位予以公开曝光，努力为校园周边安全整治工作营造一个良好的舆论氛围。

（2）教育部门要做好学校内部的安全整治工作。督促指导学校加强对学生的思想政治教育、心理健康教育、安全教育和法制教育，切实增强广大学生的安全意识和自我保护意识；督促加强校园综合治理和各类安全管理，坚决防止发生校园重大治安、刑事案件和群死群伤的安全事故；检查并整改学校内部存在的各类安全隐患；主动加强与有关部门的联系协作，配合有关部门做好校园周边安全整治工作。

（3）综治、公安部门要加强统筹协调，狠抓学校及周边治安综合治理各项工作的落实，深入开展学校及周边矛盾纠纷的排查化解工作，确保学校及周边的矛盾纠纷和治安隐患早发现、早报告、早控制、早化解。在具体工作中，要进一步加强法制副校长队伍建设，进一步强化校园周边治安巡逻，提高快速反应能力，通过110和实施网格化巡逻防控系统对学校案件及时有效地进行处置；扫除学校门口的强讨恶要现象，严厉打击盗窃、抢劫、诈骗师生财物、侵害师生人身安全、干扰教学的各类违法犯罪，彻底铲除校园及周边的流氓团伙、黑恶势力；加强学校周边流动人口和出租房屋的管理，坚决清除"黄、赌、毒"等社会丑恶现象；认真组织实施禁毒宣传教育，促进"无毒校园"的建立；合理规划和设置城市校园周边交通信号灯、安全指示牌、斑马线等交通安全管理设施和标志，做好学生上、下学高峰时的交通疏导，协同客管部门依法查处车辆违法违规载运学生行为；督促指导各学校加强校园内部的消防安全工作，对校园周边的单位、场所加强消防安全检查，及时发现和消除火灾隐患；会同有关部门，采取积极有力的措施坚决防止境外敌对势力、宗教组织和一些非政府组织的渗透、破坏；积极协助配合相关部门开展校园周边安全整治工作，为校园周边安全整治工作提供执法保障。

（4）文体广电部门要进一步清理整顿网吧、游戏厅、歌舞厅，协同有关部门清理整顿学校周边图书文化用品商店，报刊、音像制品商店（含零售出租摊点），依法严厉查处违法、违规经营的网吧、游戏厅及销售不健康文化读物、音像制品等行为；依法收缴各种淫秽色情、凶杀暴力、封建迷信和伪科学的出版物，严厉打击盗版教材教辅读物，坚决清除各种文化垃圾和不良信息。

（5）司法部门要组织实施好"五五"普法教育，指导协调督促检查各有关部门、单位和各学校做好青少年法制宣传教育工作；围绕学校周边安全整治切实加强法律服务工作，为学校周边安全整治工作提供法律指导和司法支撑。

（6）工商部门要严格审查校园周边各经营户营业执照，依法规范校园周边饮食店、小百货店和文化用品等商店的经营行为，坚决查处各类假冒伪劣产品和超范围经营、无照经营行为。

（7）质量技术监督部门要加大对校园周边食品加工企业、超市、商店、摊点的监督检查力度，严厉查处违法生产或销售伪劣、有毒、有害、过期食品等行为。

（8）卫生部门要加强对校园及周边餐饮、食品、饮水等卫生状况的监督检查，加强对学校卫生防疫工作的指导，防范各种突发性、流行性、传染性疾病和食物中毒事件的发生；严格审查学校食堂、校园周边饮食摊点、小杂食商店的卫生许可证和食品加工经营者的健康证，加强学校门前流动食品摊点的监督检查；实行学校周边食品卫生安全巡查制度，依法查处不符合卫生要求的食品和非法经营食品行为。

（9）环保部门要对校园及周边环境污染状况进行评估，依法查处各类污染源，尤其要防治校园周边的噪音干扰教学现象。

（10）规划部门要将校园及周边安全设施建设列入各学校建设规划；依法及时拆除学校周边的各种违章建筑；依法查处学校周边的各类不良广告等。

（11）建设部门要完善中小学周边的设施，加强对学校周边建设工程的执法检查，依法及时拆除易倒塌的危险建筑；指导监督各学校燃气、供热、供排水等基础设施的建设及安全运营；依法清理和整治学校周边的流动占道经营摊点；组织整治校园周边的环境卫生，合理规划和设置校园周边垃圾清运点，消除一些校园周边"脏、乱、差"的现象；依法查处校园周边破坏绿化、设施等行为。

（12）交通部门负责合理规划和设置农村学校门前道路安全指示牌、减速带等交通安全管理设施，配合公安交警、客管、农机等部门强化农村交通安全管理。

（13）其他各有关部门要切实按照职责要求，本着"谁主管，谁负责"的原则，落实责任和措施，通力协作，积极开展校园周边安全整治工作。

后　记

本书由石连海、徐珍共同撰写提纲，经集体研讨后确定写作思路。各章的具体编写人员分工如下：第一章，康彦涛；第二章，徐珍、袁春艳；第三章，徐珍、石连海；第四章，徐珍、刘翔浩；第五章，石连海、刘翔浩。最后由石连海、徐珍共同统稿。

在写作过程中，我们参考了许多专家学者的研究成果，为了增强可读性，我们还收集了许多近年来发生的典型案例，在此向引文的各位作者表示感谢！有的文献没有找到原始出处或有遗漏的地方，望各位作者见谅！感谢本书编辑为这本书出版所付出的辛勤劳动！书中还有许多不足之处，请专家、读者批评指正。

郑 重 声 明

为保护广大读者的合法权益，打击盗版，本图书已加入全国质量监督防伪查询系统，采用了数码防伪技术，在每本书的封面均张贴了数码防伪标签，请广大读者刮开防伪标签涂层获取密码，并按以下方式辨别所购图书的真伪：

电话查询：4007072315（免通话费）

短信查询：把刮涂层获取的数码发送到13611233315（免短信费）

网站查询：www.707315.com

如密码不存在，发现盗版，可直接拨打15300036839进行举报，经核实后，给予举报者奖励，并承诺为举报者保密。